组织战略变化过程的质性研究

Zuzhi Zhanlue Bianhua Guocheng de Zhixing Yanjiu

李蓉◎著

中国财经出版传媒集团
中国财政经济出版社

图书在版编目（CIP）数据

组织战略变化过程的质性研究 / 李蓉著. --北京：中国财政经济出版社，2020.12

ISBN 978-7-5223-0201-0

Ⅰ. ①组… Ⅱ. ①李… Ⅲ. ①企业战略-研究 Ⅳ. ①F272.1

中国版本图书馆 CIP 数据核字（2020）第 247204 号

责任编辑：潘　飞　　　　责任校对：李　丽
封面设计：王　颖　　　　责任印制：党　辉

中国财政经济出版社 出版

URL：http：//www.cfeph.cn

E-mail：cfeph@cfeph.cn

社址：北京市海淀区阜成路甲 28 号　邮政编码：100142

营销中心电话：010-88191522

天猫网店：中国财政经济出版社旗舰店

网址：https：//zgczjjcbs.tmall.com

北京财经印刷厂印刷　各地新华书店经销

成品尺寸：170mm×240mm　16 开　15.5 印张　221 000 字

2020 年 12 月第 1 版　2020 年 12 月北京第 1 次印刷

定价：59.00 元

ISBN 978-7-5223-0201-0

（图书出现印装问题，本社负责调换，电话：010-88190548）

本社质量投诉电话：010-88190744

打击盗版举报热线：010-88191661　QQ：2242791300

前言

随着互联网的扩张和全球化进程的推进，组织所处环境的不确定性越来越凸显，只有合理推进组织的战略变化，才能更好地实现可持续发展。然而，由于战略变化具有动态性和持续性，组织成功地实施战略变化是非常困难的，尤其是混合冲突型组织，经常会面临多种冲突同时存在的情况，战略变化过程会更复杂和多变。尽管现有研究已经对战略变化的过程做了多种角度的揭示，但缺乏对混合冲突型组织在不确定环境中战略变化过程的归纳。因此，本书以混合冲突型组织为研究对象，基于悖论理论和场域理论打开战略变化的过程，构建符合持续变化视角的战略变化过程模型。本书的研究内容以战略变化过程中的悖论冲突、“潜过程”和场域承载的逻辑展开，具体包含以下三个部分。

第一，组织的悖论冲突与战略变化过程。从悖论的视角来看，组织的冲突是其战略变化的动力。在混合冲突型组织中，冲突的情况是复杂和多变的。本书基于悖论冲突的两种存在论，将悖论分为固有悖论和建构悖论。首先，以攀钢集团为研究对象，通过内容分析方法，从建构悖论与战略变化之间的关系入手探索诱导战略与自主战略的交互如何影响战略变化的过程。其次，以中山大学新华学院（以下简称新华学院）为研究对象进一步探索固有悖论与建构悖论如何共同影响战略变化的过程。最后，综合两个过程的研究，总结混合冲突之间的协调与战略变化的关系。

第二，通过组织认知和行动的交互规律探索战略变化过程的“潜过程”。战略变化过程中存在显性层面看不到的潜在过程。为了打开这个潜在过程、发现战略变化过程中企业新战略产生的机制，本书做了如下工作：首先，通过关键事件路径法，以东方汽轮机有限公司为研究对象，对战略变化的潜在过程进行归纳，得到战略变化的“潜过程”。其次，本书通过逐层编码的方法以四川长虹电子控股集团公司（以下简称长虹集团）为研究对象，探索不连续战略变化过程中认知与行动的特征，检验“潜过程”结论的效度。最后，总结混合冲突型组织战略变化过程的“潜过程”。

第三，承载冲突的“战略场域”与战略变化过程。场域的概念具有多样性，多种角度对于“场域”的定义，其共性是用来承载场域中的单位或者实体的行为和交互。虽然已有研究表明环境、情境等对战略变化具有重要影响，但是并没有专门的概念用来描述战略变化过程中场域的作用。因此，本书通过关键事件路径法，以东方汽轮机有限公司为研究对象来探索战略变化过程中“战略场域”的作用机制。另外，本书通过内容分析法，以中山大学新华学院为研究对象进行纵向研究，探索“战略场域”与悖论冲突、战略变化的协同演化过程。

本书的创新点主要体现在：

第一，本书区分了企业多层次冲突，揭示出双悖论协调机制，释放了组织战略变化过程研究的新路径。本书在总结悖论相关文献的基础上，从建构悖论和固有悖论出发，构建了二者的协调机制与战略变化过程之间的共同演化关系。

第二，本书引入“战略场域”的概念，深入组织战略变化的“潜过程”，推进了组织战略变化过程中场域作用机制的探索。通过对不同研究对象在“战略场域”中战略变化过程的探索，本书构建了“战略场域”的概念，并提出场域的驱动机制和聚焦机制，为组织战略变化所处环境的探索和理论发展提供了新方向。

第三，本书在总结悖论冲突、潜在过程和场域承载的三部分研究基础上，构建了贯穿连续与不连续战略变化的过程模型，拓展了组织战略变化过程研究的边界。

目录

第1章

绪　论

研究混合冲突型组织在不确定环境中战略变化的过程是必要而且有意义的。本章作为全书的绪论部分，首先基于现实背景和理论背景引出研究的核心问题“不确定环境中，混合冲突型组织持续的战略变化过程是如何发生的”及相应的子问题，其次对下文中用到的核心概念进行界定，接着对研究方法进行简要介绍并绘制研究框架和技术路线图，最后介绍了本书的创新点和后文的章节安排。

1.1 研究背景

1.1.1 现实背景

随着互联网的扩张和全球化进程的推进，组织所处环境的不确定性越发凸显。为了在不确定环境中实现可持续发展，组织战略调整的频率越来越高。在战略调整以后，无论企业的发展成功与否，都会反过来改变周围的环境，触发新一轮环境变化，影响战略变化，进而影响组织发展的循环。战略变化，成为各个行业和规模的中国企业组织共同关注的关键词，如何合理而有效地实现和管理持续的战略变化过程成为一个组织实现可持续发展的重要条件[1]。尤其是对于越来越多具有混合冲突的组织而言[2]，在不确定环境中进行战略变化更为复杂和困难。在混合冲突型组织中可能同时出现很多种类的冲突[3]，如探索和利用、柔性和效率、公益和商业、协同和控制等。例如，教育辅导机构不仅需要对社会人才的输出与组织营利水平进行权衡，还需要对与其他教育机构之间建立合作或竞争的关系进行调整；又如传统的制造型企业，不仅要在制造效率和柔性生产之间作出选择，还要在技术的提升途径上进行引进和开发的判断。混合冲突型组织的冲突具有复杂性和多向性，需要通过持续的战略变化进行不断的权衡和管理。

纵观一个组织在发展过程中战略的演化，通常可以看到组织冲突由潜伏到显著的变化推动战略变化的过程[4]。例如，东方汽轮机有限公司（以下简称“东汽”）已经形成了对本企业战略变化过程的共识，将其战略发展过程归纳为政策导向、自主研发、技术引进、市场导向四个阶段。在东汽的每一个战略阶段内，均有冲突推动连续的战略变化发生。在自主研发阶段，随着组织生产能力和环境需求不匹配的冲突凸显，东汽展开对30万千瓦机组的设计和研发，将大型装备制造作为当时五年战略规划的核心，并围绕这个核心调整公司的生产、研发、销售和战略。在不同战略阶段之间，有冲突推动了不连续战略变化的发生。东汽在20世纪80年代形成以技术发展为核心的战略和计划，随着以技术发展为核心的战略和以市场需求为核心的战略之间的冲突变得显著，东汽在21世纪将战略核心转移到了市场需求上，而且将技术和市场之间的冲突选择作为之后战略围绕的新内核。因此，冲突作为组织战略变化的驱动力，是非常值得探索的。

对于中国情境而言，企业组织不仅需要面对经济技术方面极大的变化和不确定性，还需要面对国家政治经济制度的调整和变动，因此，面临的冲突更加复杂和多变。对混合冲突型组织的战略变化过程进行管理，东汽无疑是成功的，因为它实现了在不断变化和不确定环境中的持续发展。但是，更多的混合冲突型组织在时间的洪流中被淹没，默默无闻甚至消失和失败了。是什么原因导致这些混合冲突型组织走向了不同的结果呢？混合的冲突如何影响战略变化过程？在这些冲突之外，是否还有其他可能的要素影响组织的战略变化过程？本书试图探寻混合冲突型组织战略变化过程中冲突之间的协同机制，以及不确定环境是如何对战略变化过程产生影响的，为混合冲突型组织战略变化过程的管理提供理论指导。

1.1.2 理论背景

为了探索混合冲突型组织战略变化的过程，总结不同冲突之间以及组织与环境之间动态的作用机制，本书将从战略变化过程的悖论冲突、潜在过程、场域承载三个层次展开研究。在对战略变化的相关文献进行梳理的基础上，本书对战略变化的过程模型进行归纳，以悖论视角对组织的混合冲突进行分析，在场域理论的基础上构建承载战略变化的“战略场域”的概念。

第一，通过对战略变化相关文献的梳理，归纳了战略变化的过程模型。战略变化的过程模型在发展中不断细化和丰富。早期战略变化过程被用来描述战略本身的变化过程[5]，将战略从意图的形成到实现的过程进行了归纳。该过程中未实现的战略以及应急战略的加入，使战略内容从计划到实施的过程发生了变化。之后，理性学派的学者们将环境的影响加入战略变化过程[6]。接着，从学习的视角出发，Bohman 和 Lindfors 建立了基于组织行动的战略变化过程模型，将组织的能动性体现在过程模型中[7]。之后，随着认知视角的引入，战略变化的模型增添了管理认知的层面，将环境不再看作客观的存在，而是组织管理者识别、获取到的环境要素的集合[6]。Ginsberg 从过程模型的环境出发，将战略变化的环境解构为压力和阻力，为组织在实践中判断环境提供了借鉴[8]。通过对这些过程模型进行总结和归纳，可以将战略变化分为前因、过程、结果三个部分并建立综合的过程模型。其中，前因层面可以通过压力和阻力解构，过程层面可以通过认知和行动解构，结果层面通过战略变化的程度解构[9]。虽然现有研究对战略变化过程模型的探索做出了很多的贡献，在此基础上也可以建立综合的过程模型，但是对于不确定环境中的混合冲突型组织来说，在对冲突的分析和响应过程中仍然很难基于已有的模型对战略变化进行管理；同时，业界和学术界对战略变化情境日益增长的关注，也需要更多的学者关注如何从过程的视角打开环境在战略变化中的作用[10-12]。因此，需要有针对性地探索组织战略变化过程中多重冲突之间的协调过程，以及组织与所处情境的交互规律，为混合冲突型企业组织战略变化过程模型的建立提供理论借鉴。

第二，引入悖论的视角探索冲突对混合冲突型企业组织战略变化的影响。悖论在最初没有明确的定义。Quinn 和 Cameron[13] 对悖论的界定作了推进，他们认为，悖论是一个能够产生积极或者消极结果的动态过程，其关键特征是矛盾又相互联系的要素同时存在。当前对悖论定义的研究有三种视角：在关系视角下，悖论观察的是人思想中主观感知到的现象，悖论存在于个体的外部或独立于个体的东西和事物；在辩证视角下，悖论来源于与其对立面同时存在的观点或事物，由于观点和事物产生来自他们的对立面，所以他们的同时存在使得悖论变得显著[14]；在互动视角下，悖论是在社会中构建的，并存在于个体间的情景中。Lewis 指出，悖论来源于冲突（tensions），个体或组织对冲突的管理会带来正向或负向的循环[15]。Smith 和 Lewis 将悖论定义为相互矛盾且相互关联的元素，它们同时存在并持续存在[16]。这个定义强调了悖论的两个构成要点：一是冲突的要素分开看是符合逻辑的，但是并列在一起就显得不一致甚至荒谬；二是主体应同时拥抱冲突的要素。悖论两极之间的关系应该满足以下三个特征：第一，两极是相互矛盾的；第二，两极是相互联系的；第三，两极是同时存在于组织中的固有的两种性质。通过悖论理论探索冲突影响组织战略变化的机制和过程，不仅可以明确冲突的变化过程，而且可以构建符合研究对象变化规律的悖论两极。因此，本书通过悖论理论寻找可以解释混合冲突型企业组织战略变化动力的作用机制。现有研究已经表明，悖论两极之间的交互可以推动组织的发展[16]。但是，组织层面悖论中矛盾双方的冲突并非一直都是显著的，而是在环境要素（如情境的多元化、环境的变化以及资源的稀缺性）的触发下由潜伏变为显著[17]。当组织的领导层认知到冲突变得显性化时[18]，会通过激发组织行动的活跃性来进行应对。这种通过认知和行动的交互来响应冲突的过程，会影响组织战略变化的推进。因此，当冲突出现后混合冲突型企业组织会如何进行响应的潜在过程也值得进一步探索。

第三，引入场域理论，探索承载冲突与交互的场域对战略变化过程的影响。场域理论主要着眼于组织与环境之间的互动过程对于组织发展的影响，强调组织并非完全孤立和封闭的整体，而是开放地处于环境之中。因此，场域理论作为理论视角有利于在宏观环境和微观个体之间的中观层面上理解战略变化过程。与许多对勒温的场域理论的批评不同，该理论提供了一种识别个人和群体现实并创造新的组织现实的方法[19]。Burnes 和 Cooke[19]指出，研究人员应该引入场域理论来解释组织与环境之间的联系。因此，本书选择通过场域理论解释组织所处的环境对其战略变化过程的影响。学者们对场域理论的研究和应用通常以四种相互关联的方式出现[20]。第一种是基于 Lewin[21]对心理学的研究展开的，最初表现为图形化的拓扑学意义的场域，20 世纪 90 年代之后在组织层面发展出对组织进行的力场分析。这种场域是对个体或者组织的简化维度的分析区域，探索个体或组织在场域内的位置以及他们与同一个场内其他个体之间的相互关系。第二种关于场域的研究源于 Bourdieu[22]对磁场的探索，他打通了社会理论特征之间的鸿沟，倡导反观性的社会科学，总结了惯习、资本与场域三个核心概念。第三种场域最初源于 Mannheim[23] 描述一个超越组织或团体的相互依赖行为的案例。他认为，当单元之间发展出一种对现有的机构商家不可削弱的相互影响的作用时，场域的结构就建立了[24]。DiMaggio 和 Powell[25] 对制度理论中组织场域的探索做出了突出贡献。他们重点研究在场的结构的形成和变化过程。第四种场域的概念是知识创造和传播的场，Nonaka 等[26,27] 通过知识创造的研究对场域理论做出了较大的贡献。他们认为，知识理论中的场是一个共享的活动环境，在这里分享、创造和使用知识，其精华和核心是通过交互作用分享和创造知识。这四种对于场域理论的研究方式虽然不同，但是他们对场域有共同的定义。现有关于场域理论引入组织领域的研究，多集中在组织所处的力场分析，通过驱动力和阻力的概念分析环境对个体或组织的影响[28,29]。在组织变革研究领域中，学者以变革的阻力作为重点进行分析[30]。战略变化的研究也引入了压力和阻力的概念来描述环境如何影响战略变化的过程[8]。然而，现有研究针对战略变化场域的构成以及“战略场域”对战略变化过程的作用的关注却很少。因此，本书基于场域理论的总结，构建承载悖论冲突以及潜在过程的“战略场域”的概念，探索该场域在战略变化过程当中的作用和协调机制。

1.2 问题的提出

混合冲突型企业组织战略变化是响应悖论冲突和场域影响的共同结果，在二者的共同作用下，组织的战略变化过程不断发生变化并促使组织实现可持续发展。那么，混合冲突型企业组织战略变化过程是怎样的？为了回答这个问题，本书通过对三个子问题的研究展开分析，期望建立一个悖论和场域视角下的战略变化过程模型。这三个子问题具体为：

问题一，冲突如何影响组织战略变化过程。

本书将企业组织战略变化的过程从冲突的角度进行分析。基于悖论的视角，组织的冲突是企业组织战略变化的动力。在多重冲突的组织中，冲突的情况是复杂和多变的。本书基于两种存在论将悖论冲突分为：本质的、天然的固有悖论，以及在组织运营过程中出现的建构悖论。第一部分研究从建构悖论与战略变化之间的关系入手，探索诱导战略与自主战略的交互和变化对战略变化的影响。第二部分研究进一步探索固有悖论与建构悖论共同影响战略变化的过程。最后，本书综合两个过程研究，总结混合冲突之间的协调与战略变化之间的关系。

问题二，战略变化过程中有什么看不到的潜在过程。

当组织识别到冲突从潜伏到显著的变化后，会开始着手处理冲突。组织可能只调整其行动，进行连续的战略变化使冲突得到缓解，也可能改变组织认知层面的价值观、战略主线等，进行不连续的战略变化，以缓解冲突。过去关于战略变化的研究对不连续战略变化的响应过程更感兴趣，但是在战略是持续变化的观点下，连续与不连续的战略变化对冲突的响应过程是存在一致性的。这个响应过程发生在显性层面看不到的战略变化的潜在过程中。本书将分别通过两个研究对象和两种研究方法对组织战略变化过程的“潜过程”进行归纳，探索和总结混合冲突型组织的战略变化潜在过程，以及该过程中的不同战略变化阶段认知和行动的特征。

问题三，承载冲突的场域如何影响组织战略变化过程。

“场域”的概念在很多理论中都有出现，对于场域的概念界定具有多样性，它们的共性是用来承载场域中的单位或者实体的行为和交互：一方面，场域不仅是组织所处的环境或者情境，而且是组织战略变化的动机和过程驱动，组织战略的制定与场域的作用息息相关；另一方面，组织能够通过自己的主观能动性改变场域的内容和范围。但是，已有的场域概念并不能体现出在战略变化的过程中场域的作用。为了探索战略变化过程是由什么承载的，以及这种承载的过程和作用是怎样的，本书在综合多种理论中场域的概念的基础上，结合管理实践中组织在制定和调整战略过程中与环境的交互，构建和探索“战略场域”的概念。

最后，本书将在研究这三个问题的基础上，综合分析组织的悖论冲突、认知、行动、场域和战略变化之间的关系，探索持续变化观点下组织战略变化的动态发生过程，建构悖论和场域视角下组织战略变化的过程模型。

1.3 核心概念界定

1.3.1 悖论冲突中的建构悖论与固有悖论

在混合冲突的组织中通常会同时出现多种冲突，如协同和控制[31]、探索和利用[32]、柔性和效率[33]、利益和社会责任[34]等。悖论研究聚焦于这些冲突之间的张力，探索组织如何可以同时满足相互矛盾的需求。本书将悖论定义为相互矛盾且相互关联的元素，它们同时并持续存在[16]。建构悖论与固有悖论对于悖论来说，如同一个悖论“硬币”的两面，是悖论具有的双重性质。固有悖论是嵌入复杂的人类系统中本质上存在的自相矛盾，是由自我和他人、个体和集体以及内部和外部之间的界限来定义的[13,35]。建构悖论是个体或组织在特定的时间或空间内处于冲突的状态，或者通过认知框架或对话混合信息激发的冲突过程[36]。本书通过研究二者之间的协同演化对战略变化的影响来揭示混合冲突与战略变化的交互和作用机制。

1.3.2 组织认知与组织行动

本书将组织定义为结构和规律性的集体行动，以及组织参与者通过组织的规则、资源和社会关系形成的认知，二者共同形成的社会系统[37]。因此，组织对冲突的响应会在组织认知和行动的交互中实现。有人认为，组织是不能思考的，只有组织中的人可以。组织心理学家基于这种观点提出了组织认知（Organizational Cognition）的概念，通过同样的方法提出了组织行动（Organizational Behavior）的概念[38]。这种观点表明了组织如何形成符号化的表现、知识结构或个体的图式[39]。制度分析[40]、组织文化[41]和组织认同理论[42]共享这种观点。也有学者提出，可以从混合的层面考虑组织认知。组织认知不仅是个体的思考，还是思考组织如何形成的、组织是如何塑造局势的，以及在更广泛的社会、经济、政治和文化环境中思想和习俗是如何嵌入的[37]。在这个视角下，组织认知是由个体认知、对情境的社会心理认知、组织结构，以及更广泛的社会、经济和文化环境塑造的认知构成的，是组织内的成员共享的假设和信仰，共同的组织文化和认同[43]。组织行动是指组织的个体、群体或组织本身从组织的角度出发，对内源性或外源性的刺激所做出的反应[44]。为了有效地实现组织目标，组织创造出可以教会个体熟练生产的行为机制，这种机制会引导人们执行常规事务。组织有明确意图的行为，都是通过与组织认知中的机制相匹配产生的[45,46]。组织通过学习的过程持续改进当前的组织行动[47]。本书通过归纳组织认知和行动的交互规律，探索战略变化过程中难以直接观察的潜在过程。

1.3.3 战略变化的过程观与内容观

战略变化根据视角的不同具有多种定义方式。本书将其定义为随着时间的推移，组织在主要战略维度的资源配置上所进行的调整和变化[48]。也就是说，本书中用到的战略变化概念具有双重性质，具体表现如下：一是基于过程观的角度将战略变化看作组织结构、资源、产品或服务质量、价格等调整和变化的过程；二是基于内容观的角度将不同程度的战略变化看作组织变化过程的输出结果。在输出结果中，程度较大的战略变化称为不连续战略变化，指的是在变化中创造不连续，即与过去彻底而迅速地决裂、伴随着组织意识形态和认知重大改变的战略变化，包括企业组织结构大规模的重构、人力资源的重新整合、进行收购或资产剥离等对组织来说影响比较大的措施[49,50]。程度较小的战略变化称为连续战略变化，指的是在变化中确保连续性，即从一种状态到另一种状态的适度和逐渐的变形，没有触及组织知识结构转变的战略变化，包括企业的产品或服务质量、价格、销售渠道等对于组织来说影响较小的竞争手段的改变[49]。本书通过构建战略变化过程模型，贯穿（作为变化结果的）连续与不连续的战略变化。

1.3.4 战略场域

很多成熟的理论中都有场域的概念，如电荷和粒子运动的磁场、组织受力的力场、制度逻辑变化的组织场域、知识创造和共享的场。但是，对于战略变化的过程来说却没有专门的概念界定交互所在的场域。战略变化领域的学者们尝试对战略变化过程的情境进行分析，蓝海林[10]认为，情境是因素之间的交互影响关系，苏敬勤等[11,51]对战略变化的情境进行了分层和界定，认为情境是由不同情境因素、不同因素、不同维度构成的一个整体架构，存在主观、客观、动态性的特征。这些研究对战略变化所在场域的研究有了较大的推进和贡献，但是仍然需要进一步探索是否存在针对战略变化过程的场域，能够从战略变化的前因、过程和结果的各个阶段对战略变化产生影响。因此，本书在综合各领域中“场域”的概念以及战略变化中情境的概念的基础上，提出“战略场域”的概念。战略场域指的是战略变化过程中，经济、技术、理念、制度等要素之间共享的交互背景。战略场域是包含潜在力量和生机的存在，其核心和精髓是通过交互涌现新的战略，在这里出现冲突和响应冲突[52-54]。本书试图通过战略变化过程模型中环境的解构方式对战略场域进行分析。场域分别解构为驱动组织发生变化的压力，以及阻碍组织发生变化的阻力[28,30]，战略场域的压力和阻力共同作用促进战略变化的过程。

1.4 研究方法

科学研究过程是一个涉及许多活动的不断循环的过程，可以始于理论，也可以终于理论。从理论开始提出假设，并通过检验假设的一致性对理论做出贡献的研究是演绎导向的假设检验研究（Deductive Hypotheses Testing Study），而从观察开始归纳和形成理论和命题，对困惑的问题提供可能回答的研究是归纳导向的建立理论研究（Inductive Theory Building Study）[55]。本书要解决的核心问题是“不确定环境中，混合冲突型组织持续的战略变化过程是如何发生的”，围绕这个核心问题的三个子问题——组织的冲突、潜在过程和场域承载，都是需要回答“如何”的问题。通过对现有理论的梳理，笔者发现现有的理论并不能很好地揭示混合冲突型组织在战略变化过程中对冲突的管理和响应过程，也不能明确战略场域在不同程度的战略变化过程中起到的作用。因此，需要有研究对战略变化过程进行再次揭示。已有的研究表明，旨在得到过程模型的研究大多通过质性研究的方法展开[9]，这说明通过归纳的逻辑构建研究方案，能够更好地解决本书的核心问题。基于此，本书采用归纳研究的逻辑构建研究方案，以期产生用于解释核心问题的新的理论洞见。

1.4.1 设计的逻辑

组织越来越多地处理混合冲突[3]，本书选取的目标企业群体是具有代表性的混合冲突型组织。最核心的案例是东方汽轮机有限公司（以下简称“东汽”）。东汽从属性上讲是国有企业，需要更多地关注社会福利的提高和贡献，但是作为企业又具有经济组织的性质，需要通过商业活动获取利润。在组织的行动中，东汽经常会面临技术或者市场的战略抉择、探索战略和利用战略的权衡、与其他组织竞争或者合作的判断等冲突。因此，东汽是典型的混合冲突型组织。另外，东汽是我们2003—2019年持续跟踪和观察的企业，不仅在资料上具有可获取性，而且对研究对象的长期追踪有助于提高研究的可信度。在此基础上，我们选择了与东汽同种类型的研究对象攀钢集团，以及情况相反的研究对象中山大学新华学院，并扩大到集团公司的研究对象长虹集团。

基于四个研究对象的纵向过程分析，本书对子问题的分解研究过程如下：

（1）组织的悖论冲突作用过程探索，从冲突与战略变化的共同演进过程展开。在对悖论冲突分为建构悖论冲突和固有悖论冲突两类的基础上，本书以攀钢集团为研究对象，探索建构悖论与战略变化之间的关系。接着，进一步将固有悖论与建构悖论结合，以新华学院为研究对象探索两种悖论冲突与战略变化的共同演化过程。在此基础上，总结从冲突到战略变化的过程机制。

（2）战略变化过程的潜在过程探索，是在组织认知和组织行动的交互基础上展开的。首先，本书对东方汽轮机有限公司的六次战略变化进行了关键事件的路径分析，构建战略变化的阶段模型。其次，加入战略场域的概念，对长虹集团三次不连续战略变化过程进行逐层编码分析，将得到的过程模型与东汽的过程模型进行对比，对战略变化过程中“潜过程”的存在进行验证。最后，总结组织战略变化过程中的潜在过程，以及该过程中认知和行动的不同特征。

（3）战略场域对冲突的承载，从探索战略场域的作用机制展开。首先，通过对东汽连续战略变化与不连续战略变化关键事件发生过程的对比，本书构建了承载组织冲突的战略场域，并总结战略场域的特征及其对战略变化的作用。其次，通过对新华学院在不同战略阶段的战略场域、悖论冲突影响战略变化过程的探索，寻找组织战略变化过程中悖论冲突和战略场域的共同演化机制。最后，在以上探索和研究的基础上构建混合冲突型组织的战略变化过程模型。

1.4.2 数据收集

本书收集到的数据包括一手数据和二手数据。其中，一手数据主要采用田野调查和半结构访谈的方式获取。二手数据是（围绕研究问题和相关理论，发展并构建的核心概念）从年鉴、官方网站、企业年报、相关出版物等材料中收集、整理和归纳的。下面分别评述本书数据收集用到的主要方法：田野调查和访谈。

田野调查的方法是从 Alfred C. Haddon 和 William H. R. Rivers 等剑桥学者在 1898 年的托雷斯海峡（Torres Strait）的调查研究发展而得来的[56]。马凌诺斯基（Bronislaw Malinowski）之后，田野工作在第二次世界大战期间逐渐发展为资料收集的主要方法[57]。田野调查不只是一种科学的收集资料方法，更重要的是它具有认识论的意义。经过在现场与被研究对象的交互，以及对现场的观察和参与，可以接触并了解到更真实的被研究者的想法，以及研究对象更全面和整体的信息。使用该方法的目的是了解并寻求有效再现研究对象的战略变化实践，进而修正和完善既有理论对现象解释的不足。

访谈（Interview）是搜集资料的常用方式，本书采用的是半结构访谈（Semi - Structure Interview）。半结构访谈需要研究者准备好研究主题和研究问题，根据受访者的响应和说出的故事调整提问的顺序以及问题的方向。访谈的目标主要有两个：第一是通过多层次、复杂甚至冲突的访谈问题，挖出客观事实的细节，并探寻事实中的意义；第二是针对不同的受访者设计不同的访谈内容，在访谈的情境中发现并构建新的知识。Kvale[58]将访谈的方法分为七个步骤：形成主题、设计、访谈、誊录、分析、确认、发表，而这些步骤需要来回修正。本书主要采用开放式提问（Open - Ended Questions）的方法，通过面对面深度访谈和电话访谈展开。

1.4.3 数据分析

本书的数据分析与数据收集过程是循环进行的。当分析过程中出现数据不足的情况时，会重新返回田野现场收集数据，然后再利用数据进行分析。本书用到的数据分析方法包括关键事件路径法、内容分析法、逐层编码。

关键事件路径法，是在事件路径法的基础上发展而来的。事件作为探索事物发展过程的切入点，得到越来越多学者的关注。事件路径法作为一种质性研究的方法，主要用于探索管理和组织的过程规律，通过大量事件的归纳和总结挖掘现象背后的潜在规律。这种方法将贯穿事物发展过程的事件作为分析资料，通过寻找贯穿研究对象的主要维度揭示过程机制[59]。事件路径分析中用到的事件是所有被记录的时间相关过程的集合，而关键事件路径分析用到的事件则是从事件集合中抽取对组织影响较大的关键事件展开研究。研究可以从事件的纵向串联入手，分析前后事件之间的关联和过程，发现演进的线索；也可以从同类事件的归纳和对比入手，对比不同种类事件对组织影响的不同过程。本书一方面对研究对象的战略发展阶段进行划分，研究不同关键事件在战略演化过程中扮演的角色；另一方面探索连续与不连续战略变化中关键事件发生过程的区别和特点。

内容分析（Content Analysis）是一种定量与定性相结合的实证科学研

究方法。在以经验理论界定分类范畴和分析单元后，通过人工编码分配收集到的质性资料，并将整理和归纳的内容进行量化分析，得出对理论有贡献的研究结果。随着论述语言学和计算机语言学的扩展，内容分析又发展出文本论述分析、文本叙事分析和文本内容分析等研究方法[56]。内容分析的步骤包括：经验理论依据和可操作性定义、资料建构和取舍、分类范畴和分析单元、人工编码的执行、信度和效度的检验。本书为了探索悖论冲突与战略变化之间的关系，需要在部分子研究中先界定悖论的两极以及战略变化的判断标准，并通过内容分析的方法判断组织对悖论两极的偏好以及战略变化的内容和过程。

逐层编码是对质性数据进行分析的一种方式，主要用于探索性研究，构建新的概念以更清晰地描述现有理论不能解释的现象。这种方法可以根据研究问题的不同，设计不同的编码步骤。如 Harrison 和 Rouse[60]以现代舞者为研究对象，对创新团队工作的弹性协调进行的质性研究包含以下步骤：建立核心问题、先行访谈、主题大致轮廓、现场观察和视频收集、正式访谈和非正式访谈、初步分析、聚焦小组、形式分类和回归到文献。苏敬勤和刘畅[11]在对中国情境架构和作用机理的探索中，使用的质性研究方案是开放式编码、主轴编码和理论饱和度检验。本书将根据研究问题，在质性数据的处理中采用逐层编码的方式获得新的概念和模型，解释和描述战略变化的演化过程。

1.4.4 过程研究

过程理论（Process Theory）关注事物是如何以及为什么出现、建立、发展和终结的，是社会科学研究理论的基本类型之一[61]。当对某一过程进行横截面数据的研究时，获取的是某一个情境或者时点的研究结果，不能有效地展示事物发展的纵向过程[62]，过程研究弥补了这个缺憾。过程研究的方法可以将事件按照时间的顺序组织，通过解释和理解过程中的活跃行为，形成可以描述组织发展经历的故事[62]；同时，过程研究的方法也适合解决多层次和多单元的问题，通过定性或定量的方法对纵向事件或过程数据进行分析[63]。通过对研究对象的纵向数据进行因果逻辑的梳理与解释，研究者可以构建过程模型[62,64]。当前研究提出了多种不同的过程分析策略来处理无序的和多样化的纵向过程数据[63]，如叙述法、量化法、扎根法、备选模板、视觉图示法、时间归类法、综合方法等。研究者通过这些策略的单独或者混合使用进行过程研究。本书采用过程研究的方法能够通过对过程的打开和剖析，有效探索混合冲突型组织战略变化的过程。

1.5 研究框架与技术路线图

1.5.1 研究框架

本书的核心概念分为四个层面：悖论冲突层面的建构悖论和固有悖论、潜在过程层面的组织认知和组织行动、过程承载的战略场域、连续和不连续的战略变化结果。本书在将战略变化的过程分为前因、过程和结果的基础上，主要对中间的战略变化过程展开研究。本书主体研究的第一部分探索组织的悖论冲突对战略变化的影响过程，第二部分探索战略变化过程中组织认知和行动的交互对战略变化的影响，第三部分探索承载冲突和交互的战略场域在战略变化中的作用机制。本书的研究框架如图 1－1 所示。

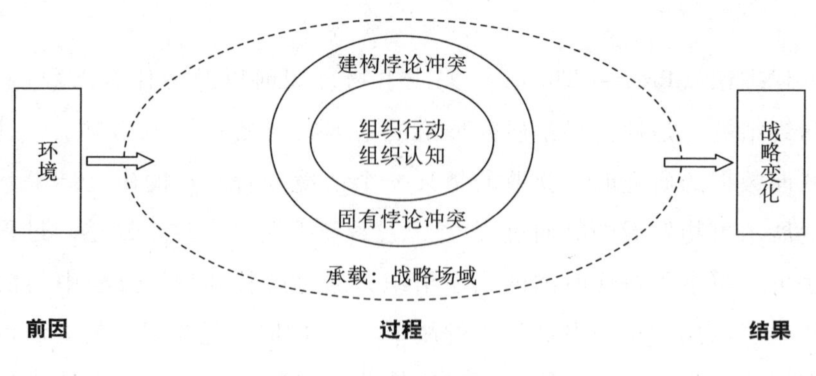

图 1－1 本书的概念框架

1.5.2 技术路线图

本书在提出现实背景和理论背景的基础上，提出本书的核心问题“不确定环境中，混合冲突型组织持续的战略变化过程是如何发生的”，并遵循“悖论冲突、潜过程、场域承载”的研究逻辑展开。其中，战略变化的冲突是混合冲突型组织战略变化的动力，本书基于悖论的视角对战略变化过程中的冲突变化进行了分析，具体研究内容包括建构悖论如何影响战略变化，以及固有悖论与建构悖论如何协同影响战略变化。本书通过对组织认知和组织行动的分析，揭示战略变化过程的“潜过程”。以上悖论冲突和潜在过程由场域承载。本书通过构建战略变化的战略场域，探索战略场域在战略变化过程中的作用机制。最后，本书通过对战略变化过程时间线的梳理，构建了适合混合冲突型组织的战略变化过程模型。本书的技术路线如图 1－2 所示。

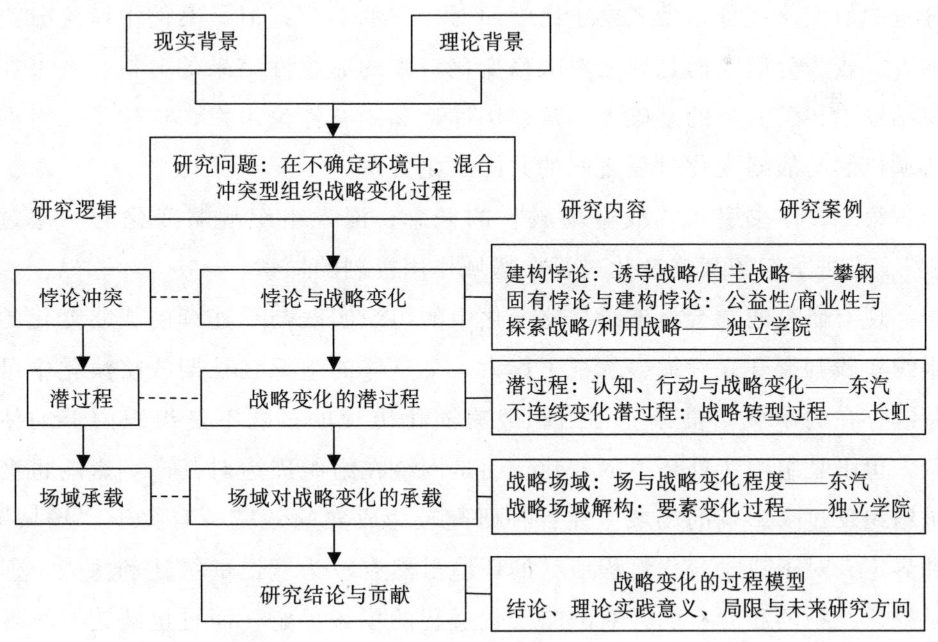

图 1－2　研究技术路线

1.6 创新点

本书围绕“不确定环境中，混合冲突型组织持续的战略变化过程是如何发生的”这一核心问题，引入了悖论视角和场域理论，试图从战略变化过程的悖论冲突、潜在过程和场域承载探索组织战略变化的过程。具体创新点包括以下三个方面：

第一，本书区分了组织多层次冲突，揭示出双悖论协调机制，释放了组织战略变化过程研究的新路径。

在战略变化过程中，组织可以通过实践改变战略内容进而实现战略变化。而在实践过程中，为了方便对行为实施进程的把控，研究者习惯将组织的行为区分为相互联系又含有冲突的类别。通过对冲突行为倾向的管理不仅可以帮助组织度过危机，还能够促进组织的可持续发展[16]。当前关于悖论的研究从多种角度考察了组织面对冲突的响应，但是案例中悖论分类的方式较为分散，而且缺乏对战略变化带来的非线性结果的分析。本书在总结悖论相关文献的基础上，从建构悖论和固有悖论出发，构建了二者的协调机制与战略变化过程之间的共同演化关系。

第二，本书引入“战略场域”的概念，深入组织战略变化的“潜过程”，推进了组织战略变化过程中场域作用机制的探索。

现有研究通常会将连续战略变化中的组织实践与不连续的战略变化的组织实践割裂开来考虑，忽视了作为一个整体的组织在长期战略演化中可持续存在的承载。贯穿一个组织战略演化历程的，既不是组织内部的活跃，也不是组织所处环境的变化，而是围绕在组织周边对其产生影响也会被组织反过来影响的场域。在各种研究较为成熟的领域中有关于“场域”的界定，对于战略变化过程所处的环境虽然有较为宽泛的描述和探索，但是缺乏统一的和专有的针对战略变化过程的场域界定，而且也缺乏对场域在战略变化过程中作用的归纳和探索。本书通过对不同研究对象在战略场域中战略变化过程的探索，构建“战略场域”的概念，并提出场域作用的驱动机制和聚焦机制，为战略变化所处环境的探索和理论发展提供了新方向。

第三，本书构建了贯穿连续与不连续战略变化的过程模型，拓展了组织战略变化过程研究的边界。

组织的战略变化被认为是在客观环境和主观能动的共同基础上，持续发生的变化过程[9]。现有研究关于战略变化的过程模型偏向静态和固化的过程描述，缺乏对动态过程的打开和对实践操作的指导。本书通过引入悖论理论，归纳了多重冲突在组织中协调悖论的机制；通过引入场域理论，将战略变化的环境前因融入组织对环境变化的响应过程中，使组织针对环境变化的战略变化更具体和可操作；最后，通过构建战略变化的过程模型模糊了组织的边界，架起了连续与不连续战略变化之间的桥梁。

1.7 章节安排及内容

本书的章节安排及内容具体如下：

第1章，“绪论”。首先，介绍现实背景和理论背景，在此基础上提出核心研究问题：“不确定环境中，混合冲突型组织持续的战略变化过程是如何发生的”，并围绕核心问题构建三个子研究问题；其次，针对研究问题设计研究方法；最后，描述概念框架图和技术路线图，并对创新点进行归纳。

第2章，“文献回顾与研究综述”。本章完成了对相关理论的回顾和梳理，主要包括战略变化、悖论理论和场域理论，并分别对每部分理论的发展和内容进行述评，提出现有研究的不足及本书可能的贡献。

第3章，“研究方案设计”。本章详细介绍围绕研究问题定制的研究方案。包括研究设计思路、研究对象的选择标准、研究对象的情况介绍、数据收集的过程和内容、数据分析的方法和过程。

第4章，“悖论冲突与战略变化过程”。本章通过两个案例探索了在冲突的动力下组织的战略变化过程，这两个案例分别为攀钢的建构悖论（诱导战略和自主战略）之间的冲突对战略变化的影响，和独立学院中固有悖论（公益性和商业性）与建构悖论（探索战略与利用战略）之间的交互与战略变化的过程。

第 5 章，“战略变化过程中的‘潜过程’”。结合上一章研究，本章在东汽的组织行动中探索战略和利用战略的冲突基础上，添加组织认知层面的分析，揭示战略变化的过程包含的“潜过程”。接下来，通过对长虹集团战略变化过程的逐层编码，总结不连续战略变化的过程中组织认知与组织行动的特征，并引出战略场域的概念。

第 6 章，“场域承载与战略变化过程”。本章从战略场域的作用和要素的变化过程两个方面探索战略场域与组织战略变化之间的关系。首先，在组织冲突影响战略变化的基础上，结合场域理论的基本内容，通过分析东汽关键事件的战略变化过程，探索不同程度的战略变化中战略场域的作用。其次，通过独立学院的案例探索战略变化过程中场域的要素及变化过程。最后，综合冲突、“潜过程”与场域承载的作用过程，基于时间顺序归纳组织战略的发展过程，并在此基础上构建战略变化的过程模型。

第 7 章，“结论与展望”部分，总结研究过程中得出的主要结论，论述理论贡献以及管理实践启示，归纳研究的不足并提出研究展望。

第2章

文献回顾与研究综述

本章对战略变化的组织冲突、潜在过程和场域承载的研究是基于战略变化、悖论理论和场域理论展开的。本章将分别回顾这三种理论，并以此为基础建构研究框架。战略变化理论是为诠释混合冲突的组织战略变化过程服务的，本章在相关概念总结的基础上梳理战略变化的过程模型，归纳持续变化视角下战略变化的分类。悖论理论是为分析混合冲突组织的冲突服务的，本章从悖论的基本概念出发，将悖论的分类与战略变化过程的分析相结合。场域理论是为混合冲突组织的战略变化情境分析服务的，在对各种理论中的场域理论进行梳理的基础上，本章构建出针对战略变化的“战略场域”概念，为后文中承载冲突的场域分析奠定基础。

2.1 组织战略变化

在持续变化的视角下，组织战略变化是不断对冲突和问题进行解决的过程集合。实践中的组织战略变化通常会面临混合冲突的出现，以及战略阶段内连续的战略变化和跨越战略阶段的不连续的战略变化，因此，如何对混合冲突进行管理和响应进而实现战略变化的目标成为实现可持续发展的重要前提。为了探索组织应对冲突实现连续与不连续战略变化贯通的过程，我们从战略变化的基本概念出发，在总结现有战略变化过程模型的基础上，为贯通连续与不连续战略变化的过程模型提供依据。

2.1.1 组织战略变化的相关概念

战略变化诞生于20世纪50年代的组织行为理论的研究中。20世纪80年代后期，作为组织变革一部分的战略变化引起了学者和管理者的重视。对于组织战略变化的相关概念，本章将从战略变化的界定、战略变化的相关概念、不同视角下的战略变化三个方面展开述评。

2.1.1.1 组织战略变化的界定

战略变化（有时被译作战略变革）有多重角度的定义，这些定义强调了战略变化的各个方面，如战略变化的目的（可持续发展、与环境的匹配）、边界（彻底的、渐进的）或涉及的参与者（高管等）。战略变化的内涵随着时间的推移不断地变得更加丰富。Chandler [65] 在组织战略定义“一个组织或企业希望通过经营和管理实现的战略目标，和实现目标的途径和方法”的基础上，将战略变化定义为“组织战略目标或实现目标方法和手段的变化”。Mintzberg [5] 对组织战略的定义以组织的资源配置方式为标杆，将战略分为战略内容和战略过程两个方面。基于此，战略变化可以定义为在战略不同的维度上组织资源配置在内容和过程上的变化，如产品结构的变化、研发投入的变化等。Ansoff[66]、Tushman 和 Romanelli[67]认为，战略变化是组织的结构、文化、管理等较大程度的变化。Miller[49]以美国 20 世纪 80 年代的航空产业为例，将组织业务层面的战略变化分为改变产品、价格、服务质量等较小改变的渐进的战略变化，以及组织结构、资源配置等较大改变的剧变的战略变化。Ginsberg 和 Buchholtz[68]将非营利性组织向营利性组织的转化定义为战略变化，通过组织转化持续时间的长短定义战略变化的程度。Van de Ven 和 Poole[69]将战略变化定义为组织为了实现战略目标，在对变化环境的适应和匹配过程中，对资源的配置、组织性质、组织结构等的调整。刘海潮、李垣[70]基于战略管理的十大流派，分别对每个流派的战略变化定义进行了归纳。也就是说，战略决策、战略措施、战略规划内容、企业的目标市场、对环境的认知和判断、信息处理过程、企业运作方式、权力系统、文化系统、经营策略、战略制定和形成过程的变化，都属于战略变化，只是观察的角度存在差异。刘鑫、薛有志[48]将战略变化定义为“随着时间的推移，组织在主要战略维度上对资源配置进行的调整和变化。本质上，战略的变化与调整就是一个组织主要战略维度上的资源配置方式随时间发生的改变”。Müller 和 Kunisch[9]在对战略变化研究进行综述时将战略变化定义为“要么是组织使命的定义，要么是总体优先事项和目标的重大转变，反映出新的重点或方向”。本章采用的战略变化定义为“随着时间的推移，组织在主要战略维度的资源配置上所进行的调整和变化”。

2.1.1.2 战略变化的相关概念

战略变化（Strategic Change）有很多相关概念，或描述的范围存在差异，或描述的变化程度存在差异。包括组织变革、战略转换、战略调整、战略更新、战略创新等。组织变革（Organizational Change）是一个相对广泛的概念，包括组织各种要素的变化，如结构、身份和劳动力[71-73]，而战略变化是一个较窄的概念，只包括战略方面的组织变革[6,8,74]。Mintzberg 和 Westley[75]认为，组织变革更多的是描述一个组织的状态（State）变化。组织变革研究在认知层面关注文化和结构，在行动层面关注系统和人。而战略变化描述的是组织的方向（Direction）变化。战略变化研究在认知层面关注组织的愿景和定位，在行动层面关注程序和设施。

战略转换（Strategic Turnaround）概念的产生源于 20 世纪 70 年代后期美国经济的衰退。Hofer 和 Sehendel [76]从运营和战略两个方面针对企业如何走出衰退的困境开始了企业战略转换的研究。早期的组织理论通过降低成本、缩小业务范围使企业走出困境，但战略管理的理论认为，战略转换才能解决问题，因为企业的错误定位是企业衰退的根本原因[66]。刘益、李垣、汪应洛[77]将战略转换定义为组织将环境与组织自身的条件不断地进行适配和调整，以获取优势赢得竞争和实现目标的过程。

战略调整（Strategic Ajustment）是较小程度的战略变化，是对组织战略主线和方向没有改变的微调。因此，对于战略调整是否应该纳入战略变化的范围内存在争议。例如，针对麦当劳引进鸡蛋麦松饼是否属于战略变化的争论，支持的人认为这属于战略变化，因为这个改变使得麦当劳的产业链进入了早餐市场，反对的人认为这不是战略变化，因为除了将老配方放入新包装这个改变外，没有触及组织本质的变化[78]。“变化和调整之间的界限十分模糊、难以分辨，但是区分战略变化与调整对于理论的发展是必要的。如果所有战略的变化都没有区分地称为战略变化，那么对于战略变化的研究就会变得片面而且短暂，而战略调整与战略变化的区分使研究者和管理者能够更明确和清晰地发现组织是如何将环境与自身条件进行匹配和协调”[79]。

战略更新（Strategic Renewal）通常指较大程度的战略变化，是对组织战略颠覆性的转型和改变。孙爱英等[80]认为，战略更新后组织一定会出现新的战略，需要打破组织的惯性才能实现。战略更新是问题解决的最后表现，而不是组织一直考虑的（如战略变化）问题。战略更新通常将“进化”的观点应用于战略重新制定方向的研究。Floyd 和 Lane[81]认为，战略更新是一个增量的过程。通过这个过程，组织不断适应环境并探索机会以激发选择的活跃和输出的变化。在此基础上，Albert、Kreutzer 和 Lechner[82]从惯性和适应两个视角对战略更新的文献进行了梳理，认为战略更新是从当前的战略形式发展而来，并且随着时间的推移而完成的过程。战略更新是刷新或替换组织属性的过程、内容和结果，这些属性可能对组织的长期发展前景产生重要的影响[83]。

战略创新（Strategic Innovation）是通过思维创新、管理过程创新、战略模式改变、产品创新等过程形成新的价值创造流程，这一过程会打破过去的战略框架形成新的行为和商业模式[77]。Hamel[84]从创造价值的角度将战略创新定义为对已有商业模式的重新构建。Loewe、Williamson 和 Wood[85]在对实践案例总结比较的基础上，发现成功的创新者使用了五种不同的管理风格，虽然表面上彼此不一样，但是内部都存在管理者调动组织不同部分执行创新模式的过程。

2.1.1.3 不同视角的战略变化

战略问题全局性、长远性和创新性的性质，决定了战略领域的研究不会被固定在一个模式中。战略变化作为战略领域最重要的分支之一，必然需要从多个视角展开探索。在理性视角下，战略变化是在组织明确目标的前提下，对达到目标的最优路径进行搜寻的过程，主要考察组织战略内容发生的变化[86]。理性的管理者在组织和环境的匹配过程中，不断优化组织的绩效。通过对组织的业务层面、公司层面和集体层面的战略变化分别进行测量，可以衡量战略变化的程度。在理性视角下的战略变化环境是客观决定的，环境的变化会驱使组织战略发生变化。在学习视角下，战略变化是组织通过行为与环境交互，不断迭代和学习的过程，学习的步骤会影响战略变化的程度[87]。在学习视角下的战略变化环境不再是客观决定的，而是具有动态性和不确定性的存在。管理者通过一系列行动理解不确定的环境，以此来反作用于环境，对环境产生能动的影响。制度视角的战略变化是组织中的不同主体在与环境的互动过程中修正共同信念、形成意义建构的过程[88]。组织嵌入其所在的制度情境是抵制战略变化的根本原因，组织越是被嵌入某个处于高度结构化制度情境中的流行组织构型，那么它所面对的阻力越大，对急剧变化环境的反应程度越激进。

认知视角的战略变化的研究加入了管理认知的角色[6]。认知视角的战略变化最早出现在20 世纪 80 年代。后续的很多研究都是从个体认知出发，研究管理者的认知（知识结构、核心信仰、因果地图和图式）对战略变化过程的影响[39]。认知模型强调管理者对环境或者组织情境的构建。在认知视角下的研究对战略变化的程度作了区分[89]，当组织的战略变化没有涉及知识结构的转化，就称为战略演化；当组织在战略变化时发生了组织的思想体系和原因地图的转化[90]，就称为战略转型。Agarwal 和 Helfat[83]认为，战略转型是组织匹配内外部环境和条件对组织目标与行为进行调整和改变的过程，目的是实现组织的可持续发展。Gray 和 Ariss[91]强调企业的战略转型是企业组织要素的“重新构造”，组织要素包括企业竞争战略的调整[92]、业务数量的变化[93]、组织结构及管理战略的调整[94]等。我国薛有志等学者认为，在研究战略转型时要同时关注动态和静态要素的变化，也就是说战略的内容和过程变化都应该进行深入的探索[95]，组织认知会影响战略变化的成功，组织能否适应环境取决于组织的认知是否与环境的变化一致[96]。也有部分学者认为，组织的管理层对组织的认知以及对外部环境变化的把握对组织的战略转型起到重要的作用[67,97,98]，如 Tushman 和 Romanelli[67]研究发现，高管的变化与继任是克服战略转型障碍的重要机制，只有当管理者价值观和利益偏好发生改变时，不连续的战略转型才会发生[98]，由此可见，组织认知对战略变化的程度起着至关重要的作用。

2.1.2 组织战略变化模型

战略变化的过程模型是不断细化的过程，其演变经历了战略自身的变化、环境到战略变化、环境到组织行动到战略变化、环境到组织认知与行动到战略变化、环境的压力与阻力到组织再到战略变化。下面将分别对这五种有代表性的模型作介绍。

2.1.2.1 战略的变化过程

最早对战略变化过程的描述聚焦于战略本身，最具有代表性的是 Mintzberg[5]构建的战略的过程模型，如图 2-1 所示。组织最初设想的、经过详细策划的战略意图（Intended Strategy），可能会在执行的过程中出现分支。当最初制定的战略目标没有实现，或者实施过程出现问题导致战略搁置时，战略就会成为没有实现的战略（Unrealized Strategy）。成功实施的战略通常被称为深思熟虑的战略（Deliberate Strategy）。在最终实施的战略，也就是已实现战略（Realized Strategy）中，一部分是从深思熟虑的战略中实现的，一部分是在组织适应环境的过程中涌现出的战略（Emergent Strategy）。

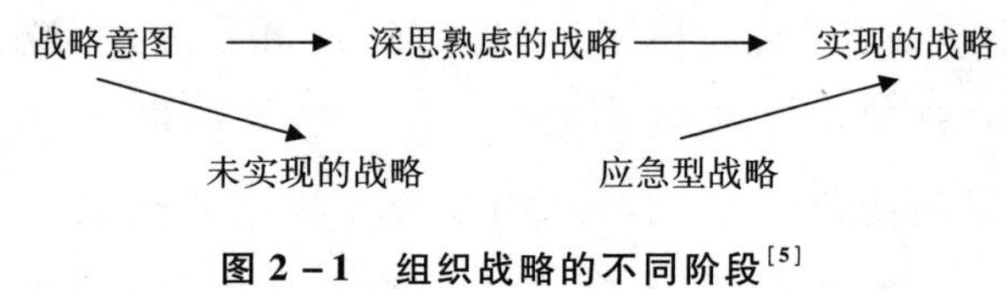

图 2-1　组织战略的不同阶段[5]

2.1.2.2　环境到战略变化

在对战略理解越来越深入的基础上，学者们尝试将环境因素引入讨论战略变化的过程，由此出现了理性视角的战略变化过程模型如图 2-2 所示[6]。理性视角的战略变化过程强调战略内容的变化，指的是组织根据事先确定的组织目标，在环境和组织的条件与变化基础上调整战略内容，使组织适应新的环境和变化以提高组织绩效。

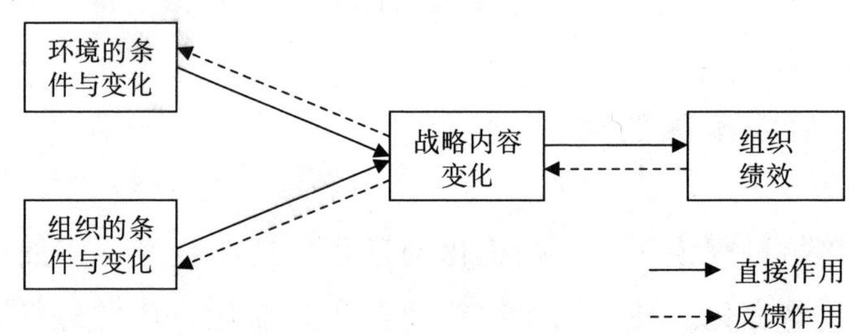

图 2-2　理性视角的组织战略变化过程[6]

2.1.2.3　环境到组织行动到战略变化

随着时间的推演，学者们发现组织行动，也就是组织对环境变化的响应会对战略变化产生直接影响。组织可以通过组织行动反作用于驱动战略变化的环境。由此，战略领域的学者建立了学习视角战略变化的模型，如图 2-3 所示。学习视角的战略变化过程模型是将组织的行为作为沟通环境和战略的“桥梁”，是组织通过行为与环境的交互获取知识，改变原有知识体系进而改变战略内容的过程。组织通过知识的不断积累、迭代和创新影响战略变化的过程和组织绩效。另外，Bohman 和 Lindfors[7] 基于学习的视角将组织行动作为核心，建立了行动领域中由事件激发的战略变化过程模型，如图 2 – 4 所示。在该模型中，战略管理和变化的起源是在行动领域和特定战略背景下的行动选择。这些战略家的选择或多或少地解释了他们的早期选择、内部或外部环境的不同事件、战略形式和行动空间。战略变化可以描述为组织在行动领域不断进行选择的过程，或者是学习的过程。

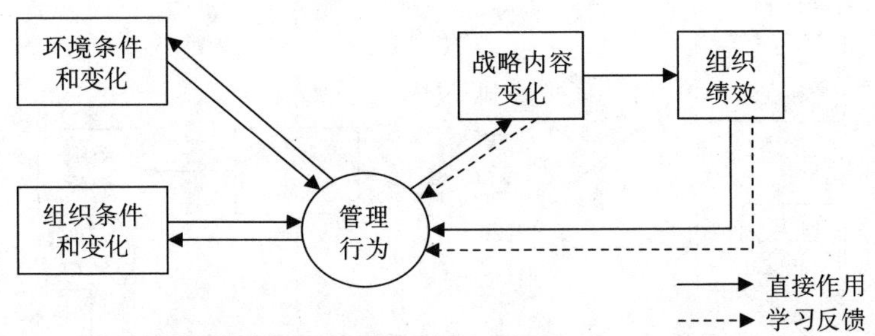

图 2 – 3　学习视角的组织战略变化过程[6]

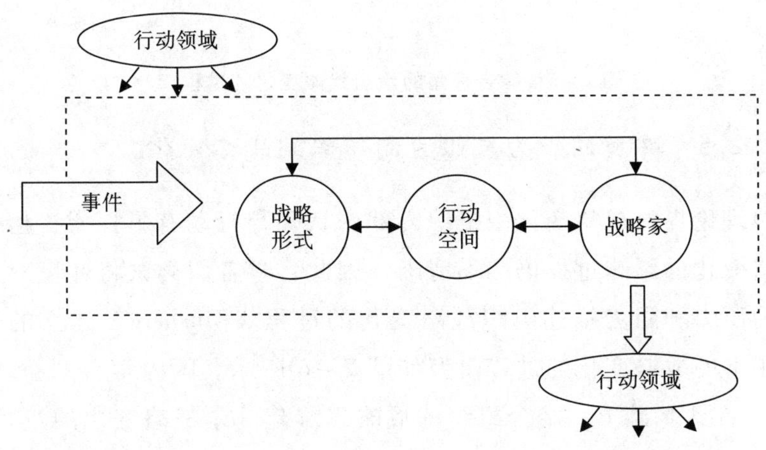

图 2 – 4　行动领域中组织战略变化的过程[7]

2.1.2.4 环境到组织认知与行动到战略变化

随着认知视角的引入，关于战略变化的过程描述有了新的进展。在认知视角中环境不再是客观的存在，而是经过组织管理者识别、获取到的环境要素的集合。认知视角的战略变化过程强调管理认知的重要作用。环境不是客观存在的环境，而是组织的管理者认知中的环境。Rajagopalan 和 Spreitzer[6]在对理性视角、学习视角和认知视角进行总结的基础上，建立了集成三种视角的战略变化过程模型，如图 2－5 所示。

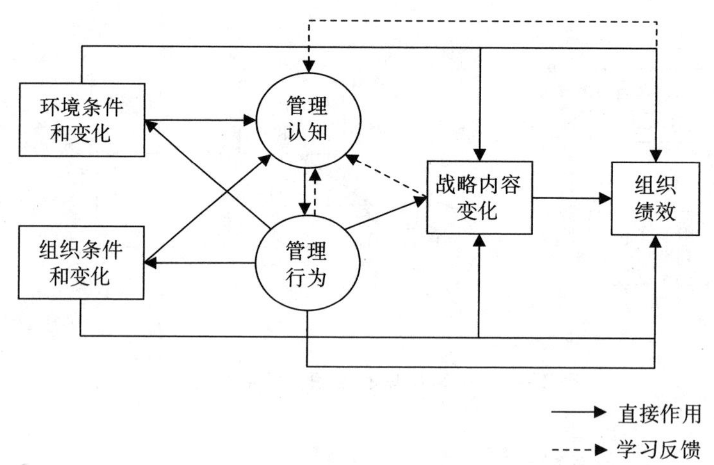

图 2－5 综合视角的组织战略变化的过程[6]

2.1.2.5 环境的压力与阻力到组织到战略变化

虽然理论界对战略变化中组织内部的认知与行动有了探索，但是对环境和战略变化的影响过程仍然不清晰。因此，学者们尝试将环境对组织的影响分为压力和阻力描述组织战略变化的过程。Ginsberg[8]建立的压力与阻力作用下的战略变化的过程模型如图 2－6 所示。国内学者刘益、李垣、汪应洛[77]在此基础上，结合组织的战略思维建立了战略变化的过程模型，如图 2－7 所示。

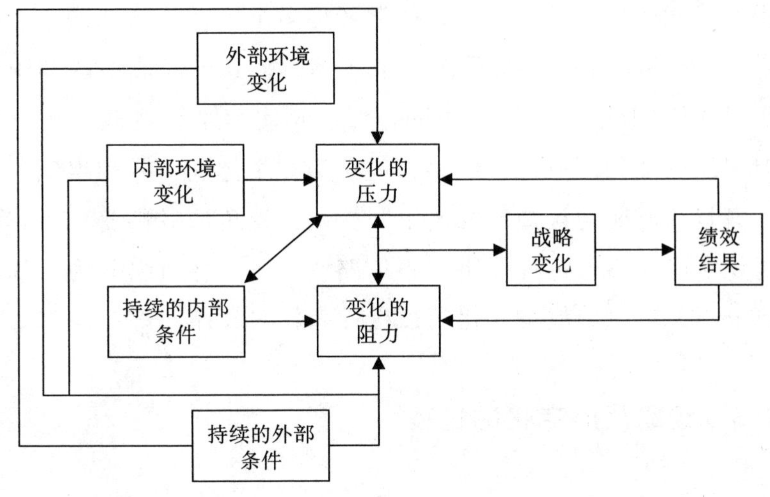

图 2-6　压力与阻力作用下组织战略变化过程模型[8]

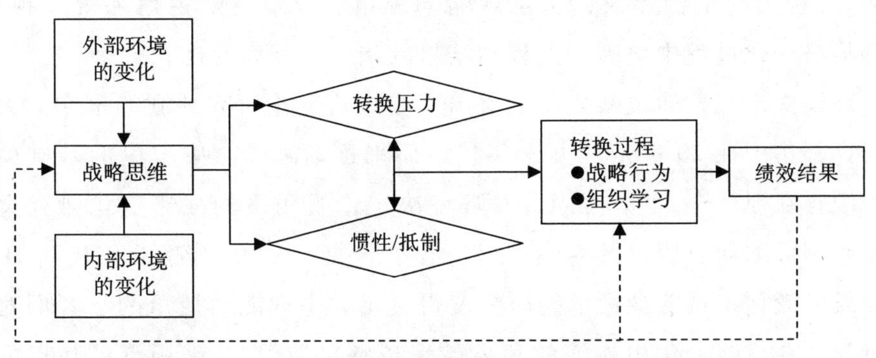

图 2-7　压力与阻力作用下组织战略变化过程模型[73]

通过对战略变化过程模型的总结可以看出，学者们通常以组织与环境的交互过程对战略变化进行探索，如 Ansoff[99]、Mintzberg 和 Westley[75]认为，在定义公司目标的基础上，有顺序、有计划地寻找问题最佳解决方案的过程就是战略变化；Lant 和 Mezias[100]将战略变化看作一个迭代的过程，管理者通过一系列相对较小的探索环境和组织的步骤来影响战略变化。但是这些研究并不能解释为什么很多时候组织行动会带来意想不到的结果[2,101]。认知视角给出了一种解答：组织行动出现意想不到的结果是因为组织的管理者对环境的认识是不同的[18]。因此，认知视角的出现成为组织行动和环境之间的“桥梁”[4]。多数对于组织认知的研究，会以管理者认知作为组织认知的代表[102-105]；有些学者将多个管理者认知的集合看作组织认知[106]；有些学者将组织看作一个实体，将其已经成型的知识体系和行为逻辑看作组织认知[107,108]。Islam[109]从情境经验、工具、内容、环境四方面对组织认知的研究进行综述，他认为在个体、团队和组织层面都存在认知，只是其所属的认知的维度不同。认知视角的战略变化研究为描述和揭示组织响应冲突的过程提供了新思路。因此，将组织分为认知和行动层面进行分析，可以为战略变化的过程带来新的解释。

2.1.3 组织战略变化的过程

本部分基于 Müller 和 Kunisch[9]、Cropanzano[110]、Jones 和 Gatrell[111]、Short[112]提出的结构建议，从主观能动视角、客观决定视角和辩证视角，梳理战略变化过程中前因、过程和结果的相关研究和发现。

环境决定视角的战略变化主要出现在战略变化研究领域的早期。大部分研究都集中在 20 世纪八九十年代，后来逐渐减少。决定论的基础前提是组织存在惯性[67,113,114]。因此，环境决定论视角下的战略变化研究聚焦在组织惯性如何克服以及克服过程的潜在结果。从 20 世纪 90 年代到 21 世纪，战略变化主观能动视角的研究变得突出。主观能动视角的学者们对组织行为者在战略变化中扮演的角色越来越感兴趣[115]。采用辩证观点的学者认为，管理选择和环境决定论共同影响着战略变化。根据这一观点，组织可以根据决定论和能动论的对立力量的强度，积极主动地应对环境的变化。

国内学者也有类似的对战略变化视角的区分。陈传明、刘海建[116]将战略变化分为战略选择（Strategic Choice）和战略适应（Strategic Adaptation）两种。战略选择视角认为，战略变化会使组织发生颠覆性的变化，这个变化中组织的管理者扮演重要的角色。战略适应视角则认为，战略变化是一个动态的渐进的过程[116]。潘安成[117]将战略变化的动因分为内部动因（组织变化驱动）和外部动因（经营环境驱动）。在此基础上，刘明明、肖洪钧、蒋兵[118]将战略变化的动因分为两种：其一是战略变化内生理论，从资源能力、组织学习和组织复杂行为三种理论阐述了战略变化的动因；其二是战略变化外生理论，从市场结构、组织种群和超竞争三种理论阐述了战略变化的动因。

下面分别从环境决定、主观能动和结合两种学派的辩证视角，整理和归纳战略变化的前因、过程和结果的现有研究。

2.1.3.1　战略变化的前因

环境决定论的学者们已经确定了环境和组织背景下的几个因素（组织年龄、绩效、先前的战略、组织结构等）以及组织行为者的特征，促进或阻碍了组织惯性，从而影响了战略变化。关于环境背景，现有的研究提出了不同的发现。间断均衡理论的支持者认为，环境条件的重大转变引发（革命性的）战略变化[67]，但是业务层面[119,120]和公司层面[121]的经验证据却与此不同。例如，Amburgey 和 Dacin[121]在 28 年间基于制度理论对 262 家美国大型采矿和制造公司的研究发现，在其他组织进行重大变革时，组织更有可能改变战略的多样化水平。

主观能动视角主要关注的是组织和行动者相关的因素对战略变化的促进或阻碍。第一条线索的学者们探讨了环境的变化是否以及何时会导致业务和组织层面的战略变化。在业务层面，学者们发现当环境中的事件被解释为对绩效或组织福利有影响时，环境的不确定性增加了随后战略变化的可能性[122]。就组织层面而言，现有的研究发现环境不确定性与战略变化之间存在正向的关系[123,124]。第二条线索揭示了组织情境中影响战略变化的各种因素。绩效表现不佳[125]、公司的多元化水平[126]、公司先前战略变化的经验[127]、组织的所有权[128]都会对战略变化产生影响。第三条调查线索聚焦于组织参与者。这一类的研究经常关注高管人员流动[129]，认为公司高层管理人员对战略变化至关重要[130]。其他研究表明，TMT 的构成及其成员薪酬与战略变化有关[131]。

辩证视角的研究揭示了外部环境、组织环境和组织行为者对战略变化的影响。在外部环境因素方面，辩证视角强调市场环境。他们认为，环境变化或市场波动性增加会刺激战略变化[132]。在组织环境方面，辩证视角考察了绩效、公司的某些特征、治理结构等因素[133,134]。就组织行为者对战略变化的影响而言，辩证视角为变化动因的理论提供了新的角度。CEO接班人对战略变化影响的研究结果是不一致的。虽然一些学者不支持CEO继任和战略变化之间的积极关系[135]，但其他学者提供了此类关系的证据[132]。关于高管的起源，学者们主要关注的是高管是来自公司内部还是外部。例如，在对外部和内部因素在战略变化中所起作用的研究中，Ginsberg和Abrahamson[136]指出，向TMT引入新成员对于成功实施战略变化至关重要，因为新成员有助于克服公司内部的政治和文化惯性。他们还发现，管理顾问在发起变化时很重要，因为他们可以影响高管看待环境的方式。相反，在Gordon等[132]对120家活跃于家具行业（稳定）和计算机软件行业（动荡）的公司的研究中发现，TMT人员流动与战略变化之间存在负向关系。由于新的高层管理团队在实施战略变化之前可能需要时间建立信任并达成共识，因此，这种人员流动可能会影响战略变化的速度。

2.1.3.2 战略变化的过程

主观能动视角的战略变化研究主要分析战略变化发生过程，主要采用案例研究的方法。大多数学者研究行动者（通过感知和意义给予）如何塑造战略变化的过程。高层管理人员[137]和中层管理者[138,139]被视为通过意义建构（Sensemaking）和意义给予（Sensegiving）推进变化过程的关键参与者。某些类型员工的意义建构可能有助于员工参与战略变化的实施[140]。此外，Sonenshein[141]观察到，管理者将战略变化区分为同时重要和不重要的，员工则为变化添加了积极或消极的内涵。战略变化的目标与既定的身份和实践相违背时，会造成不确定性和认知障碍[142]，因此战略变化可以被视为认知和实践的重新制度化[143]。由于员工倾向于坚持过去的思维，他们往往没有准备好进行战略变化[144]。然而，已有研究表明，通过采用新的（集体）思维方式，组织行为者可以实现战略的变革[142]。

辩证的视角将战略变化作为管理选择与环境或组织约束的相互作用结果。从这个角度来看，战略变化部分地由环境或组织结构决定，组织行为者同时影响着变化过程。换句话说，组织的战略结构和组织行为者的认知结构之间的相互作用决定了战略变化过程[7]。在这种情况下，权力扮演着重要的角色。例如，Pettigrew[145]发现，组织的变化时期可以与领导和权力的变化联系起来。根据这一发现，Lawrence、Malhotra 和 Morris[146]发现，变革推动者所拥有的权力有助于他们发起和激发根本的变革。除了权力，学者们发现，关键概念和符号的形成有助于激活变化[147]，变化的动力受到变革领导者在公告会议上传达的社会信息的影响[148]。

2.1.3.3 战略变化的结果

环境决定论通过财务绩效和组织生存或者失败来衡量战略变化的输出。在财务绩效方面，学者们发现，与公司现有能力相关的新活动越多，公司的后续财务表现越好[149]。例如，在研究法国高级菜肴变化与外部评价之间的关系时，Durand、Rao 和 Monin[150]发现保留代码和违反代码的更改都可以提升外部评估。在组织生存方面，决定论的研究还没有一致结论[119,149]。例如，Kelly 和 Amburgey[119]研究了美国认证航空公司核心特征变化的后果，发现战略变化与一个组织生存的可能性无关，而 Haveman[149]对加利福尼亚州储蓄和贷款业的研究表明，大多数战略变化是与绩效正相关的，即使是少量的战略变化也会有利于组织的持续生存。

主观能动视角已有的研究也对战略变化的中间结果和绩效结果提出了重要的见解。研究表明，战略变化高层管理团队行为[151,152]和聚合行业专业化[153]对中间结果有重要影响。例如，在 20 世纪 80 年代美国众多行业样本的组织重组考察中，Hatfield、Liebeskind 和 Opler[153]的研究表明，能力的增加和扩大会增加聚合行业专业化程度，新竞争对手的出现则会产生相反的效果。对战略变化绩效影响的研究表现出不一致的结果。一些研究表明，战略变化与显著的、正面的、异常的回报之间是正相关的，这表明组织在战略变化之前通常出现过度多元化的现象[154,155]。其他研究强调了战略变化的适应性和破坏性之间的冲突关系。例如，Zhang 和 Rajagopalan[156]揭示了一个“倒 U 形”绩效曲线，该曲线由 CEO 的出身（即公司内部或外部）调节。低程度的战略变化更具适应性，因此，对组织绩效有利，高程度的战略变化则具有破坏性。因此，参与适当级别的战略变化对创造和维持竞争优势至关重要。这一发现还表明，战略变化的时间和范围的组合对于组织市场份额至关重要[157]。董事会支持的战略变化可能会提高组织绩效，而缺乏董事会支持的变化可能会导致绩效问题[158]。同样，组织重组会对财务绩效产生积极影响[126,127]，而这些影响取决于重组的方式[126]。也就是说，各种重组选择（如分拆或出售）的经验很重要，因为不同的重组模式会带来不同的绩效影响[127]。

辩证视角为战略变化的结果研究提供了不同发现。例如，Dawley、Hoffman 和 Lamont[159]在分析困境中的战略变化时，发现只有战略选择水平相对较高或环境约束相对较低的公司才能从战略变化中获益。换言之，战略变化的绩效影响取决于选择情况。在对捷克共和国 600 家未重组和 388 家重组公司的研究中，Makhija[160]发现重组与公司价值之间存在负相关关系。在对匈牙利和东德 18 家企业私有化的分析中，Meyer 和 Lieb - Dóczy[161]发现，尽管资产的收购在短期内可能会产生负面的绩效影响，但从长期来看，这些资产可能会产生积极的绩效影响。Ndofor、Vanevenhoven 和 Iii[162]分析了 20 世纪 90 年代美国预包装软件公司转型过程中战略变化（新产品引进、新联盟和收购）的后果，发现战略变化与绩效改善正相关。辩证视角的学者们还探索了战略变化长期的成果（组织生存）。例如，Amburgey、Kelly 和 Barnett[163]发现战略变化增加了组织失败的可能性和同类型其他变化的可能性。他们分析了芬兰 1011 份报纸在出版内容和出版频率上的重要战略变化，发现至少有一种内容变化的报纸比没有这种变化的报纸有更高的失败率。

2.1.3.4 战略变化研究总结

环境决定论的学者们为战略变化的研究提供了组织惯性如何克服的关键洞察因素。在这种视角下，战略变化是一种对环境变化的反应。另外，他们关注战略变化的输出成果，包括中间成果、绩效成果和组织生存。主观能动视角揭示了组织行为者在战略变化中的角色，还通过管理特征分析组织对环境变化的反应。能动视角主要揭示了战略变化的过程以及调节战略变化的要素，使战略变化有更复杂的发现。战略变化的辩证视角结合了环境决定和主观能动的观点，认为情境在战略变化过程中发挥了重要作用。

通过总结发现，现有研究大多集中在孤立的单一战略变化事件上，需要更多地关注组织内持续的战略变化。在 Müller 和 Kunisch[9] 综述的 78 篇主观能动视角战略变化的文章中，只有 5 篇将战略变化作为一系列变化的一部分或分析多重变化研究[127,164-167]。辩证视角的研究更关注单一变化事件，只有 5 项研究涉及多种变化[145,148,163,168,169]。这是令人惊讶的现象，因为学者们承认组织试图持续而不是周期性地发生变化[168]。

2.1.4 持续组织战略变化过程

对战略变化的研究可以分为间断均衡和持续变化两种角度。从宏观、远距离和全球的角度来看，认同战略变化是间断均衡的学者认为组织是惯性的。组织中的战略变化是不频繁、不连续而且有意策划的。战略变化的过程包含三个循环的步骤：解冻（Unfreeze）、变化（Transition）和再冻结（Refreeze）。必要的战略改变是由组织的意图造成的。以 Lewin 为主的研究者将组织的特征归纳为：惯性的、线性的、渐进的、目标导向的，变化由不平衡驱动，并且需要外部的干预[73]。这一过程是组织转型的经典过程模型，也被引入相关的战略变化领域。间断均衡视角下的组织是一个相对静态而可控的对象，成功的组织变革和转型往往需要目标明确、整体统筹下的连续行为展开。这与环境决定派的学者们对战略变化过程的认识是一致的，他们认为，内外部环境的变化是组织战略变化的动因。间断均衡战略变化的研究强调组织短期经营的适应性。

持续变化的战略变化是近期组织变化研究中学者们普遍认可的观点。随着组织变革领域研究的进展，一些学者尝试将动态的、变化的视角引入组织变化的研究中[170]。Weick 和 Quinn[73] 指出，变化应该是持续存在的一种自然过程状态。Tsoukas 和 Chia[171] 也在总结之前的研究后提出，传统看待组织变革的方式是基于组织处于相对稳定、有路径和秩序的状态的假设之上，因此组织变革被看成一种意外而不是一种自然常态。那么如果将组织视为一种变化的集成整体，组织变革其实就是行为主体网络通过互动形成的新经历的交织。也就是说，变革理论已经从间断均衡的视角发展为持续变化的视角。从微观、近距离和本地的角度来看，认同持续战略变化观点的学者认为组织是自组织和自然发生的。组织中的变化是不变的、不断发展的、累积的。持续战略变化的过程包含三个步骤：冻结（Freeze）、平衡（Rebalance）和解冻（Unfreeze）。以 Weick 为代表的研究者将组织的特征归纳为：周期性、过程性、无终点的，变化的过程是不断地寻求平衡的过程[73]。这与主观能动学派学者们对战略变化的认识是一致的，他们认为，组织自身的行为，也就是组织的实践是企业战略变化的动因。持续战略变化的研究强调长期经营的适应能力，是对已经在进行的事情的重新定向。

从以上分析可以看出，间断均衡与持续变化的战略变化之间，基本假设的差异在于组织的结构和边界是固定的或者变化的。从组织的实践过程中可以发现，战略变化的连续与不连续是同时存在的，如颠覆战略变化和渐进战略变化、战略转型和战略演化、诱导性战略变化和自主性战略变化等。随着环境不确定性的增加，连续与不连续变化的边界也在逐渐模糊。因此，持续变化视角比间断均衡的视角更适合对当代组织的现象进行解释。本章从组织是持续变化的、自组织视角出发，探索战略变化出现连续和不连续结果的过程。

战略管理领域的研究对战略变化的分类从很多角度进行。从战略的基本属性出发，学者们基于 Minzberg[78]对战略内容和战略过程的分类，将战略变化分为内容变化和过程变化。根据战略变化的剧烈程度，Miller[49]将战略变化分为渐进的和剧变的。基于 Porter[172]对企业战略层级的分类，战略变化分为总体战略（又称为公司层战略）的变化、竞争战略（又称为业务层战略）的变化、职能战略的变化。从战略对比之前战略的延续性出发，Burgelman[173]将战略变化分为诱导战略（Induced Strategy）变化和自主战略（Autonomous Strategy）变化。

本章根据战略变化的程度将其分为连续的战略变化和不连续的战略变化，具体界定如表 2-1 所示。不连续的战略变化是在变化中创造不连续，即与过去彻底而迅速地决裂，伴随着组织意识形态和认知地图重大改变的战略变化。有些学者认为，真正的战略更新只能通过剧烈的变化获得。革命式的变化尽管很难获得，却是战略更新的核心，而进化式变化只能在组织发展中扮演支持的角色。这种观点可以被称为“不连续更新视角”(Discontinuous Renewal Perspective)。连续的战略变化是组织在变化中确保连续性，即从一种状态到另一种状态的适度和逐渐的变形，没有触及组织知识结构转变的战略变化。这种观点认为，战略更新并不是像“斧子”一样的，而是必须一直存在于组织之中不断进行持续的、小的调整。进化式的变化尽管很难维持，却是战略更新的核心，而革命式的变化只是组织万一失败后退的备选方案。这种观点被称为“连续更新视角”（Continuous Renewal Perspective）[174]。

表 2－1　　连续和不连续的战略变化

概念	连续的战略变化	不连续的战略变化	来源
定义	组织在变化中确保连续性，即从一种状态到另一种状态的适度和逐渐的变形，没有触及组织知识结构转变的战略变化，包括组织的产品或服务质量、价格、销售渠道等对于组织来说影响较小的竞争手段的改变	组织在变化中创造不连续，即与过去彻底而迅速的决裂，伴随着组织意识形态和认知地图重大改变的战略变化，包括组织结构大规模的重构、人力资源的重新整合、进行收购或资产剥离等对组织来说影响比较大的措施的发生	De Wit 和 Meyer[50]；Miller[49]
关键词	缓慢、循序渐进，适度、逐渐、连续、演化、调整	迅速、剧烈、彻底、决裂、不连续、转型、变革	
相关概念界定方式	渐进式（Incremental）战略变化	激进式（Revolutionary）战略变化	Prahalad 和 Doz[175]；Miller[49]
	进化式（Evolution）	革命式（Revolution）	De Wit 和 Meyer[50]
	战略演进（Strategy Evolution）	战略转型（Strategic Transformation）	Rajagopalan，Spreitzer[6]
	战略调整（Strategic Adjustment）	战略变革（Strategic Change）	Snow 和 Hambrick[79]

资料来源：作者根据文献整理。

其他研究中也有类似的对战略变化的分类，Prahalad 和 Doz[175]将组织的战略变化分为激进式与渐进式。激进式战略变化指的是短期内“迅速”“剧烈”地实施变革。渐进式战略变化指的是企业战略在较长的时间内缓慢地、循序渐进地实施变化。Jojnson 和 Scholes[176]将战略变化分为渐进式和转型式。他们认为，在组织纵向的战略变化过程中以渐进式的战略变化为主，通过打破组织过去形成的惯例发生战略的变化。De Wit 和 Meyer[50]通过对大量直接或间接性的组织战略变化的文献整理，发现在战略更新的过程中，革命式（Revolutionary）的战略变化和进化式（Evolutionary）的战略变化需要管理者在不同的情况下决定如何合并和平衡。革命式的变化在更新过程中创造不连续，即与过去彻底而迅速地决裂。进化式的变化是需要在更新中确保连续性，即从一种状态到另一种状态的适度和逐渐地变形。Kuwada[177]基于战略学习的视角，从战略行动、决策流程和公司知识三个层面的交互，探索了战略变化过程中不连续的战略变化应该如何跨越。在此过程中，他将战略变化视为持续的存在。其中，战略变化连续的过程存在于战略主线不发生改变的一个战略阶段内，不连续的战略变化发生在战略阶段的跨越过程中。通过战略学习可以跨越不连续的战略变化，实现连续与不连续战略变化的贯通。

虽然现有文献对战略变化从程度上作了区分，但是实际上不同程度的战略变化之间的界限并不明显，甚至可能会相互转化。Snow 和 Hambrick[79]认为，只有根本地改变了组织内和周边的环境，才能被称为发生了战略变化，否则就只能称为战略的调整。他们认为，战略变化和调整之间的区别非常微小，但这种区别对于建立理论非常重要。Ginsberg 和 Grant[178]认为，较大程度的战略变化（如战略转型）可能是随着战略内容的变化而逐渐发生的，这就导致战略的变化和调整在不同时间点上出现不同的判断。Mintzberg[179]认为，判断组织发生的变化是否属于战略变化，要综合考虑组织现在的状态和变化发生的时间，因为“今天看这个改变也许是战术性的，但是明天就很可能被证实是战略的”。综上所述，无论是连续的战略变化还是不连续的战略变化，都需要通过“组织的战略变化是持续发生的”这一基本视角贯通起来。在持续变化的视角下连续与不连续战略变化的过程是如何贯通的，值得进一步研究。

2.1.5 小结

现有对于组织变化的研究指出，组织变化是连续、无计划发生的[2,73,170]。组织战略作为组织可持续发展的核心，只有具有随时发生变化的柔性，才能更好地适应竞争的市场[180]。因此，在持续变化的视角下混合冲突型组织战略变化的发生过程仍需要进一步探索。通过上述对组织战略变化相关文献的综述，我们将战略变化的过程模型作了新的综合，如图2-8所示。通过对文献的回顾，本章将在以下方面对战略变化的研究做出贡献。

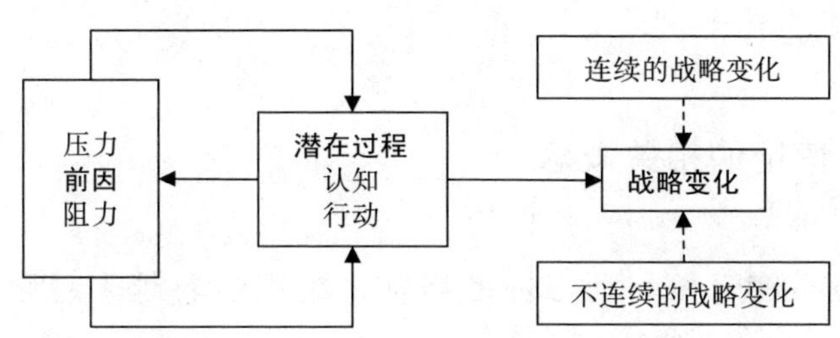

图2-8 战略变化的过程模型

（1）现有战略领域的研究描述了组织的认知和行动在战略变化中的交互过程，指出组织认知对战略变化的过程和结果有非常重要的影响。组织认知如何发生变化进而改变组织战略引起越来越多学者的重视[108,181,182]。尽管如此，当前研究并未对组织认知和行动对冲突的响应过程进行深入探索。本章通过揭示混合冲突型组织战略变化过程中认知与行动的交互过程和规律，归纳战略变化过程的潜在过程。

（2）现有研究关注战略变化的情境[11,51]，并将环境解构为压力和阻力[8]。但是这两种力是如何产生的，以及如何发生作用的，还需要进一步探索。本章通过引进场域理论对战略变化过程中的环境进行分析，旨在对环境与战略变化的作用过程有新的发现。

（3）现有关于战略变化过程的研究大多集中在某一个事件的变化过

程，需要更多地探索多个事件的纵向过程[9]。本章采取纵向过程研究的方法，将组织发展过程中一系列的战略变化过程做串联，探索多次战略变化之间内在的联系。

2.2 悖论理论

混合冲突型组织的冲突有复杂性和多重性特点，在战略变化的实践中管理这些冲突是困难的。为了统筹组织中的冲突变化过程，本章引入悖论的视角分析组织的冲突及响应过程，探索冲突与战略变化的作用机制。下面将以悖论的内涵、变化、响应、输出和战略变化中的悖论为逻辑展开述评。

2.2.1 悖论的相关概念

随着环境不确定性和动态性的增加，组织需要越来越频繁地调整战略，以处理组织各层级出现的冲突和矛盾的需求。学者们通过各种方式（权变的、选择的、辩证的、悖论的）对这些冲突和矛盾进行探索和管理。其中，悖论的视角成为一种受到广泛认可的处理冲突的新方式[16,183]。权变理论是早期应对冲突的一种方法。权变的方法适合探索竞争需求的选择条件、组织系统内部元素的匹配，以及组织与外部环境的匹配。20 世纪 60 年代的权变理论[184]启发了之后几十年的研究，探索情境如何影响对立选择的有效性。当组织需要同时达到多种有冲突的需求，悖论理论提供了另一种应对组织冲突的方法。尽管选择冲突的一方有助于组织的短期表现，但是长期的可持续发展需要通过悖论视角不断努力满足多样化的不同需求。学者们在 20 世纪 80 年代初，就开始在哲学、心理学的领域展开对悖论的研究和讨论，并将悖论和冲突的概念引入组织和管理现象的研究。悖论对集体的研究出现在种群层面、组织层面、小组层面、跨层面或嵌入某一个层面[17,185]，本章是从组织层面的悖论冲突展开的。

Lewis[15]将悖论划分为学习悖论、组织悖论和归属悖论。Smith 和 Lewis[16]在此基础上增加了绩效悖论。他们在对悖论理论的文献进行梳理时，将悖论理论应用的研究划分为 10 个模块。其中，核心模块有 4 个，分别为所属（Belonging：Identity/Interpersonal Relationships）、学习（Learning：Knowledge）、组织（Organizing：Process）、绩效（Performing：Goals）。这 4 个核心模块之间相互交错，形成了其他 6 个模块的悖论。组织的复杂性和多样性驱动所属悖论冲突（或者定位冲突），如个体与集体。组织悖论出现于复杂系统的竞争设计、获取期望产出的过程，如合作与竞争、惯性与改变、授权与集权。绩效悖论来源于利益相关者的多样性和竞争战略和目标的结果，如外部与内部利益相关者需求不同。学习悖论来源于组织调整、更新、变化和创新的努力。学习和绩效悖论的冲突是为未来构建能力与确保现在成功之间的冲突。所属和组织的悖论指的是个体与集体行动之间的冲突。学习和所属悖论是改变现状与维持现状之间的冲突。学习和组织的悖论是追求稳定、明确、聚焦和效率与需要动态、柔性和敏捷的产出之间的冲突。绩效和组织的悖论是雇员与客户需求、高承诺与高绩效之间的冲突。绩效和所属的悖论是个体定位与职位需求之间的冲突。本章中出现的悖论属于组织模块，探索组织在战略变化过程中对不同目的的平衡和选择。

悖论在最初没有一致的定义。Quinn 和 Cameron[13]对悖论的界定作了推进，他们认为，悖论是一个能够产生积极或者消极输出结果的动态过程，其关键特征是相互矛盾又相互联系的要素同时和持续存在。Lewis[15]认为，变化和多样性引发了可能带来正面结果或负面结果的悖论冲突。Smith 和 Lewis[16]将悖论定义为相互矛盾且相互关联的元素，它们同时并持续存在。这个定义强调了悖论的 2 个构成要素：（1）冲突的要素，二者分开看是符合逻辑的，但是并列在一起就是不一致甚至荒谬的；（2）拥抱冲突，同时试图满足悖论的两个要素。在对前期悖论相关理论总结的基础上，Smith 和 Lewis[16]建立了悖论冲突管理的动态均衡模型，详细阐述了悖论冲突从潜伏到显著、冲突的管理、悖论管理的产出，如图 2－9 所示。

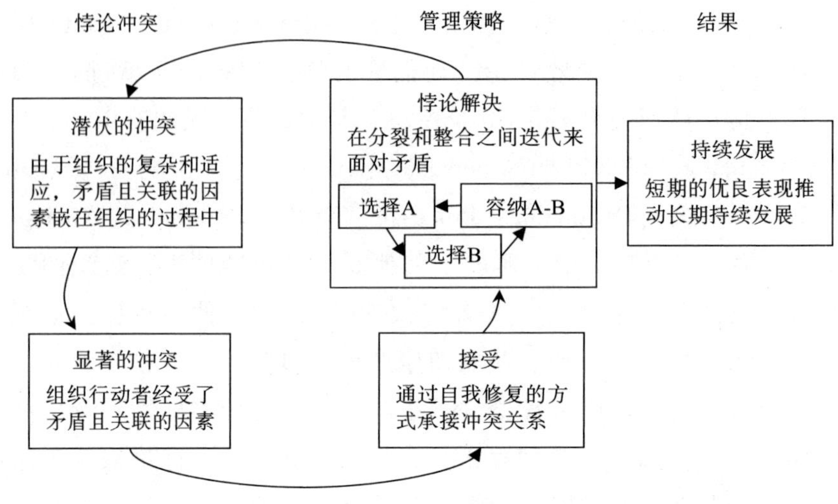

图 2－9　组织悖论的动态均衡模型[16]

研究者需要认识到悖论与双元、困境、辩证是相互关联，但又是完全不同的概念[16]。悖论中相互矛盾又联系的要素（双元）同时且持续存在。这些要素逻辑上看是孤立的，但是将要素一起看就是相互矛盾、不一致和荒谬的。在悖论中，对于矛盾和相互联系的观点的任何选择都是暂时的，冲突还会再次出现。双元性指的是在一个统一整体中相对的存在。困境指的是竞争性的选择，每一种选择都有优势和劣势。辩证指的是矛盾要素（主题和非主题）随着时间的推移，通过集成或综合解决并产生新的要素。

2.2.2　悖论冲突的分类与变化

现有研究对悖论冲突的关系已经开展了一些探索，有些学者相信冲突是系统内固有的，也有些学者认为，冲突是由参与者的认知或言辞构造的。Cunha、Clegg 和 Cunha[186]将悖论观点之间的分歧描述为外部世界固有的物质或我们生活经验的社会建构[187,188]。固有冲突是嵌入在复杂人类系统中的，如公司及其不同的子小组[13,189]。这些系统本质上是自相矛盾的，因为它们是由自我和他人、个体和集体，以及内部和外部之间的界限来定义的。相反，社会建构的观点认为，个体在特定的时间或空间内处于冲突的状态[190]，或者通过认知框架或对话混合信息出现冲突的状态[191]。

El－Sawad、Arnold 和 Cohen[192]研究了组织中处于对立但是存在联系的管理者和员工通过修辞（Rhetoric）降低冲突显著性的过程，探索了参与者是如何构建悖论冲突关系的。本体论上的差异使悖论的文献出现了差异，而本章认为，两种观点都是正确的。也就是说，组织中的悖论冲突既是固有的，也是建构的。

组织是领导者在回应基本问题的过程中建构的[193]。在创建组织时，领导者必须决定他们将要做什么，他们将如何做，谁将做，以及在什么时间范围内做[16]。领导者通过定义他们将要做什么，也就同时定义了他们不做什么，通过强调矛盾的目标和战略制造出绩效冲突的局面（Performing Tensions），如全球与地方、社会与财务。组织通过定义如何操作响应冲突，也就定义了如何不操作。这样做会造成组织的冲突（Organizing Tensions），如松散耦合与紧密耦合、集中与分散以及灵活与控制。组织在回答谁将要做什么的问题时，会使身份、角色和价值观的冲突变得显著，造成归属的冲突（Belonging Tensions）。领导者在考虑他们行动的时间范围时，面临着从过去还是未来之间学习的冲突（Learning Tensions）。通过定义 A，可以创建一个广义的非 A 集合，结果是构建一个相互关联的冲突系统。当行动者构建组织时，这样做本身会出现本质的、固有的悖论冲突。综上所述，悖论的研究按照存在论可以分为固有悖论和建构悖论两种，二者像是悖论“硬币”的两面，如表 2－2 所示。

表 2－2　组织的建构悖论与固有悖论

管理实践	建构悖论	固有悖论
做什么	绩效冲突（Performing Tension）	目标 A 与目标 B
谁做	归属冲突（Belonging Tension）	身份 A 与身份 B
如何做	组织冲突（Organizing Tension）	做 A 方法与做 B 方法
什么范围	学习冲突（Learning Tension）	过去与未来；关系与过程

由于组织系统的复杂性和自适应性，组织持续行为的过程使得冲突产生。但是，悖论的冲突要素虽然在组织系统中持续存在，它们可能是潜伏（Latent）的（休眠、未被察觉、被忽视）。直到环境因素或认知的努力加剧了冲突的对立性和关联性，潜伏的冲突将会变得显著（Salient）。Smith

和 Lewis[16]提出环境要素（多元化、变化和稀缺）会促使潜伏的冲突变得显著。多元化是指在权力分散造成的观点多样性。多元化扩大了不确定性，使竞争目标和不一致过程浮出水面。变化刺激了新的感知形成的机会。变化在行动者努力应对短期和长期的冲突[138,194]、相互竞争但共存的角色和情感冲突[195]的过程中出现。稀缺性涉及组织的资源限制，包括时间、财政、人力资源等。随着管理者对如何分配资源作出选择，加剧了对立和相互依赖的替代方案之间的冲突关系[32]。综上所述，多元化、变革和稀缺性，这三个环境要素挑战了组织理性和压力系统的边界，推动冲突从潜伏到显著的变化。

2.2.3 悖论冲突的响应

组织中显著悖论冲突的增加需要组织对冲突管理投入更多的关注和精力[186]。虽然冲突会给组织参与者带来一些负面影响，但是这种现象是认知和情感过程中不可或缺的部分，甚至会激发组织和个体的潜能带来好的结果[196]。Smith 和 Lewis[16]指出，在分离和整合的过程中用接受的态度对待和管理悖论冲突可以促进组织的可持续发展。管理悖论不是要消除悖论[16,197]，而是在接受这种冲突存在的前提下，用更加包容的方式引导悖论循环走向积极的方向，进而实现良性循环[13,15]。为了避免和远离恶性循环，Smith 和 Berg[189]认为，首先应该从对待悖论冲突的态度开始，从情感上接纳和理解冲突并逐步看清冲突的本质。只有拥有悖论的管理思维，组织的管理者才能够打开悖论中对立的矛盾两极，发现最合理的悖论管理方式[198]。

组织对悖论的管理和响应方式有很多种，学者们通常会根据资源配置、管理情景、认知差异等对悖论响应的方式进行归类[183,204,205]。Schad 等[185]将群体对悖论冲突的响应方式分为五种类型，如表 2 - 3 所示。第一，接受（Acceptance）和“共同工作（Working Through）”，指的是参与者接受冲突的存在并从中学习[194]。第二，空间/结构的分离（Spatial/Structural Separation），指的是管理者对竞争又共存的需求、过程和观点的分析层次进行分离[190]。第三，时间分离（Temporal Separation），指的是组织将竞争性需求分配到连续的时间段。早期对悖论的研究关注探索——利用之间的冲突，March[204]将其概念化为双元性，提出不同时间应该根据需要将行动或关注从一极转向另一极。第四，综合/集成（Synthesis/Integration），指的是悖论管理者识别出一种创新的解决方式同时顾及悖论的两极[201]。第五，综合的方法（Combination of Approaches）是将几种管理悖论的方法结合使用。典型的一种综合方式是将区分（Differentiation）和整合（Integration）综合，如 Smet 等[206]在为期一年的民族志实践中，详细说明保险交易员如何面对市场逻辑和社会逻辑之间的冲突关系。该研究中区分的方法涉及分割空间、时间和实践以解决和满足每个逻辑，整合的方法是通过构建协作空间和战略问题连通不同逻辑之间的"桥梁"。又如 Smith[203]发现高层管理团队通过动态决策有效地管理探索和利用的悖论冲突。高管团队采用并结合区分（将两极分开扩大区别）和整合（强调联系以利用协同效应）的方法，这样做使他们能够经常在现有产品和创新之间振荡，使得二者实现共同繁荣。

表 2-3　悖论冲突的应对与管理

方法	作者	具体策略
接受（Acceptance）和"共同工作（Working Through）"	Lüscher 和 Lewis[194]，Smith，Besharov，Wessels，et al.[199]	参与者接受冲突的存在并从中学习
空间/结构的分离（Spatial/Structural Separation）	Lavie，Stettner 和 Tushman[200]，Smith 和 Tushman[32]	对于竞争却又共存的需求、过程和观点的分析层次进行分离
时间分离（Temporal Separation）	Adler，Goldoftas 和 Levine[33]，Klarner 和 Raisch[165]，Lavie，Stettner 和 Tushman[200]	将竞争性需求分配到连续的时间段
综合/集成（Synthesis/Integration）	Adler，Goldoftas 和 Levine[33]，Schmitt 和 Raisch	识别出一种创新的解决方式同时顾及悖论的两极
综合的方法（Combination Of Approaches）	Andriopoulos 和 Lewis[202]，Smith[203]，Smith 和 Tushman[32]	将几种处理悖论的方法结合使用，如区分（Differentiation）和整合（Integration）

资料来源：Schad、Lewis、Raisch，et al.[185]。

2.2.4 悖论循环的输出

当冲突变得显著，对悖论的响应可以推动负面的或者正面的循环[15]。悖论冲突循环不一定总是出现好的结果，管理不当可能会使组织崩溃，出现恶性循环（Vicious Cycle）。负面的恶性循环源于情感焦虑、防御性行为、组织惯性的力量等因素。组织的动态性会加强组织对过去过程保持一致的惯性[207]。组织希望维持一致性的力量强化了循环，使人们越来越关注单一的选择[16]。Sundaramurthy 和 Lewis[31]认为，在合作和控制的悖论之间单一的选择可以促进短期绩效的提升，但是长此以往可能会使组织陷入僵化的恶性循环。另外，矛盾情绪[196]、混乱[208]、衰落[199]等，都是恶性循环可能的产出。

通过接受的策略可以实现悖论的良性循环。当行动者意识到冲突局势并采取接受（而非防御）的管理策略时，悖论才有可能进入良性循环。接受（Acceptance）需要将悖论冲突视为对创造力和机会的邀请[209]。Smith 和 Berg[35]注意到“通过沉浸在对立的力量中，有可能发现它们之间的联系，这一框架对经验中明显的矛盾赋予了意义”。Lüscher 和 Marianne[194]指出，管理者接受悖论冲突可以推动意义建构（Sensemaking）的过程。两难的冲突会促使管理者在冲突中做出选择，但选择冲突的一方会使冲突加剧。采用悖论的思维考虑二者都（Both/And）的可能性，可以带来意想不到的好的结果。组织有效地应对矛盾的需求可以带来良性的循环结果，如职业的成功、卓越的领导力、高绩效的团队[210]和组织绩效[211]等。

Smith 和 Lewis[16]认为，悖论动态均衡过程释放的力量可以促使组织可持续发展。他们总结了 3 种可持续实现的机制，分别为：（1）促进学习和创造；（2）培养灵活性和适应力；（3）释放人类潜能。Smith 等[199]学者认为，通过悖论的良性循环可以输出创造性和创新的结果。另外，有效性、学习、合法性[212]等都可以作为悖论良性循环的输出。也就是说，对悖论合理的管理不仅可以使悖论的冲突从显著回到潜伏，还能使组织释放潜能实现可持续发展，产生一些意料之外的结果。

综合上述总结中涉及的悖论冲突的分类、冲突在潜伏与显著之间状态的变化、冲突的响应，以及悖论恶性和良性循环的输出，可以得到如 2－10 所示的过程图。从图 2－10 中可以看出，悖论冲突在环境激发和悖论响应的循环中不断变化，为组织产生良性或恶性的输出。这一过程中的关键就是环境如何激发冲突从潜伏到显著的变化，以及组织如何响应冲突使其从显著状态变回潜伏状态。在后面的分析和研究中，本章将结合战略变化的过程打开组织的悖论响应和环境激发的循环过程。

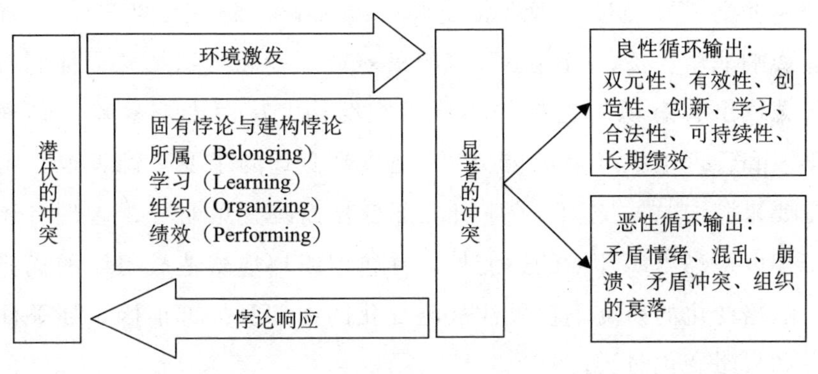

图 2－10　悖论的冲突、响应和输出

2.2.5　战略变化中的悖论

在总结悖论冲突的分类、响应和输出的基础上，本章将悖论冲突与战略变化过程中冲突的类型、响应和输出结果进行对比和归纳。随着世界的全球化和越来越激烈的竞争，组织的竞争优势越来越依赖于成功的悖论管理战略[213]。在战略变化的研究中，对悖论冲突的界定与悖论理论是一致的。一种战略中的悖论冲突是相对静态的、嵌入组织天然属性的悖论冲突，如身份的多重属性[196]、合作和竞争[214]、多重目标之间的冲突[212,215]。例如 Albert、Kreutzer 和 Lechner[82] 探索的在组织战略变化过程中相互依赖性的促进与阻碍作用之间的悖论。惯性的观点认为，相互依赖性会增加惯性，抑制战略变化的过程。适应的观点认为，相互依赖性会丰富资源和信息的流动，从而促进实现战略变化。研究发现促进和阻碍这两种观点的结合，有助于克服相互依赖的惯性实现组织的战略变化。另一种战略的悖论冲突是相对动态的、建构出来的悖论冲突。这种冲突的方式是与冲突的应对过程结合在一起的，包括组织过程的冲突，如集权和分权、一致性和灵活性等。学习的冲突，如探索和利用[200,202,216]、变化与不变[165]、长期与短期[217]、单环学习与双环学习、诱导战略与自主战略[173]等。

在战略变化的过程中，组织和管理者起到了积极和决定性的作用[218]，这与悖论冲突需要经过管理者接受和解决来响应是一致的[186]。管理者不仅显著影响战略决策，而且还可以积极塑造环境和组织结构。他们解释决策情况，作出有意识的选择并构建组织结构，从而影响战略。管理层创造、学习和管理组织环境的能力[219]是战略变化的主要来源，也是组织财富的主要来源[218,220,221]。除了应对外部变化而改变策略外，管理者还试图积极工作以提高组织环境的适应性，并将组织环境塑造成组织的优势[218]。因此，战略变化的研究不仅关注战略变化的内部和外部前因，还关注组织行为者和战略变化过程。

战略管理的结果和产出从环境决定视角、主观能动视角和辩证的视角三个方面总结，与悖论管理的产出是一致的。决定论通过财务绩效和组织生存或者失败来衡量战略变化的输出。主观能动视角认为，战略变化对高层管理团队、聚合行业的专业化有重要影响，探索战略变化对组织适应和破坏效应之间的冲突关系。在辩证视角下对战略变化带来模糊的结果。企业绩效中第一类是财务的指标，如资产负债率、资产回报率（ROA)、投资回报率（ROI)、市场增长率等；第二类是通过组织的可持续发展判断其绩效。组织可持续发展的时间越长，表示其战略变化绩效越好。有些研究表明，战略变化提高了财务绩效[222,223]，有助于组织的可持续发展[222]；相反，有些研究表明，战略变化降低了企业绩效[224]，使组织面临崩溃的危机；有些研究认为，战略变化与绩效之间是交互影响的[225]；还有研究认为，战略变化和企业绩效之间没有明确的关系[119]。陈传明、刘海建[116]总结了战略变化对组织绩效影响的不明确和模糊性主要有三方面的原因：第一，战略变化有多种评价的指标，不同的指标对同一次战略变化的评估结果可能是不一致的。第二，战略变化的研究大多采用横截面数据进行研究，但是在实践中，战略变化对组织绩效的影响是存在滞后性的。第三，组织战略变化的影响因素很多，这些因素之间可能存在相互关系，如外界环境、组织与治理、企业家认知等都与战略变化相关，这种多重因素的同时存在模糊了企业战略变化与企业绩效的关系。

通过上述总结可以看出，以冲突作为战略变化的前因分析战略变化过程时，组织的响应过程与悖论管理是一致的，必然存在某种或静态或动态的悖论过程需要应对和响应。另外，战略变化的结果与悖论管理的结果存在一致性，包括可持续发展和创造性中间结果的产生。因此，通过悖论管理的过程解构战略变化过程中组织的行动是合理的。

2.2.6　小结

悖论理论作为一种元理论，适合探索组织中相互矛盾的目标、身份和管理过程。悖论的管理过程也为战略变化的过程管理提供了参考和借鉴；同时，悖论管理过程中良性和恶性循环的输出结果，也为区分连续与不连续战略变化提供了一种解释方式。在对悖论理论进行综述后，笔者基于悖论视角为战略变化的过程模型作了细化，如图 2 – 11 所示。本章希望在如下几个方面为悖论理论的研究做出贡献。

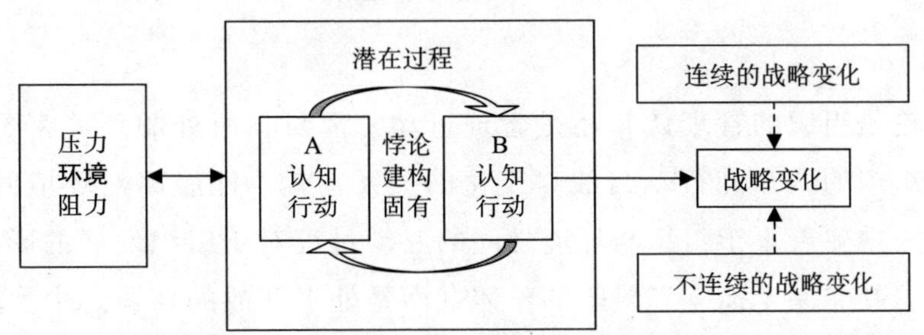

图 2 – 11　悖论视角下战略变化的过程模型

（1）持续存在的冲突贯穿组织的演化过程[16,183]，但是现有研究对组织冲突与战略变化的关系和影响过程关注较少，悖论视角的引入为构建战略变化中的冲突存在形式提供了思路。本章根据悖论相关文献将战略变化中的冲突分为固有的和建构的两种[185]，并分别对两种冲突的变化过程进行分析，全面探索战略变化中悖论冲突在潜伏和显著之间的变化规律。

（2）悖论冲突之间潜伏与显著的变化与组织认知对环境的识别有非常密切的关系[16]，但是较少有研究结合认知层面对悖论的管理过程进行揭示。组织在战略上对冲突的响应方式和过程，可以通过组织认知层面的引入进行进一步拓展。本章将进一步挖掘和探索悖论变化过程中认知与行动的交互机制。

（3）研究者呼吁在时间过程上对悖论过程作更多的研究[226]。现有悖论的研究多集中在冲突的平衡过程上，长期悖论的演化过程需要进一步探索。本章将悖论管理与战略变化过程的研究相结合后，对研究对象纵向发展过程中悖论的变化规律进行归纳，可以从时间的维度观察悖论的演化过程。

（4）悖论管理的输出会带来良性循环和恶性循环两种[15]，这种输出的差异为探索战略变化程度的不同带来新的解释。战略变化的研究通常把过程研究和结果研究割裂开，以悖论的视角观察战略变化的过程可以将战略变化的过程与结果串联起来，拓展悖论管理输出的相关研究。

2.3 场域理论

无论是组织的管理认知还是管理行动，都与其所处的环境密不可分。要探究组织的认知和行动与战略变化的关系，就不能脱离对环境的分析。场域理论主要着眼于组织与环境之间的互动过程对于组织发展的影响，强调了组织并非完全孤立和封闭的整体，而是处于开放的环境之中。场域理论作为理论视角有利于在中观层面上理解组织战略变化的过程。本章将对场域的相关理论进行回顾，在此基础上寻找最契合的理论支撑构建战略变化所在场域的概念，为后文中“战略场域”概念提供理论支撑。

2.3.1　不同理论中的场域

环境对组织的发展和能力构建有非常重要的作用，场域理论提供了一种对围绕在组织周围、可直接影响的环境的界定方式。Aldrich 和 Pfeffer[227]提出了两种分析组织与环境关系的模型，并将模型分别命名为自然选择模型和资源依赖模型。这两种模型：一方面说明组织环境的重要性，另一方面说明在不同环境中组织的自主选择和决策的作用。然而，学者目前对环境的研究兴趣较小，大多数学者已将他们的注意力转向在组织内发生的活动[9]。环境是组织管理行为的起点和动因，而对环境的主观感知不同使组织的战略变化走向了不同的方向[11]。Burnes 和 Cooke[19]指出，研究人员需要更多地关注环境，可以引入场域理论来解释组织与环境之间的联系。与许多对 Lewin 的场域理论的批评不同，场域理论提供了一种识别个人和群体现实并创造新的组织现实的方法[19]。场域理论中强调主体对场域的感知，这使得场域理论适合成为描述组织战略变化所在环境的理论。

学者们对场域理论的研究和应用通常以四种相互关联的方式出现[20]。第一种是基于 Lewin 对心理学的研究展开，最初表现为图形化的拓扑学意义的场域[21]，20 世纪 90 年代之后在组织层面发展出对组织进行的力场分析。拓扑学的场域是对个体或者组织的简化维度的分析区域，探索个体或组织在场域内的位置，以及他们与同一个场域内其他个体之间的相互关系。第二种关于场域的研究源于 Bourdieu[22]对物理学磁场的研究，他将场域的概念引入社会科学的领域中，提出了惯习、资本与场三个核心概念。第三种场域最初源于 Mannheim[23]描述一个超越组织或团体的相互依赖行为的案例。他们认为当单元之间发展出一种对现有的机构商家不可削弱的相互影响作用时，场域的结构就建立了[24]。DiMaggio 和 Powell[25]将场域与制度理论相结合为场域理论做出突出贡献，研究重点是场域结构的形成和变化过程。第四种场域的概念来自知识创造的过程。Nonaka 和 Konno[54]引入日语中“场”（ba）的概念来解释知识交互的背景。这四种对场域理论的研究方式虽然不同，但是他们对场域的定义有相同的内核。

2.3.1.1 拓扑学的力场

物理学早在20世纪20年代就有了关于场域理论（Field Theory）的描述。物理学中的场域是用来描述电荷或粒子在空间中的受力和运动的。Back[228]认为，场域理论被引入社会科学领域是来描述场域的完整性和复杂性。Lewin将场域定义为“被认为是相互依存的整体共存事实”[29,52,53]。他用“准静止平衡”来描述群体行为的变化节奏和模式，这是环境影响群体变化的结果[229]。这个平衡模式的内涵与描述组织与冲突局势响应的悖论理论的动态平衡模型是一致的[16]。

Lewin[53]提出“力场”（Force Field）来描述驱动力和阻力，二者共同决定个体或组织行动是否发生变化，以及发生多大程度的变化。在个体研究层面，他提出了3种不同类型的受力冲突情况：（1）两个相等强度的正力之间；（2）两个相等强度的负力之间；（3）两个相等强度的对立力量之间[230]。个体为缓解这些对抗力量带来的冲突和紧张会采取不同的行动。因此，该理论为个体采取的行动提供了动机的解释[231]。在组织研究层面，场域是变化的承载。Meyer等学者探索了突发变化过程中新的场域规范建立过程[232,233]。另外，学者们还对制度变化的过程中场域变化的过程展开了探索[234]。遗憾的是，这些研究还不能完全解释新的场域中行为者的融入过程[235]。

2.3.1.2 社会学的场域

社会学中的场域理论是关于人类行为的概念，用来解释人的行动的动因。这种场域不只是物理上的环境，也包括与个体相关的其他人的行为及个体对情境的感知。也就是说，场域可以分为两个层面：一是客观存在的物理场（Physical Field）；二是通过观察后认知到的心理场（Psychological Field）。在不同的人眼中，同样的物理场是蕴含着不同的心理场。Bourdieu将场域定义为“客观存在的位置之间相互关系构成的网络体系，是具有相对独立性的社会空间”[22]。场域不是物理上有边界的场地，而是在教育、法律、政治、文化等领域中包含有潜力和生机的客观存在。场域是由群体构成的，是用来研究的基本分析单元。在由资本、场域和关系三个基本概念支撑的 Bourdieu 的社会学研究体系中，场域是资本和关系活跃交互的载体。

2.3.1.3 制度理论中的场域

制度理论（Institutional Theory）研究中有关组织场域（Organizational Field）的文献越来越多[236]。早期对组织场域的实证研究分析了场域的发展和建立，重点关注如何创造新的场域，以及如何维持场域的稳定性。DiMaggio 和 Powell[25]将组织场域定义为主要供应商、资源和产品消费者、监管机构以及其他生产类似服务或产品的组织。该定义侧重描述场域的结构，可以列出和计算的可识别参与者构成一个场域。Scott[237]通过关注成员之间的关系增加了我们对组织场域的理解：“场域的概念意味着一个组织团体的存在，该团体参与一个共同的意义系统，其参与者之间的互动比场域外的参与者更频繁、更息息相关。” DiMaggio 和 Powell[25]强调了结构在建立场域过程中的重要作用。他们结合成员之间相互作用的重要性提出了场域结构化过程以及成员之间联系的发展，从而使成员认识到他们共同参与的事业。从这个角度来看，场域层面的变化取决于重大的结构变化。Tracey、Dalpiaz 和 Phillips[238]对一家意大利企业成长过程的研究表明，制度环境不是一次性给予企业合法性压力，而是在企业发展过程中迭代、动态和持续影响组织的发展和形成。场域不仅承载了制度变化的背景，还是融入制度变化过程的存在。

2.3.1.4 知识传递中的场

知识在经济和商业的发展中非常重要。知识的观点（KBV）认为，作为无形资源的知识是组织创造竞争优势的基础[239,240]。Polanyi[241]将知识分为显性知识（Explicit Knowledge）和隐性知识（Tacit Knowledge）两类。隐性知识被描述为一种不易通过口头语言和手段获得的知识[242]，只能通过实践或者交互获得。显性知识可以通过正式的和有组织的手段获得[243]，明确了预期的结果和管理工作的职责。知识创造就是在显性知识和隐性知识的循环转化中发生的，而这个循环发生的地方就被称为“场”。

在知识创造理论中“场”是一个承载行为发生的基础和有机结构，个体或群体的对话和实践在这里发生。“场”最初是用来解释知识的产生和变化动力的。这种“场”不仅是知识创造所处的地理空间，更是发生知识创造和转移的特定和共享的背景。Nonaka 和 Konno[54]引入日语中“场”（ba）的概念来解释知识交互的背景，包含有特定的时间和空间的含义。个体通过与其他人或环境的交互与合作，“场”和之中的个体共同变化和成长，新的知识也就随之被创造和传播出来。在组织层面的知识创造中，一家企业是一个具有多层次场的有机结合体。在这个有机结合体中，显性知识通过正式的命令传递信息，而隐性知识通过动态交互过程传递。因此，组织的边界不再明显，而是随时会产生变化的、具有独立和非主观性质的动态有机结构。

2.3.2 场域与战略变化

从 Müller 和 Kunisch[9]对战略变化的综述中可以看出，同时关注客观环境与组织能动性的辩证视角的研究数量在不断增加。国内学者也在对战略变化过程中的情境进行探索，如苏敬勤、刘畅[11]在通过扎根理论对 24 家中国组织战略变化案例的质性研究中，建构了中国情境的架构，说明外围情境、二级情境和内部情境对战略变化的作用机理，并从主观和客观的角度对情境进行了划分。之后，苏敬勤、高昕[51]总结了中国情境下企业不同发展阶段的创新模式，体现了中国独特情境中创新模式与其他国家的差异。Burnes 和 Cooke[19]引入场域理论来解释组织和环境之间的关系。Lewin[21,29]也在将场域理论引入社会科学领域应用的研究中指出，要理解个体的行为，必须了解行为发生的情境（现状）和在特定时间影响个体的各种因素。因此，选择场域理论来诠释组织与环境之间的交互及相互作用是合适而且必要的。

在战略变化的研究中，环境决定视角和辩证的视角都对组织与环境的交互有涉及。环境决定视角的观点认为，战略变化是由体制和环境压力决定的外部驱动过程[113,244]。从这个角度来看，组织行为者的作用仅限于对环境的变化做出响应和反馈。环境决定论认为，战略变化受到资源稀缺性、结构惯性和行业规范趋同的制约。强调战略变化的难度和稀缺性的学者提出，各种内部和外部约束使管理者不能实质性地改变公司的战略，所以企业无法轻易变革[113,244]。战略上重要的资源为组织力量创造了强有力的基础，由于组织无法在内部生产所有所需资源，因此，它们的生存取决于外部资源[227]。组织保持惯性的倾向是战略变化的主要障碍之一。这种惯性限制了组织对不断变化环境的适应，从而降低了组织的生存机会[113,245]。当企业必须发生改变时，他们倾向于模仿或模仿他们认为合法的其他公司[25]。通过改变组织结构以与其他组织的结构相对应，组织可以更适应制度环境[246]。因此，组织之间越来越相似。行业规范和共享逻辑的同化提高了组织的合法性，并为组织带来更高的生存率[25,247]。

辩证视角结合环境对组织的影响以及组织自身的能动性。辩证的观点认为，环境决定论和管理选择的两个方面对于理解战略变化都是必要的[248,249]。辩证视角认为，组织既不是纯粹客观的，也不是纯粹主观的，因为组织会受到结构和惯性的约束，这些结构由根据自己的感知采取行动（以不可预测和可预测的方式进行管理选择）的个体构成[248]；同时，组织行动的部分结果由环境决定。因此，变革动因、组织约束和预先存在的环境条件之间的相互作用刺激了战略变化。

以上两种角度对战略变化的研究与场域理论是相通的。场域中的每个位置都会影响组织主观体验的动机，这些动机告诉组织“应该做什么”[20]。对于组织来说，广义的战略指的是组织的目标和达到目标的方法[250]，场域中组织的战略目标就是其动机，为了实现目标采用的方法就是组织的行动。Fligstein 和 McAdam[251]总结了场域视角中七个关键的概念，包含：战略行动场域，现任者、挑战者和治理单位，社会技能与社会存在功能，更广阔的场域环境，外生冲击、动员和争论的开始，争论事件，解决。其中，战略行动场域指的是社会中集体行动的基本单元。战略行动场域是一种构建的中层社会秩序，在这种秩序中参与者（可以是个人或集体）在有共同（不是说同意的）理解的基础上相互协调和互动。这些理解包括场域的目的、该场域其他人的关系（包括谁有权力和为什么），以及管辖该领域合法行为的规则。行动在场域理论中处于驱动并产生变化的核心位置[251,252]。因此，在组织行动层面使用场域理论是契合的。对于组织认知来说，只有组织感受到的环境才能对组织的行动产生影响。在场域理论中，组织所处的“生活空间”是必须被主体感知的，行动是生活空间中所有不同力量对主体影响的结果[53]。组织所处的“力场”（Force Field）是处于场域中的个体或组织感知到的力[53,253]，组织的变化与其所受的力关系密切[19,30,254]。这与本章中“环境是由组织认知诠释的”研究前提是一致的。本章要探索组织认知与行动的交互和战略变化程度之间的作用机制，须同时考虑组织认知与行动的载体以及组织与环境的动态交互，通过场域的视角进行分析能够很好地同时实现这两个目标，将情境的因素融入分析中去。因此，在本章中引入场域理论分析战略变化的过程是适合的。

2.3.3 场域的解构

场域可以通过层级和要素两种方式进行解构。层级的解构方式是通过组织与环境交互的认知层面和行动层面展开的。认知和行动是场域理论中最为核心的两部分。Lewin[53]用“生活空间”（Life Space）来描述被个体感知的场域。当把场域的概念扩展到组织的层面时，组织场就是组织所感受到、认知中的环境。因此，场域是由与组织相关的所有共存因素组成的，组织行动就是场域中所有不同力量对组织影响的结果。受到不断变化的环境的影响，群体行为的节奏和模式也在不断变化。场域在不断地变化和适应[29]，也就是说组织认知的环境在不断变化。那么，组织在由认知和未认知部分共同构成的环境中如何在不断调整的行动中生存，是值得探索的问题。在个体行为研究的层面，应该以场域为一个整体的角度进行研究[53]，如领导领域的研究。那么，在组织层面以场域为一个整体进行研究，就是模糊组织本身的边界将组织及其认知的环境作为一个整体进行研究。为了探索战略变化过程中组织认知与行动之间的交互机制，本章尝试将组织的场域作为一个整体，分析其中的组织认知与行动随着时间推移是如何交互及演化的，从而揭开在组织场域中战略变化的过程“黑箱”。

在要素的解构方式中，场域是通过构成战略场域并给组织带来影响的各种力构成的，也可以被称为力场。在场域中所处的位置表明施加在个体上力量的可能性，但是与外部强迫的力相反，这是一种“从内部”产生的动机和力量。因此，动机（而不是机会）被认为是在行动中社会结构的最重要的概念[20]。场域中组织受到的力量是由组织在场域中构建和感知的。Lewin 和他的同事通过几个术语描述了个体或组织感知到的力量，如心理环境、感知环境、心理领域，社会领域和生活空间[19]。现有将场域理论引入组织领域的研究多集中在组织所处的力场分析（Force Field Analysis），图 2－12 展示了研究者如何通过“力场”对组织环境进行分析的过程。Lewin[53]用“力场”描述场域的驱动力和阻力，以确定行为是否发生变化以及发生了何种程度的变化。学者们通过认知场中驱动力和阻力的概念界定“力场”[28,29]。战略变化的研究也引入了压力和阻力的概念描述环境如何影响战略变化的过程[8]。在组织变革的研究领域中，变革的阻力也被作为重点进行分析[30]。然而，现有研究对场域本身以及场域中组织内部的变化机制却较少关注。因此，本章基于驱动力和阻力的概念，归纳研究对象所在场的变化过程，探索组织战略与场域的互动规律。

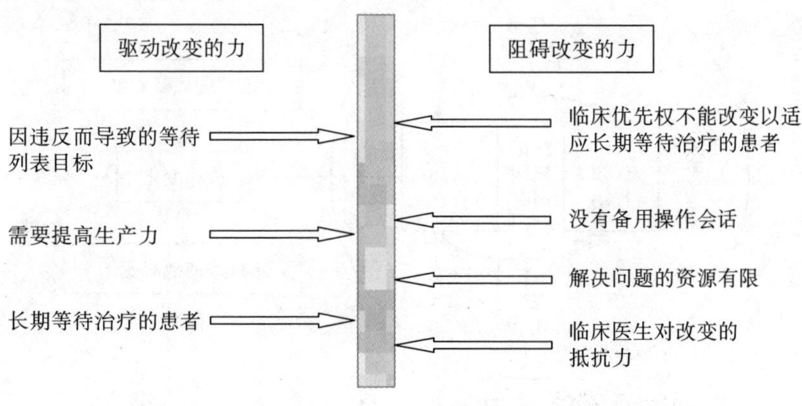

图 2－12　力场分析[19]

本章将同样采取层级和要素的两种方式对场域进行解构。具体如下：一方面探索组织的战略过程中不同场域中认知和行动的变化规律；另一方面是通过力场分析探究力场与组织、战略变化之间协同演化的过程。这种视角中组织的边界是复杂、动态的存在，是通过组织与场域的交互形成和演化的。

2.3.4 小结

通过上述对场域理论相关概念的总结可以看出，虽然很多研究领域都有场域的概念，而且定义有一定的差异，但是场域概念的核心是一样的，都是作为其中存在、关系与交互的承载。另外，在战略变化的研究中呼吁对战略过程所在情境的探索。现有的案例研究者对情境的因素重视不足，需要嵌入中国独特的情境并将其中的要素概念化，寻找其作用机理和动态演化规律[12]。因此，我们在悖论视角战略变化过程模型的基础上增加了场域的概念，旨在通过对战略变化过程中组织所在场域进行层级和要素两种方式的解构，与组织的管理实践结合构建“战略场域”的概念。将场域的背景引入战略变化的过程描述中，可以得到如图 2 – 13 所示的战略变化过程模型。

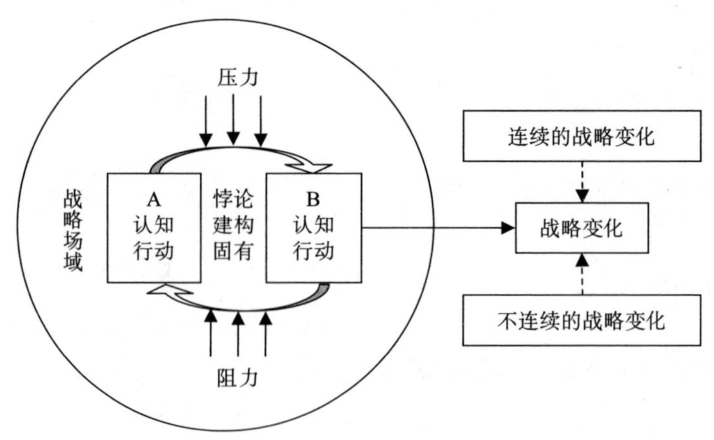

图 2 – 13 场域中战略变化的过程

（1）现有研究在很多理论中都有场域的概念[20]，但是对组织战略变化的场域没有统一的定义。若要更完整地理解组织战略变化所嵌入的场域，不应仅从某个或者某几个环境或者情境的要素入手，还要考虑组织与所处时间和环境的整体性[11,51]。场域是由不同层级的场域嵌套而成的一个整体架构，这个架构同时包含组织认知到的情境、客观存在的环境和动态变化的特性[251]。在场域中具体包含什么影响战略变化的要素，场域是如何影响战略变化过程的，场域在战略变化的过程中起到什么作用，这些问题将在后面的研究中得到揭示。

（2）场域在战略变化的过程中一直被作为背景和驱动因素[8]，忽视了场域作为承载战略变化的领域可能存在的其他作用。本章将场域理论与战略变化理论相结合，不仅将场域从战略变化的前因转移到过程中丰富了战略变化过程机制的研究，还拓展了场域概念的内涵。

（3）力场分析中将组织所受的力作了界定[19]，但是较少有人进一步关注压力和阻力影响组织变化的过程，而且战略变化文献中聚焦阻力的研究比关注压力的研究多[30]，呈现不平衡状态。这是因为学者们认为，组织在管理实践、战略变化过程中感受到的阻力是更值得研究的，进而忽视了压力的作用。本章将压力和阻力共同考虑，以过程分析的方法探索组织战略变化过程中场域的变化过程和规律。

2.4　总体评述

本章对战略变化、悖论理论和场域理论进行了梳理，并在综合三种理论的基础上归纳了战略变化的过程模型。通过总结，我们发现战略变化过程的探索通常是从前因、过程和结果进行的。战略变化的前因会从环境分析着手，分析促进或者阻碍战略变化的要素，后来有学者将这些因素归纳为促进战略变化的压力和阻碍战略变化的阻力。战略变化的过程分析一般从管理认知和行动两个层面展开。战略变化的结果通常用战略变化后组织的绩效衡量，但是越来越多的研究将战略变化本身作为战略变化的结果。

虽然现有的研究已经为战略变化领域做出了很多贡献，并对战略变化过程有多视角的阐述，但仍然存在改进的空间。

首先，战略变化的前因研究未能将情境的作用过程完全打开。现有研究以压力和阻力的解构方式描述战略变化的前因，较少关注战略变化过程中情境的作用。因此，将场域理论引入战略变化的前因分析中，以承载组织持续活跃的方式将情境贯穿在战略变化的整个过程中，探索前因要素在完成推动和刺激战略变化后进一步的作用过程。

其次，战略变化的过程分解需要更多地关注多重冲突型组织认知与行动的交互规律，冲突的多元化也使管理者在实践中较难挑选合适的方法操作。通过将悖论的视角引入战略变化的潜在过程中，不仅可以基于悖论的基本概念将战略变化过程中静态和动态的要素和行为进行界定，还能探索不同行为规律对战略变化程度的影响，为战略变化过程的研究在实践中的应用提供一种更宏观的解构方式。

最后，由于战略变化评价指标的多样性、战略变化影响的滞后性以及影响因素的复杂性，战略变化对企业绩效的作用没有定论。但是从长期来看，成功的战略变化是组织长期可持续发展的必要条件。因此，本章对战略变化的研究是基于多次战略变化后长期实现可持续发展的组织展开的。将战略变化本身作为战略变化的结果，结合组织所在的场域和战略变化过程中认知和行动的规律，揭示混合冲突型组织如何在不断的战略变化中实现可持续发展的过程和原因。

下文将围绕核心研究问题“不确定环境中，混合冲突型组织持续的战略变化过程是如何发生的”，遵循战略变化的悖论冲突内核、潜在过程和场域承载的逻辑设计研究方案，通过纵向过程研究探索组织在长期发展中战略变化的过程规律。

第3章

研究方案设计

本章对全书的研究方案设计进行系统和详细的介绍。在对研究设计思路进行统筹的基础上，本书首先对研究对象的选择标准和基本情况进行简要介绍，其次根据实际情况针对数据收集的过程和内容进行整理和记录，接着对数据处理的三种方法，即关键事件路径法、内容分析法、逐层编码法进行介绍，最后检验研究方案的信度和效度。

3.1　研究设计思路

为了探索“不确定环境中混合冲突型组织持续的战略变化过程是如何发生的”这一问题，本章通过三个子问题展开研究，分别为：第一，组织的冲突如何影响组织战略变化过程。第二，基于组织认知和行动的纵向研究探索战略变化过程的潜在过程。第三，“战略场域”如何影响组织战略变化过程。战略变化的研究包括聚焦变量的研究和聚焦过程的研究两种。变量的研究方法集中在变化的前因和结果，旨在解释何时战略变化出现，其他变量如何影响这些变化。研究问题通常使用大样本和调查、事件系列和时间历史模型的方法。相反，过程的方法关注变化是如何打开的，聚焦在战略变化发展的阶段，包括变革推动者的角色以及实施战略变革所采用的行动和方法。这些研究通常依赖于定性方法来分析变化的动态，通常采用直接观察法或案例研究法[255]。本章的目的是探究战略变化的过程，适合采用偏向于定性的研究方法。由于归纳研究的逻辑适合探索针对现象新的解释[256,257]，提炼复杂现象的规律[258]，因此，本章将围绕研究问题定制包括研究逻辑、研究对象、数据收集和数据分析的一系列研究流程，总体过程如图 3 - 1 所示。在团队对研究对象多年了解的基础上，我们从 2014 年 7 月开始接触研究对象，11 月开始实地调研第一个组织，持续跟踪和观察研究对象四年。研究的部分步骤需要反复进行，以获得更深入的资料和更严谨的结果。

本章的具体研究过程包含以下八个步骤：

第一步，通过对现实的观察和文献的回顾发现核心问题：在不确定环境中，混合冲突型组织持续的战略变化过程是如何发生的。在不确定环境中，混合冲突型组织很难对战略变化的过程进行管理和把控，虽然现有的研究对不同种类的冲突有了一些探索，但是并没有将不同冲突统筹起来考虑，也没有对冲突发生所在的场域进行进一步研究。另外，战略变化领域

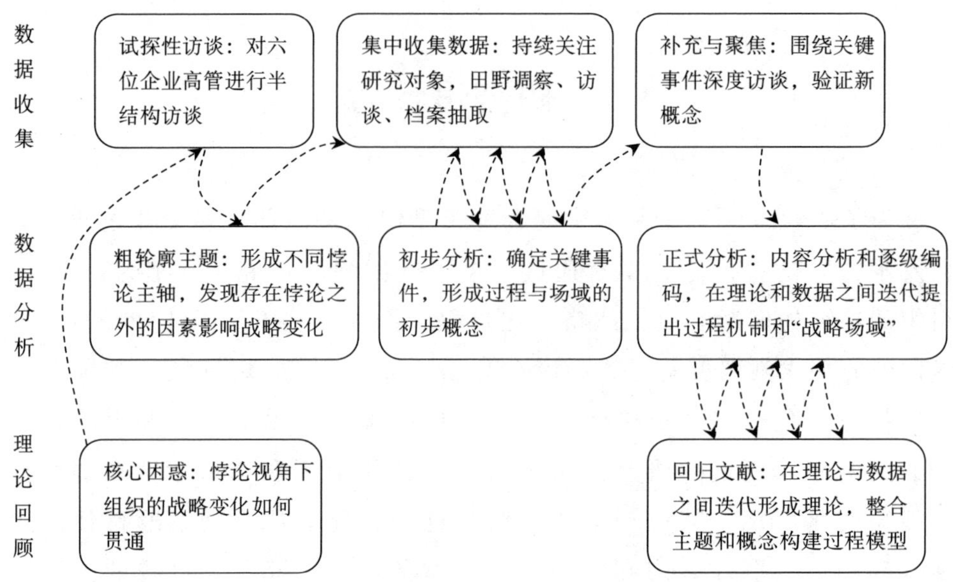

图 3－1　数据收集和分析过程[60]

的研究更关注单次事件的战略变化，忽视了纵向多次不同战略变化事件之间的关联。悖论和场域理论为本章提供了一种解决问题的思路。具体如下：首先，组织的战略变化总是伴随着各种冲突（Tension）的变化和管理发生；其次，研究表明，对悖论合理的管理可以促进组织的可持续发展；再次，悖论的管理过程与战略变化的程度之间的关系需要进一步的探索；最后，场域理论为战略变化的承载场域提供了一种解释的可能。因此，本章确定了研究的主要目标——探索在战略场域的承载下，不同悖论对不同战略变化过程的影响，以及悖论冲突和战略场域对战略变化的主要影响因素。

第二步，在确定了研究问题的基础上，围绕核心问题和主要目标进行试探性访谈。我们从身边的企业家中选取了六位不同组织的高管（职务在总经理及以上）进行非正式的半结构访谈，其中包括三家国有控股的企业、两家私营企业和一家教育机构。访谈的目的是探索不同公司的悖论冲突与战略变化之间的关系。访谈内容主要包括所在组织的战略演化过程、不同阶段的战略内容和战略发生变化的过程三部分内容。

第三步，形成粗轮廓主题。在对六个访谈的初步整理和分析基础上，我们发现管理者对所在组织面临的悖论冲突定位是不同的。在这之中，混合冲突的组织表现出更明显的持续冲突，而且通过建构悖论与过程悖论的分类方式可以将不同组织的悖论冲突概括起来。即使是以营利为目的的私营企业，也会体现出对社会责任和经营利润追求的双重目标。另外，在访谈中笔者还发现，管理者所处的情境对战略制定会有很大程度的影响。因此，本章所选定的混合冲突的组织是笔者可以实地接触到且具有代表性的组织，如东汽为核心研究的案例。在此基础上扩展研究对象，探索多重悖论对战略变化的不同作用，以及影响这个过程的环境的作用。

第四步，集中收集数据。持续关注研究对象，围绕纵向战略变化的过程，通过田野调查、访谈、档案抽取的方式集中收集数据。其中，田野调查在研究对象的内部进行，通过现场观察和与高层、中层和基层员工的沟通多渠道地收集数据。访谈包括正式访谈和非正式访谈，其中正式访谈的录音逐字整理为文字，非正式访谈会在访谈结束当天记录和整理获取的主要信息。档案抽取的对象包括网络的公开数据和组织内部的非公开数据，通过从档案中抽取关键信息的相关描述获取数据；通过收集以上三种数据建立数据库，以备后续开展研究。

第五步，初步分析。基于现有数据库，分别为每个研究对象确定关键事件，并依照时间顺序对关键事件的过程进行叙述和总结。初步分析的步骤需要与收集数据的步骤迭代进行，以提高关键事件选取的准确性。我们发现，悖论的响应方式与战略变化的过程有相通的地方。另外，战略变化的情境不仅可以起到驱动悖论活跃的作用，还能进一步收缩战略影响的边界。通过初步分析和整理，形成战略变化过程与场域承载过程的初步概念。

第六步，补充与聚焦。我们围绕关键事件对研究对象的高管进行持续的、正式的深度访谈和非正式访谈，搜索档案类二手资料中可用的关键信息，验证上一步骤形成的新概念的合理性。更新数据库中关键事件的相关资料，为后面的正式分析做准备。

第七步，正式分析。本章采用内容分析的方法分析不同悖论对战略变化的影响过程，采用逐级编码的方法探索战略变化过程中潜在能力涌现的阶段划分，以及承载悖论活跃的场域的特征。通过通读现场笔记、访谈资料和档案资料，笔者与团队成员讨论初步分析的结果和通过田野调查得到的想法，在理论和数据之间迭代形成过程机制和“战略场域”的概念。

第八步，回归文献。在理论与数据之间迭代形成理论，这一步与正式分析的步骤是循环进行的，需要不断重复理论与材料之间的对比，寻找基于材料形成的概念和逻辑对理论的贡献点，最后整合经过正式分析后形成的主题和概念，构建过程模型。

以上研究步骤中研究对象的选取、数据收集和分析的具体内容、研究信度和效度的检验会在下文中详细叙述。

3.2 研究对象选择

3.2.1 研究对象选择标准

本章的研究问题和研究对象符合 Yin[259]对社会科学研究中案例研究的两个特征的界定：第一，实践中环境中正在发生的现象，尤其是待研究的现象与其所处的环境背景之间的界限并不十分明显时，需要案例研究进行深入探讨。也就是说，本章希望认识一个真实的客观存在，并认为这种认识很可能与影响这个客观存在的一些重要情景条件相关[260]。第二，需要通过多种渠道收集资料，并把所有资料汇合在一起进行交叉分析。这两种特征表明，包括设计的逻辑、资料收集技术以及资料分析方法在内，本章使用的研究方法是内涵丰富且科学的研究方法。遵循归纳性研究对案例选取的典型性原则[261]，本章的研究对象需要同时满足以下几个标准。

（1）与研究问题的契合。研究案例的五种适用范围分别为批判性的（Critical）、不同寻常的（Unusual）、典型性的（Common）和启示性（Revelatory）或纵向案例研究（Longitudinal Case Study）。基于研究问题“不确定环境中，混合冲突型组织持续的战略变化过程是如何发生的”，选取的研究对象需要具有混合冲突，并且发生多次的战略变化，因此，本章需要对两个或多个不同时间节点上的同一案例进行研究。这样的研究可以解释研究对象是如何随着时间的变化而发生变化的。根据研究需要设定时间间隔，可以反映待研究案例在各个阶段的变化情况。本章要探索的是战略变化过程如何贯穿组织发展历史，所以研究对象的时间间隔选择的是战略主线发生改变的节点。本章涉及的中山大学新华学院、东汽公司、攀钢集团、长虹集团 4 个企业，在同行业中都具有较长发展时间，对过程研究具有先天的优势。

（2）研究对象具有代表性。本章的核心研究对象是国有企业二级子公司东方汽轮机有限公司（以下简称“东汽”）。东汽国有企业的属性，需要同时满足政府下达的指标和作为企业营利的期望，而在东汽的运营中也经常表现出多种冲突并存的状态，因此，是典型的具有混合冲突型组织。东汽是所在汽轮机制造行业中国内的领先企业之一，能够代表该行业中具有相同特征的企业战略演化过程。另外，东汽始建于 1966 年，发展历史悠久，其发展过程中有多次战略调整，符合本章对战略变化过程探索的主旨。同类的案例选择同样是国有企业二级子公司的攀钢集团始建于 1965 年，是“三线建设”时期资源型企业的代表。扩大的案例选择了创建于 1958 年的长虹集团。作为曾经的“彩电大王”，长虹集团是完全竞争市场中国有企业的代表。相反的案例选择民营企业同时要满足教育公益性的混合冲突型组织独立学院，因为独立学院同时需要满足教育的公益性与私营企业的商业性。中山大学新华学院在独立学院中具有代表性，它成立的时间与发展路径与大部分独立学院相一致。另外，珠三角地区的独立学院较多，且普遍发展较为成熟。新华学院 2017 年在广州省内独立学院排名第六，全国排名第二十九，且连续 5 年呈上升趋势。因此，以上 4 个案例可以最大程度覆盖混合冲突的组织，使研究结果在其他同类组织中具有更大的推广价值。

(3) 材料的可获取性。首先，要作纵向研究需要与研究对象长期、持续地交流。这四家企业都有成员与笔者所在团队有项目合作，可以获取组织中的内部资料，还可以对组织中的领导和相关成员进行访谈，因此，本章可以长期与研究对象交互以获取第一手资料。其次，东汽、攀钢集团、长虹集团和新华学院的战略制定和实施过程都非常规范。最后，由于研究对象中三家企业是上市公司的身份，部分材料可以从新闻及信息披露中获取。所以，四个研究对象在数据的准确性和完整性方面都有一定的保障。

3.2.2 研究对象简介

本章的研究对象为混合冲突型组织[3]。混合冲突指的是有多重显著的冲突同时存在于企业运营过程中，如公益性和商业性、探索和利用、效率和柔性、长期和短期、合作和竞争等。随着环境不确定性的增加，混合冲突型组织如何进行战略变化过程的管理变得越来越困难，需要更多的研究探索实现可持续发展的混合冲突型组织的战略变化过程。因此，本章试图以典型的混合冲突型组织为研究对象构建战略变化过程模型。

本章选择的核心案例是东方汽轮机有限公司，补充了与核心案例同类的案例攀钢集团有限公司、组织性质上相反的案例中山大学新华学院、规模和层级扩大的案例长虹集团，相互之间的关系如图 3-2 所示。因为本章研究的组织定位为混合冲突型组织，东汽是典型的政府逻辑与市场逻辑、探索战略与利用战略多重冲突的企业，而且该企业符合可以长期跟踪观察的案例选择标准。攀钢集团和长虹集团也是如此。另外，新华学院是公益性与商业性、探索战略与利用战略多重冲突的组织；同时，这些研究对象所属行业背景不同且都可以探索多次战略变化的全过程，提高了研究结果的信度和效度。

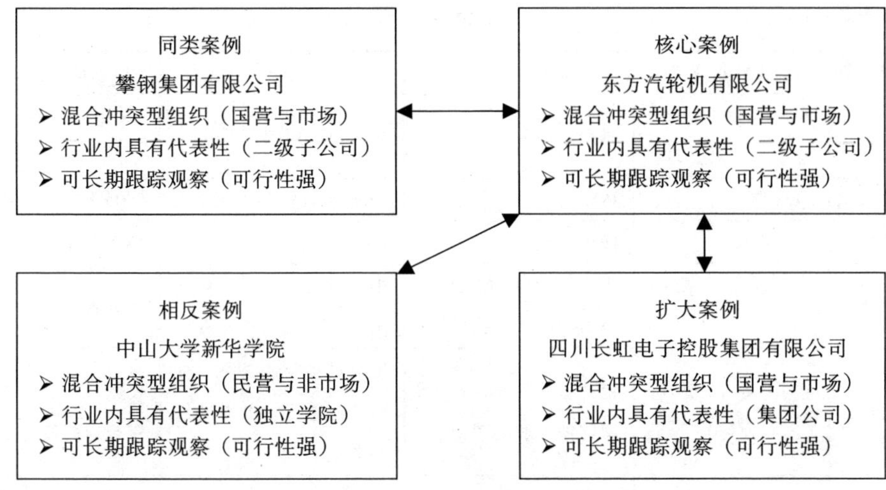

图 3－2　研究对象的选择

围绕三个研究问题，本章确立出三个研究核心，也就是后面三个子研究的布局：组织的冲突、潜在过程、场域的承载。在组织的悖论冲突部分，目标是探索悖论冲突作为动力是如何在战略变化的过程中起作用的。由于笔者希望探索不同悖论对战略变化的影响，因此，本章通过攀钢（诱导战略与自主战略的悖论）和新华学院（固有悖论和建构悖论）两个案例逐层深入地探索悖论在组织纵向战略发展过程中的作用。

在潜在过程部分，本章打开东汽（探索与利用）战略变化的潜在过程，发现战略变化中通过激发潜在资源和新战略的“潜过程”产生中间产品的过程。接着，本章以长虹集团为研究对象探索不连续战略变化的跨越过程，进一步归纳组织认知与行动不同阶段的特点；同时，本章发现场域对战略变化的程度有直接的影响，需要针对场域的作用过程展开研究。

在冲突的承载部分，首先，本章以东汽为研究对象对比连续与不连续战略变化的过程并分析战略场域的作用。其次，通过对新华学院的分析，本章描述战略场域与悖论冲突协同演化的过程。最后，综合以上研究做出战略变化的过程模型。本章需要用到的四个研究对象分别为：东方汽轮机有限公司、中山大学新华学院、攀钢集团和长虹集团。四个组织的具体情况如表 3－1 所示，下面将按照企业规模由大到小的顺序概述它们的基本情况。

表 3-1 企业情况一览

研究对象	长虹集团	攀钢集团	东汽	新华学院
全称	四川长虹电子控股集团有限公司	攀钢集团有限公司	东方汽轮机有限公司	中山大学新华学院
建立时间	1958 年	1965 年	1966 年（1974 年投产）	2005 年
地理位置	四川绵阳	四川攀枝花	四川德阳	广东东莞
性质	国有企业（集团公司）	中央企业（鞍钢集团公司的全资子公司）	中央企业（隶属于中国东方电气集团公司）	民办大学
属性	有限责任公司（国有独资）	钢铁生产基地，“中国钢铁工业的骄傲”	发电设备制造企业、机械工业企业、电力设备制造业	民办综合性全日制普通高等院校
产品或输出	军工电子、IT、家电、芯片、核心器件研发与制造、服务	大型材，板材，管材，钒钛制品、优质棒线材、特殊钢六大系列	火电、核电、气电、工业透平、电站辅机及新能源等	19 个二级教学单位，开设 45 个专业，中国医学数字教育项目示范基地
年产值	2018 年品牌价值 1459.65 亿元	2018 年营业收入 780 亿元	2018 年总资产逾 120 亿元，年工业总产值超过 200 亿元，核心制造能力达 2800 万千瓦	截至 2018 年已招收 13 届学生，在校生 22260 人。教师 1163 人
人数	70000 余人	70000（分流中）人	7000 余人	1163 人
解构方式	认知与行动	诱导战略与自主战略	认知与行动；探索与利用	公益与商业；探索与利用

3.2.2.1 长虹集团

建厂于 1958 年的长虹集团最早是名为长虹机器厂的国家重点项目工程之一。军工是该企业最早涉足的领域，以生产机载火控雷达为主。后来通过生产电视机获得“彩电大王”的称号。再后来，企业又将产业领域延伸到消费电子、服务业、核心器件等领域，通过多元化的战略打开了市场，成长为集军工、消费电子、核心器件为一体的综合型跨国企业集团。截至 2018 年，长虹的品牌价值达到 1459.65 亿元人民币，在中国电子百强企业中排名第 6，在中国制造业 500 强中排名第 53 位，在四川百强企业中排名第 1 位。长虹集团旗下有四川长虹、长虹华意、长虹美菱、长虹佳华四家上市公司，同时还有长虹民生、长虹能源、中科美菱以及格兰博四家新三板挂牌公司。

长虹集团在六十多年的发展过程中，以消费者的需求为产品生产和研发的导向和中心。在电子信息技术快速发展的今天，该企业立足互联网和物联网技术，将互联网技术与生产管理有效结合，大力实施智能化战略，通过打造智能研发、智能制造、智能交易、智能运营四大平台，构建消费类电子技术创新体系，有效提升企业的综合竞争力。长虹集团将成长为全球有竞争力的信息家电内容与服务提供商作为自身下一阶段的发展方向，实现从制造型企业向服务型企业的转变，期望成为全球值得尊重的企业[262]。

3.2.2.2　攀钢集团

攀西地区是我国的第二大铁矿区，蕴藏着丰富的铁矿，以及占中国 52% 的钒资源，和占中国 95% 的钛资源。另外，丰富的伴生贵重矿产资源使攀西矿区具有很大的开发和利用价值。在三线建设时期，攀钢集团为了开发攀西资源开始建设动工；经历了长达 5 年的艰苦奋斗后，于 1970 年开始生产铁。1971 年，企业成功炼制第一炉钢锭，并于 1974 年开始规模化钢材生产。在这一发展阶段，企业依托攀西矿区，成功建设成为我国西部第一家大型钢铁企业。攀钢集团第二期建设工程始于 1986 年，于 1997 年基本建设完成。在这一阶段，企业通过自主创新，实现品种规模上台阶，并成功生产出第一批板材，结束了西部建设板材只能东部生产的历史。自 2001 年以来，攀钢集团开始发展产品精品化战略。2010 年 5 月，攀钢集团与鞍山钢铁集团公司联合重组，成立鞍钢集团公司，通过建设西昌钒钛资源综合利用新基地，积极推进“材变精品”技术改造，将钒钛钢铁主业主要布局在四川省攀枝花市、凉山州、成都市、绵阳市，重庆市，广西北海市等地。经过攀钢人 40 多年的艰苦奋斗和不懈努力，攀钢集团发展成为全球最大的产钒企业，也是我国规模最大产业链最为完整的钛产品加工企业[263]。

回顾攀钢集团四十几年的发展历程，董事长张大德先生在 2016 年 12 月《走遍中国》节目中将攀钢的发展历程概括为“从做产品，到做技术，到做服务”。现阶段，攀钢集团贯彻落实“创新、协调、绿色、开放、共享”发展理念，抓住攀西国家级战略资源创新开发试验区建设机遇，坚持以新攀钢建设为统领，深入实施“平台、跨界、产融、生态”的经营思路。攀钢集团积极推进“一体两翼”的经营策略，深化改革，加快提升企业的经营、发展、资产及体制“四大品质”，在让客户满意、员工幸福的前提下，努力建成以特强钒钛为主导、精品钢铁为支撑、相关产业协调发展的世界级钒钛资源综合利用的优秀企业。

3.2.2.3 东方汽轮机有限公司

东方汽轮机厂建立于1966年，是隶属于中国东方电气集团的国有大型制造企业，主要从事新能源领域设备和电站动力设备的开发与制造。建厂以来，经过几代东汽人的共同努力，东汽不仅培养了“人和”的文化，而且已成为我国最大的发电设备制造企业之一，名列全国器械企业“百强”，在产品生产、研发和质量管理各领域都取得了重要成就。在产品领域，东汽产品种类繁多，产品覆盖火电、核电、气电、工业透平、电站辅机及新能源等多个领域，通过实现PDM、CAPP、ERP等系统集成制造和核心透平设备加工的全面数控化，东汽成为国内乃至世界最为先进的发电设备制造基地。在研发领域，东汽拥有一系列性能优异的实验设备和行业领先的实验中心，这为东汽带来了强大的产品研发能力。在产品质量管理领域，通过自身的实践与创新、与国际著名企业进行广泛的技术交流和与高等院校深入合作，东汽建立了先进的产品质量管理体系，切实有效地提升了企业管理水平及市场竞争力。在经历过汶川大地震的困难后，东汽以最快的速度恢复生产。截至2018年，东汽已成长为中国电力设备制造业领军企业，其年工业总产值已经超过200亿元，核心制造能力达2800万千瓦。在经济发展新常态下，东汽持续实施创新驱动发展战略，积极推进企业转型升级，大力弘扬“东汽精神”，秉承“一切为了用户”的理念，向“技术一流、管理一流、设备一流、质量一流”的目标努力[264]。

3.2.2.4 中山大学新华学院

中山大学新华学院是一所2005年经教育部批准设立的综合性全日制

普通高等院校，由中山大学和广东东宝集团有限公司共同申办。学院现有两个校区，总占地面积 1456 亩。广州校区位于广州市天河区龙洞华美路与广汕一路交界处，东莞校区位于东莞市麻涌镇。在“母体”学校中山大学的支撑下，学院在办学第一年的新生入学率名列当年全省独立学院第 3，并多年均维持在 90% 以上，2014 年高达 95%。学院设有 19 个二级教学单位，开设了 45 个专业，129 间实验室。截至 2019 年 3 月，新华学院已招收 13 届学生，在校生 2.3 万余人。教师 1219 人，其中具有高级职称者占 36.64%，具有硕士研究生及以上学历者占 77.99%。师资主要来自：学校招聘专职教师；中山大学教师（含退休及少量专职教师）；向社会聘任的优秀人才；聘请其他高校有教学经验的教师和有关行业富有实践经验的高层管理人士、专业技术骨干等。

中山大学新华学院秉承了“母体”学校中山大学的优良传统和办学理念。从 2005 年以来，新华学院坚持社会主义办学方向，坚持以社会需求为人才培养导向。新华学院在德育方面注重培养学生优秀思想品格，教学方面注重培养学生的扎实理论基础、较强操作能力和自主创新意识，努力将学生培育为“德才兼备，知行合一”的高素质应用型人才。2018 年，学校立足中国特色社会主义新时代，抓重点、补短板、强特色、固本培元厚内涵，坚持“质量立校、学术强校、特色兴校、开放办校”，争取建成位居全国同类学校前列的应用型、开放性、多科性的现代化高等学校，实现“中国需要清华，中国也需要新华”的“新华梦”[265]。

3.3 数据收集

从开始收集数据到本章的撰写为止，笔者对四个研究对象进行了长期的持续观察、调研和访谈。下面将对每个研究对象数据收集的过程和收集到数据的内容做出总结。

3.3.1 数据收集过程

本章对四个案例的数据收集都是分三个阶段逐步深入进行的；同时，

根据案例开始接触的时间和研究的问题对数据收集工作进行调整。第一阶段数据收集的目标是了解研究对象并初步确定研究问题。如通过对长虹集团相关资料的阅读以及与长虹管理人员的非正式访谈，了解其发展历程，重点关注集团战略变化的过程。第二阶段是围绕初步确定的研究问题收集二手资料并阅读文献，经过反复比较理论、材料、编码结果后更全面地了解研究对象，得出初步结论。第三阶段需要深入了解案例，并获得补充材料。如果所获得的材料不能得出合理的、有贡献的结论，则针对不能解释的问题继续收集材料，以增加研究的信度和效度。如多次进入新华学院内部，访谈学院各层面的老师和学生以得到更真实准确的材料，通过将访谈材料、二手数据与理论不断对比，得出研究结论。四个研究对象按照进场时间的具体数据收集过程如表 3－2 所示。

表 3－2 研究对象数据获取过程

研究对象	研究活动与资料收集
东汽公司	• 2014－07－21，讨论：了解研究对象，尝试探索可能的研究问题 • 2014－09－05，阅读文献：补充基础知识，寻找可以解释现象的理论视角 • 2014－11－29，访谈与调研：接触企业高层领导，了解组织战略、战略演化及战略制定流程 • 2015－03－23，讨论：建立初步的过程模型并验证其合理性 • 2015－06－16，数据整理：已获取资料的整理和初步分析 • 2015－07－05，撰写手稿：正式对数据进行分析并形成手稿 • 2015－11－25，访谈与调研：关键事件的选取与过程深入了解 • 2016－03－07，讨论：现有东汽数据的可能分析方式以及可能对理论做出的贡献 • 2016－04－15，数据处理：对数据进行整理分析，归纳关键事件及过程的相关条目，基于内容分析展开进一步研究 • 2016－08－30，访谈与调研：关键事件相关材料的进一步获取 • 2016－09－20，讨论：东汽探索与利用在战略变化中的变化过程 • 2017－05－02，调研收集数据：持续观察东汽，验证过去的模型，探索对现象新的解构方式 • 2017－09－29，讨论：分析结果的修正和提升 • 2018－02－26，撰写手稿：针对研究手稿外审老师给出意见的修改和提升 • 2018－03－21，讨论：在前面研究的基础上，讨论进一步深入研究的方向 • 2018－12－20，撰写手稿：完成东汽的进一步研究手稿并投稿

续表

研究对象	研究活动与资料收集
攀钢集团	• 2015-12-03，讨论：第一次接触攀钢的材料，了解该企业的战略演化过程 • 2016-03-01，讨论：攀钢可能的悖论解构方式 • 2016-04-22，收集资料：在阅览年鉴、周年庆纪录等文本资料的基础上，从网络上搜集更多与攀钢战略相关的资料 • 2016-05-04，访谈：与攀钢高层讨论，收集一手资料 • 2016-06-03，讨论：攀钢可能的研究方向，确定用悖论的战略解构攀钢战略演化的过程 • 2016-07-15，小型讨论：数据分析遇到的困难和解决方案 • 2017-03-22，数据分析：对研究对象数据的集中整理和分析 • 2017-04-21，撰写手稿：撰写并完成对攀钢研究的阶段报告 • 2017-10-13—14，参加会议：在国际会议上交流对攀钢的研究成果 • 2018-01-02，讨论：与团队成员讨论攀钢与其子公司的关系及可能的研究切入角度，准备进一步调研与访谈 • 2018-05-15，观察与调研：跟踪攀钢的最新战略执行方式及成效，验证研究成果
新华学院	• 2016-05-28，讨论：了解研究对象，框定选题方向 • 2016-09-07，讨论：确定研究问题、理论基础、研究方法及预期贡献，完成研究计划 • 2016-09-15，讨论：进一步确定选题，整理研究思路并开始收集资料 • 2016-11-28，材料收集：2005—2011 年年鉴及其他内部材料，网络新闻、公众平台公告等二手材料的收集 • 2017-03-03，讨论：对收集的二手材料进行讨论和整理，寻找研究的支撑材料，锚定需要补充的材料内容 • 2017-05-15，讨论：广州实地调研计划及准备工作 • 2017-05-17，调研：广州新华学院实地调研，与各层级有代表性的人物进行半结构化访谈 • 2017-06-01，访谈整理：将广州新华学院访谈材料整理成文字并进行编码 • 2017-06-19，材料收集：补充其他二手材料，内部材料如 2012—2013 年年鉴、年度总结等材料的收集与编码整理 • 2017-07-20，讨论：研究结论讨论及确定 • 2018-06-07，数据分析：探索悖论与组织能力 • 2018-09-04，数据分析：探索悖论与组织的场 • 2018-10-19，补充访谈：进一步访谈教师、家长和学生 21 人 • 2018-11-27，讨论：关于数据取舍标准的讨论 • 2018-12-04，数据分析：形成结果完善的小论文 • 2019-02-28，讨论：对新华学院研究结果如何提升的讨论

续表

研究对象	研究活动与资料收集
长虹集团	• 2017－11－27，讨论：了解战略演化路径 • 2017－12－05，讨论：寻找可能的研究方向 • 2017－12－20，小型讨论：可能的悖论解构方式 • 2018－01－25，实地访谈：了解高层对组织历史和战略演化过程的认识 • 2018－03－02，讨论：环境变化以及领导对环境和组织自身的认识极大地影响了战略变革的程度和方向 • 2018－03－22，讨论：现有资料的总结以及后续可能需要的资料的预备 • 2018－05－10，小型讨论：讨论确定访谈提纲的问题和可能的结果 • 2018－05－29—31，访谈：深入接触企业员工，访谈高层及中层领导对现阶段战略的认识和过去战略演化过程的了解 • 2018－07－04，讨论：总结战略变化的相关资料和分析方式 • 2018－09－04，尝试分析：基于布迪厄的场域理论分析战略演化过程 • 2018－10－05，撰写手稿：基于场域理论分析战略转型的过程 • 2018－12－28，讨论：对修改稿对实践和理论的意义进行讨论。

本章的数据收集持续了近 5 年的时间。东方汽轮机有限公司是我们的初始研究对象，于 2014 年 7 月最早开始接触，截至 2018 年 12 月对东汽官方网站数据的跟踪和观察，对东汽的研究持续了 4 年。在此期间，我们获得了较为完备的访谈资料和企业内部机密材料，对研究数据的三角验证提供了丰富的素材。我们对攀钢集团的接触始于 2015 年 12 月，此时正值企业成立 50 周年，企业自身发展过程进行了一系列梳理和挖掘。因此，攀钢集团二手资料的收集较为丰富，截至 2018 年 5 月对攀钢集团的观察表明，虽然集团公司的转型没有非常明显的成效，但是其名下的子公司（如积微物联）已经取得了显著的进步。新华学院的研究是从 2016 年 5 月笔者与该院校教师的合作项目开始的，这之后一直对该院校进行了持续的观察和研究，到新华学院的现场进行了考察和访谈，并通过电话访谈和调查问卷的方式获取了一手资料。截至 2019 年 3 月，对新华学院的研究仍然在持续进行，并形成场与悖论交互过程探索的工作手稿。我们从 2017 年 11 月开始接触长虹集团，截至 2018 年 12 月，对该企业的研究持续了 1 年的时间。

3.3.2 数据收集内容

经过上述长期数据收集的过程，本章获得了针对战略变化过程丰富的一手数据和二手数据，并建立了数据库。下面本章将按照企业规模由大到小的顺序详细介绍从长虹集团、攀钢集团、东方汽轮机有限公司和中山大学新华学院四个组织分别得到的资料。

3.3.2.1 长虹集团

从长虹集团收集的数据包含一手数据和二手数据两部分。在后面的分析中用到的主要数据是通过访谈录音整理得到的一手数据文本，以及部分从二手数据中摘录的文本。其中，一手数据的半结构访谈内容主要围绕不连续的战略变化（战略转型）过程中组织的认知与行动的变化过程展开，旨在为后期探索不连续战略变化中认知和行动的特征提供参考。二手资料主要包括可信度较高的上市公司年报、内部资料的战略发展规划、企业的大事记以及 60 周年厂庆整理的文档等。为了增加研究的信度，本章还补充了相关书籍和其他辅助性的文档等。从长虹集团收集到数据的具体内容如表 3 – 3 所示。

表 3 – 3 长虹数据内容

类型	姓名	职位	时间	编号	总时长	整理字数（字）	内容
一手数据	赵 *	集团公司董事长	2018 – 01 – 25—2018 – 03 – 22	R1	2 小时	未录音	企业战略及发展
	李 *	集团公司总经理	2018 – 03 – 22—2018 – 08 – 13	R2	3 小时	未录音	企业运营及新业务发展
	郭 * *	股份公司副总经理	2018 – 01 – 25	R3	1 小时 30 分钟	18235	智慧业务、品牌发展
	阳 *	集团公司副总工程师	2018 – 03 – 22	R4	2 小时	28798	技术战略方向
	王 *	集团业务 BG 负责人	2018 – 03 – 22—2018 – 10 – 15	R5	3 小时	未录音	企业营销体系变革

续表

类型	姓名	职位	时间	编号	总时长	整理字数（字）	内容
一手数据	刘＊＊	集团宣传部长	2018－03－22—2018－08－13	R6	4小时	63115	整体过程、企业文化等
	何＊＊	集团战略管理部部长	2018－01－25	R7	2小时	23220	战略及企业管理
	李＊＊	集团企业策划部部长	2018－08－13	R8	1小时30分钟	15793	企业创新、产品创新
	陈＊	创投公司总经理	2018－01－25	R9	2小时	25350	企业投资
	陈＊＊	集团战略管理部高级经理	2018－01－25—2018－08－13—2018－12－01	R10	5小时	72311	企业战略及发展
	刘＊	集团战略管理部项目经理	2018－08－13	R11	3小时	未录音	战略及著作管理方面
	李＊	集团战略管理部项目经理	2018－08－13—2018－10－15	R12	2小时40分钟	47684	战略及产业规划
	李＊	集团公司办高级经理	2018－03－22	R13	1小时30分钟	11789	企业整体发展过程
	朱＊＊	集团宣传部项目经理	2018－03－22—2018－10－15	R14	3小时	51322	企业文化、品牌
类型	年限	名称		编号	份数（份）	总页数（页）	内容
二手数据	1994—2017年	上市公司年报		Y94－17	14	882	每年的成果
	1986—2017年	企业大事记		E86－17	32	55	年度事件总结
	2011—2014年	“十二五”发展战略规划		P1	1	27	战略规划
	2016—2020年	“十三五”发展战略规划		P2	2	38	战略规划
	2018年	60周年厂庆宣传		P3	1	25	发展过程总结
	2014年	长虹智能战略白皮书		Y1	1	18	智能转型，创新战略

续表

类型	年限	名称	编号	份数（份）	总页数（页）	内容
二手数据	2017 年	产业架构调整方案	Y2	1	7	落实“新三坐标”
	2009 年	业务领导力培训资料	Y3	1	27	战略制定方法
	2012 年	《经营人心》	Z1	1	237	核心价值观
	2011 年	《长虹回归》	Z2	1	206	回顾历史，设计未来

3.3.2.2　攀钢集团

对于攀钢集团采取的数据收集方法包括非正式访谈、档案记录、新闻宣传、视频访谈四种，通过多种途径得到的资料可以进行三角验证[259]，提高研究的效度。攀钢的数据内容包括：（1）非正式访谈是通过对攀钢集团在职高层员工讨论获取的，持续与攀钢的接触持续了 3 年的时间；（2）档案记录主要为 1965—2016 年的大事记，主要包含生产、管理、党群、后勤和集体经济 5 方面内容，记录了企业发展历程中各个阶段的主要历程；（3）新闻宣传主要为企业官网上发布的新闻消息、统计报告等，对档案记录的材料进行补充；（4）视频访谈主要包括企业公开发布的相关节目和访谈，主要包括《峡谷丰碑——攀钢一号高炉建设》、2016 年 12 月的《走遍中国》和专题片《攀钢走向未来》等，节目中详细介绍了企业的发展历程、面临的问题以及未来的计划，为材料的梳理提供了重要依据。已经获得的资料内容和初步整理编码如表 3 – 4 所示。

表 3 – 4　　攀钢数据内容

名称	材料类型	主要内容	时间范围	编码
一手数据	非正式访谈	攀钢集团战略演化的过程、攀钢经历过的对组织影响较大的关键事件及过程、什么因素如何影响了攀钢的战略变化过程	2015 – 12—2018 – 05	I15 – 18
攀钢志	文本档案	记述了攀枝花钢铁集团公司发展的历史与现状。包括生产、管理、党群建设、后勤工作等	1965—2005	A1，A2
永远的攀钢精神	文本档案	纪念攀钢成立五十周年系列活动汇编，主要讲述攀钢精神的形成和发展，另外包括部分产品介绍、核心技术、大事件等	1965—2015 年	A3

续表

名称	材料类型	主要内容	时间范围	编码
攀钢集团有限公司钒钛产业介绍	新闻宣传	介绍了攀钢作为核心业务的钒钛产业发展情况，并对未来的走向进行了初步预估	2015—2016 年	B1
攀钢走向未来	视频访谈	介绍企业“科技强企，主攻钒钛，做精钢铁，放活非钢”发展战略	2016 年	C1
走遍中国	视频访谈	采访董事长张大德，提问了关于过去经验的总结，现状的分析，未来转型发展方向的看法	2016 年	C2
攀钢经济形势报告	视频报告	攀钢董事长张大德在回顾攀钢历史的基础上，对下一阶段任务和目标的计划	2016 年	C3

3.3.2.3 东方汽轮机有限公司

对东汽的研究采用的数据以企业内部材料五年战略发展规划和一手访谈材料为主，并以年度、季度规划、方针政策、企业新闻等文本材料作为补充。研究中收集的数据主要包括一手数据和二手数据两种，其中以一手数据中的访谈资料作为本章的主要数据，具体内容如表 3-5 所示。

一手数据通过实地调研对数据的收集从 2014 年 11 月 29 日持续到 2016 年 8 月 30 日，综合半结构访谈和非正式访谈的方式进行并记录要点。访谈材料的收集随着对案例企业认识和理解的加深分为三个阶段，通过在一段时间内跟踪固定员工进行半结构访谈（时长控制在每次 2 小时以内）实现不同数据收集阶段的目标。第一阶段的目的是了解东汽的发展现状与发展历程，访谈对象是组织的四位中高层管理人员和一位基层管理人员，主要访谈问题是关于企业的发展阶段、战略规划的制定流程、战略的修订、战略实施的过程等。第二阶段的目的是筛选关键事件，访谈对象包括总经理、经济师、计划部科员、宣传部部长、科长等中高层管理人员，主要问题是关于几次有代表性的战略变革经验、具体的过程及当事人思考等。为了提高数据的效度，对战略内容、战略阶段的相关数据以部长及以上的高管访谈和二手数据为准，对战略的实施，也就是组织行动，综合所有的访谈材料和二手资料进行收集。第三阶段是在确定了要深入分析的关键事件后，收集有关事件起因、影响因素、结果等资料，以完善相关资料。为了实现对企业过去战略发展阶段的经历进行更深入的调查，本章选

表 3-5　　东汽数据内容

<table>
<tr><td rowspan="12">一手数据</td><td>职务</td><td>时长</td><td colspan="2">访谈内容</td><td>编码</td></tr>
<tr><td>总经理</td><td>3 小时</td><td colspan="2">企业发展现状、运营机制及发展目标；现阶段面临的问题和解决方案；未来的目标和战略规划</td><td>M1</td></tr>
<tr><td>副总经理</td><td>6 小时</td><td colspan="2">过去经历的重要事件；每次事件的原因过程和结果；影响力大的战略和思考；未来发展计划</td><td>M2</td></tr>
<tr><td>计划统计部部长</td><td>5 小时</td><td colspan="2">企业战略的变化；经历的重要事件；现阶段的问题；预计的解决方案；未来的发展战略</td><td>M3</td></tr>
<tr><td>组织宣传部部长</td><td>3 小时</td><td colspan="2">东汽的企业文化是什么；有什么与众不同的特色；文化发展和变化历程；各个阶段文化的特点</td><td>M4</td></tr>
<tr><td>党政办秘书</td><td>4 小时</td><td colspan="2">个人在企业经历的印象深刻的事件</td><td>M5</td></tr>
<tr><td>高级统计师</td><td>2.5 小时</td><td colspan="2">对企业冲击较大的事件过程及经验</td><td>M6</td></tr>
<tr><td>总经济师</td><td>2 小时</td><td colspan="2">战略变化过程及相关事件的经过</td><td>M7</td></tr>
<tr><td>副总经济师</td><td>2 小时</td><td colspan="2">企业经历过对战略影响较大的事件过程</td><td>M8</td></tr>
<tr><td>宣传部科长</td><td>3 小时</td><td colspan="2">企业文化的发展变化历程及特点</td><td>M9</td></tr>
<tr><td>企业管理部科长</td><td>1.5 小时</td><td colspan="2">战略转折过程中相关事件的原因、过程和结果；与事件相关的人起到了什么作用，他们是如何发生影响的</td><td>M10</td></tr>
<tr><td>计划统计部科员</td><td>6 小时</td><td colspan="2">企业战略的发展历程；战略规划的制定过程；从过去战略中作的经验总结及注意事项</td><td>M11</td></tr>
<tr><td rowspan="10">二手数据</td><td>类型</td><td>时间</td><td>主要内容</td><td>数量</td><td>编码</td></tr>
<tr><td>大事记</td><td>1965—2015 年</td><td>企业大事记</td><td>3257 条</td><td>N11</td></tr>
<tr><td rowspan="4">规划类</td><td>1970—2010 年</td><td>企业五年发展规划</td><td>7 份</td><td>N21</td></tr>
<tr><td>1976—2013 年</td><td>企业五年规划调整及修订文件</td><td>5 份</td><td>N22</td></tr>
<tr><td>1970—2010 年</td><td>国家五年发展规划及相关通知</td><td>11 份</td><td>N23</td></tr>
<tr><td>2009—2014 年</td><td>年度、季度综合经营计划</td><td>6 篇</td><td>N24</td></tr>
<tr><td>制度类</td><td>2010 年、2014 年</td><td>企业制度</td><td>4 份</td><td>N31</td></tr>
<tr><td rowspan="2">新闻宣传</td><td>2010—2013 年</td><td>领导讲话、新闻</td><td>27 篇</td><td>N41</td></tr>
<tr><td>1980—2001 年</td><td>历届职代会报告集</td><td>65 篇</td><td>N42</td></tr>
</table>

取的访谈对象是企业5年以上资历的老员工；同时，考虑到本章是对组织层面战略变化过程的调研，访谈对象都是中层及高层管理岗的员工。东汽员工有7000余名，在调研过程中很难做到员工的全覆盖。因此，本章在不同材料收集阶段根据研究目标选取最适合的、各部门的访谈对象。

二手数据收集到的数据包括四部分。第一，企业1966—2015年的全部大事记，选取其中1966—2013年的3257条作为筛选标的。第二，规划类文件，如企业五年发展规划、规划调整及修订文件、国家五年发展规划、国家发放的行业内通知等。其中，企业五年发展规划是由第四个五年规划开始的，第五个五年规划是和第六个合并在一起的十年规划，第七个五年规划只包含产品生产计划。第三，制度类文件，如企业的旧制度以及修订制度、现行制度等。第四，新闻宣传类文件，如企业官网的信息、领导讲话稿、网页新闻、公众平台新闻及历届职代会报告等。

3.3.2.4 中山大学新华学院

新华学院数据收集的内容包括一手数据和二手数据，详细内容如表3-6所示。其中，一手数据主要包括覆盖学院主要群体的半结构访谈与调查问卷。选取的访谈对象共23位，覆盖了学校的3大类群体：教师、学生和学生家长。且这23个对象都是相应群体中具有代表性的个体。其中，3位行政部门老师，其中包括有领导经验的教师、直接接触学生的辅导员以及管理学生就业工作的教师3类；6位教师，在管理学院任教，其中1位有在民营高校任教的工作经验；7位在校学生，其中2名为学生干部；7位在各行业工作的家长。已经完成的访谈共计6次31小时，主要内容是深入了解访谈对象对学校发展过程的认识、学院定位、优势以及问题等。二手数据主要包括：（1）新华学院的年鉴主要内容包括年度计划和总结、发布的文件、各部门发展情况、招生及就业率、学院获奖情况等；（2）网站新闻及其他公开信息，主要来自新华学院官网、各大新闻网站、微信的公众号3个平台；（3）年度工作计划，按照时间顺序较全面地了解新华学院建设的重心和步骤；（4）其他内部文件主要包括新华学院的制度、项目计划、招生计划等。

表 3 - 6　　新华学院数据内容

类别	来源		编码	主要内容
	部门	身份		
一手数据	行政部门	行政人员	F1 - 3	学校对学生的主要吸引力；就业方面有什么优势和劣势；学校面临的主要困难和问题。管理学生工作的基本内容；学生对学校是如何认识的；教师对学校是如何认识的；面临的问题和困难。如何定位国内的独立学院；新华学院的发展前景；面临的问题和困难；实践和科研是如何协调的
	各学院	教师	F6 - 9	如何定位国内的独立学院；学院与民办高校的区别；教师对未来发展的认识；对学院的定位是如何认识的；与学生是如何交互的；与学院其他哪些部门还有交互，如何进行的
	各行业	家长	J1 - 7	为什么选择新华学院；对学校有什么建议和意见；对民办高校和中山大学如何认识
	管理学院	学生	X1 - 7	为什么选择新华学院；印象最深刻的事情；对学校有什么建议和意见；对民办高校和中山大学如何认识
二手数据	2005—2013 年年鉴		S1	学院、行政工作总结；学院文件；领导机构；教学工作；学科建设；科研工作；行政管理工作；校园建设；党群工作；学科系与教学研究部工作；奖励与表彰；综合统计表
	官网及新闻		S2	招生计划；新项目介绍；学院发展介绍等
	2005—2016 年年度工作总结		S3	学院招生情况；发展目标和特色；年度关键事件经验总结；新的一年工作计划等
	学院内部文件		S4	新华学院的规章制度、项目计划、招生计划等

3.4　数据处理

通过对上述四个研究对象相关数据的持续收集，笔者分别为它们建立了案例数据库。后续对数据的分析和处理是基于该数据库展开的。研究从悖论冲突、潜在过程和战略场域承载三个层面展开对战略变化过程的探讨，综合用到的概念以及概念之间的相互关系如表 3 - 7 所示。在研究过程中，本章以东汽为核心案例贯穿三个子研究，并辅助其他三个案例进一步说明战略变化的过程。在悖论冲突层面，本章通过攀钢集团、新华学院的案例探索悖论冲突与战略变化之间的关系，用到固有悖论、两种建构悖论和战略变化的概念。其中，东汽的建构悖论与新华学院相同，仅以新华学院为例说明该悖论与战略变化的关系。在潜在过程层面，本章将通过对东汽和长虹战略变化过程中，组织认知与组织行动之间交互规律的分析，总结组织战略变化过程的潜在过程，并由此引出战略场域在不连续战略变化中的重要作用。在战略场域承载层面，通过对东汽和新华学院战略场域概念的构建，分析战略场域的作用机制与悖论的协同过程。最后，综合三部分研究结果，构建战略变化的过程模型。

表 3－7　　核心概念结构

<table>
<tr><th>潜在过程</th><th>悖论冲突</th><th>解构</th><th>使用对象</th></tr>
<tr><td rowspan="2">组织认知</td><td colspan="2">环境</td><td rowspan="2">东汽、长虹集团</td></tr>
<tr><td colspan="2">战略主线</td></tr>
<tr><td rowspan="6">组织行动</td><td rowspan="2">固有悖论</td><td>公益性</td><td rowspan="2">新华学院</td></tr>
<tr><td>商业性</td></tr>
<tr><td rowspan="2">建构悖论 1</td><td>诱导战略</td><td rowspan="2">攀钢集团</td></tr>
<tr><td>自主战略</td></tr>
<tr><td rowspan="2">建构悖论 2</td><td>探索战略</td><td rowspan="2">东汽、新华学院</td></tr>
<tr><td>利用战略</td></tr>
<tr><td colspan="2" rowspan="2">战略变化</td><td>连续</td><td rowspan="2">东汽、长虹集团、
攀钢集团、新华学院</td></tr>
<tr><td>不连续</td></tr>
<tr><td colspan="2" rowspan="2">战略场域</td><td>压力</td><td rowspan="2">东汽、长虹集团、新华学院</td></tr>
<tr><td>阻力</td></tr>
</table>

本章针对不同的研究问题和研究对象，分别用了关键事件路径法、内容分析法和逐层编码的数据处理方法。其中，研究东汽的目的是探索不同程度的战略变化中悖论的作用过程，需要对比同样是关键事件，却发生不同程度战略变化的过程之间有什么区别和联系，因此，采用关键事件路径法。攀钢和新华学院的研究是为了探索不同的悖论两极是如何推动战略变

化过程的，需要通过量化的方法比较悖论冲突的变化情况，因此，主要采用内容分析的方法。对长虹集团的研究是为了以探索性的研究打开不连续战略变化的过程，需要从材料中逐层编码归纳出不连续战略变化经历的阶段，以及每个阶段内认知和行动的特点，因此采用了逐层编码的方法。下面将对这三种数据分析方法展开描述。

3.4.1 关键事件路径法

本章采用关键事件路径法对东方汽轮机有限公司进行研究[59]。选择这种方法的原因是：一方面是从案例材料看，关键事件是推动组织发生战略变化的重要途径，组织发生较大程度的战略变化背后都有关键事件发生。在本章中，关键事件的发生必然伴随环境的变化，因此描述组织在关键事件中的环境变化可以更好地与诠释组织情境的场域理论相结合；另一方面是因为关键事件带来的战略变化的程度出现了差异性。也就是关键事件发生时，战略可能只发生微调出现连续的战略变化，也可能出现不连续的战略变化。那么分析这些关键事件的过程，就能解释组织的认知与行动在场域中是如何影响战略变化程度的。根据 Eisenhardt[256] 从案例研究中得到理论的过程范式围绕六个关键事件对文本材料和访谈数据进行处理[266,267]。对东汽研究分为四个步骤展开，分别为基础数据梳理、战略阶段划分与关键事件选取、在核心概念的基础上筛选条目、分析关键事件，具体分析过程在后面会详细说明。

对东汽的研究分为两个部分，第一部分分析东汽战略变化的潜在过程，使用了组织认知、组织行动、战略变化作为核心概念进行解构，这里将环境作为组织认知的解构变量之一。第二部分使用组织认知、组织行动、战略变化和战略场域四个核心概念对战略变化的过程进行分析，是针对战略场域的研究，需要展开对战略发生的环境进行分析，因此，不再将环境作为组织认知中解构变量的一部分。最后，基于材料与文献之间反复的对比，构建对理论与实践有贡献的过程模型。

3.4.2 内容分析法

本章采用内容分析法对中山大学新华学院和攀钢集团的数据进行分析，通过对核心概念不同条目的量化、内容分析和特征归纳，对比组织不同战略阶段悖论冲突、场域与组织的战略变化过程之间的关系。具体研究过程包括战略阶段划分、核心概念释义和材料编码三个步骤。具体分析过程在后文中有详细说明。

本章旨在通过攀钢的案例探索建构悖论（诱导战略与自主战略）与战略变化之间的关系，因此，用到的核心概念为建构悖论和战略变化。诱导战略和自主战略是对于战略来说最基本的一对悖论战略，适合探索战略本身的冲突对战略变化过程的影响。因此，攀钢的建构悖论通过诱导战略和自主战略解构。由于攀钢的战略发展史是不断应对和解决危机的经历，所以对其战略变化过程的分析也从战略内容和危机的角度展开。本章中对攀钢的战略变化是通过观察战略主线的演化和潜在冲突的变化规律解构的。

新华学院的研究分为两部分。第一部分是探索建构悖论与固有悖论的交互对战略变化过程的影响。核心概念包括环境动因、固有悖论、建构悖论和战略变化。环境动因作为驱动悖论冲突的动因归纳。固有悖论通过公益性或者商业性倾向的行动数量解构。建构悖论的种类繁多，本章对新华学院的研究选取了不同于上一个案例又具有代表性的悖论冲突利用战略和探索战略进行解构。战略变化的衡量变得更为宏观，以新华学院战略主线的变化规律进行归纳。第二部分是探索战略场域、悖论、战略变化三者之间的变化机制。这部分研究需要将环境动因的核心概念进行进一步细化，通过分析组织感受到的压力和阻力对战略场域解构。为了让研究更加简洁，这部分研究将建构悖论的内容与战略变化相结合，以建构悖论表现出的主导战略变化过程作为战略变化的过程。因此，这部分的核心概念包括战略场域（压力与阻力）、固有悖论（公益性与商业性）和战略变化（探索战略与利用战略）三部分内容。

通过对新华学院每个阶段不同概念的解构变量进行总结，将第一部分与第二部分研究综合，可以得到如表 3－8 所示的条目库。表 3－8 中从左到右依次表明上述编码过程中涉及的概念、解构变量、相关关键词和条目统计，然后通过根据研究需要分别选取关键概念总结规律，以得到战略场域、悖论冲突与战略变化的演化过程模型。

表 3－8　关键概念、解构变量、相关关键词和条目统计　单位：条

关键概念	解构变量	相关关键词	阶段一	阶段二	阶段三
战略场域	压力	压力、驱动、动力、动机、加速	9	6	24
	阻力	阻力、阻碍、困难、减缓	9	4	16
固有悖论	公益性	教师、校区、高校、建设、学生	8	2	13
	商业性	投资方、董事长、融资、资金、组织、商业、股份	1	7	16
建构悖论	利用战略	品牌效应、实践能力、科研能力、师资力量、运作资本	15	42	241
	探索战略	母体学校、其他高校、校外实践、外校教师、学生家长	27	24	88
战略变化		主要战略、变化趋势、资源来源、能力建构方式、战略目标	1	1	1

3.4.3　逐层编码

针对长虹集团的研究采用的数据分析方法为逐层编码，目标是探索不连续战略变化过程中组织认知与组织行动不同阶段的特征，并通过多种方法验证组织在不同的战略变化过程中战略变化的潜在过程规律。具体过程分为两步：首先，要对长虹集团的战略发展过程基于战略主线的不同进行阶段划分；其次，打开战略阶段的跨越过程，探究不连续战略变化过程中长虹集团的组织认知与行动的交互规律。具体分析过程在下文中有详细说明。

3.5 信度和效度

本章设计的研究方案是一个反复和迭代的过程。为了保证研究的质量，本章通过四个检验标准对整个研究的过程进行评估和判断，分别为：建构效度、内在效度、外在效度和信度。可用的具体策略和发生阶段如表3-9所示。

表3-9 四种检验案例研究质量的标准[257]

检验	案例研究策略	策略发生阶段
建构效度	• 采用多样化的资料来源 • 资料之间的关系建构 • 将研究草案与研究对象沟通，证实资料和研究的准确性和真实性	资料收集 资料收集 撰写报告
内在效度	• 尝试对现象进行解释 • 分析与之前的解释相对立的新的解释 • 建构资料之间的逻辑关系	证据分析 证据分析 证据分析
外在效度	• 用理论指导研究过程 • 进行多案例的对比研究	研究设计 研究设计
信度	• 设计和撰写研究草案 • 建立案例研究资料库	资料收集 资料收集

• 建构效度（Construct Validity）：针对研究问题设计和构建一系列可操作的、正确的指标体系。

• 内在效度（Internal Validity）：在混乱的现象中形成可靠的因果逻辑，说明某个或某些原因是某个或某些结果的必要或充要条件。

• 外在效度（Validity）：得到的研究结果在某个领域、某个情境或某类对象中具有推广的价值。

• 信度（Reliability）：证明研究方案设计的科学性、合理性和可重复性。也就是说通过同样的研究步骤，会得到相同的结论。

为了提升研究的信度和效度，本章分别选取四种检验标准中具有可行性的策略在以下阶段展开：研究设计阶段，本章经历了对理论的梳理和综述，采用多个案例之间相互印证的方案设计提高研究的外在效度。资料收集阶段，本章采取了多样化的证据来源、资料之间的关系建构、建立资料库的方式提高建构效度和信度。证据分析阶段，本章通过将材料与理论之间的反复对比、尝试解释、建立逻辑模型的方式提高研究的内在效度。在撰写本书阶段，本章反复进行检查和核实，对比分析过程、结果和理论支撑以提高研究的建构效度。

第 4 章

悖论冲突与战略变化过程

本章基于悖论的视角揭示混合冲突型组织中的悖论冲突与战略变化之间的作用机制，通过对两个研究对象的探索回答了这个问题。第一是探索在组织的纵向演化过程中，悖论冲突与持续的战略变化之间的共同演化过程。本章通过对攀钢集团诱导战略与自主战略之间变化的归纳打开悖论活跃的过程，与战略变化的过程相匹配寻找规律。第二是本章通过对新华学院的研究探索组织固有悖论（公益性与商业性）与建构悖论（探索战略与利用战略）是如何协调共同影响战略变化过程的。最后，本章总结两种悖论冲突的变化与战略变化过程之间的共同演化规律。

4.1　建构悖论与战略变化

诱导战略和自主战略是组织建构悖论的两种选择倾向，会影响战略变化过程。但是现有的文献更关注企业如何管理建构悖论冲突，较少关注冲突对战略变化的作用过程。为了回答诱导战略与自主战略如何影响战略变化过程，本章基于战略悖论的视角，对攀钢集团 1965—2018 年企业战略演化过程进行纵向案例分析。结果发现，战略变化是战略目标逐步清晰的过程，也是潜在冲突逐步累积的过程，部分累积的冲突会在下一个战略阶段爆发。另外，建构悖论交互的频率会正向作用于组织的战略变化。本章揭示了建构悖论冲突推动战略变化的机理，拓展了战略动态管理的理论边界。

4.1.1　研究背景

组织回忆过去，会发现现在坚信的战略主线和目标在过去也许并没有这么明确。这说明战略目标和主线是逐步构建的，并且会随着环境变化不断发展。在战略目标逐步清晰的过程中，组织总要处理各种各样的矛盾和冲突。如组织应该选择寻找新机遇和资源的“探索”，还是通过“利用”处理好已经掌握的能力[204]；组织在面对很多机会的时候，是应该尽可能地抓住更多的选择，还是为了防止浪费资源，保守地选择行动[268]；当选择组织的管理模式的时候，应该选择对组织进行控制使其更有效率，还是选择放松管理使其更有柔性[269]。

这些各种各样的冲突有什么共性呢？通过对比可以看出：第一，冲突的双方是同时并且持续存在。任何一方面的舍弃都会给组织带来损失。第二，随着环境变化，组织对这些冲突的选择倾向也会变化。这与学者们对悖论的定义“持续存在的矛盾”是一致的[16,36,185]，而且以悖论的方式应对冲突（不同于选择和权变理论）可以最大限度地保有组织内部的活性和主动性。

现在关于战略管理的研究普遍承认，战略演化过程中存在变与不变的悖论：深思熟虑的战略是不变，涌现的战略是变；延续过去的诱导战略是不变，主动应对环境制定的自主战略是变[173,208,270]。所以本章以“不变”和“变”为基准，选择诱导战略和自主战略的悖论运动作为切入点，探索建构悖论与战略变化的共同演化规律。

4.1.2 数据处理

在经过长期的数据收集过程建立数据库以后，本章采用内容分析法对攀钢集团的数据进行分析，通过对核心概念不同条目的量化、内容分析和特征归纳，对比企业不同战略阶段悖论冲突与战略变化过程之间的关系。具体研究过程包括战略阶段划分、核心概念释义和材料编码三个步骤。下面详细介绍该方法的分析过程。

（1）战略阶段划分。攀钢集团的战略变化基于其核心战略的内容进行阶段划分。攀钢集团战略发展的第一阶段目标是做出产品，1974 年第一次轧出方钢标志着第一期工程基本建成。在克服环境的艰苦完成钢铁的生产计划过程中，一些问题逐步浮现。攀钢集团第二阶段的战略目标是做好产品，1999 年第二期工程建设基本完成并通过国家验收，结束了我国西部不能生产板材的历史。第三阶段攀钢集团的战略目标是提升技术和服务，1999 年以来，集团围绕市场需求积极推进“材变精品”技术改造，开发钒钛资源，试图进行二次创业改变现状。

（2）核心概念体系建立。本章旨在通过攀钢的案例探索建构悖论（诱导战略与自主战略）与战略变化之间的关系，因此，用到的核心概念为建构悖论和战略变化两个，具体内容如表 4 - 1 所示。诱导战略和自主战略是对于战略来说最基本的一对悖论战略，适合探索战略本身的冲突对战略变化过程的影响。因此，建构悖论以诱导战略和自主战略解构。诱导战略指的是组织试图在一些环境变化范围内和时间范围内保持适应性。自主战略指的是组织为帮助组织发展，适应并保留新的学习过程[208,271]。攀钢集团的战略发展史是不断应对和解决冲突的过程，所以对其战略变化的分析也从战略内容和冲突变化的角度展开。本章对攀钢集团的战略变化是通过战略主线和潜在冲突解构的。战略主线的演化是通过观察来应对带来改变和吸引注意力的事件的战略变化过程[272]。潜伏冲突指的是组织系统中持续保持潜在、休眠、未被察觉和忽视的冲突[16]。

表 4－1　　核心概念及定义

<table>
<tr><th>悖论冲突</th><th>定义</th><th>解构</th><th>定义</th><th>参考文献</th></tr>
<tr><td rowspan="2">建构悖论</td><td rowspan="2">相互矛盾同时相互联系的要素，同时持续存在于战略过程中</td><td>诱导战略</td><td>试图在一些环境变化范围内和时间范围内保持适应性</td><td rowspan="2">Burgelman[271]；Burgelman 和 Grove[208]；Smith 和 Lewis[16]；Putnam、Fairhurst 和 Banghart[226]</td></tr>
<tr><td>自主战略</td><td>帮助组织发展，适应并保留新的学习过程</td></tr>
<tr><td rowspan="2">战略变化</td><td colspan="2">战略主线</td><td>用来应对带来改变和吸引注意力的事件的战略</td><td>Morgeson et al. [272]</td></tr>
<tr><td colspan="2">潜伏冲突</td><td>组织系统中持续保持潜在、休眠、未被察觉和忽视的冲突</td><td>Smith 和 Lewis[16]</td></tr>
</table>

（3）材料编码。本章根据 Eisenhardt[256] 从案例研究中得到理论的过程范式，采用内容分析法[267] 围绕核心概念分别对攀钢集团战略变化的三个阶段的文本材料和访谈数据进行处理，经过了可操作定义、资料构建和取舍、分析单元建立、人工编码执行四个步骤。

4.1.3　第一阶段：做出产品

攀钢集团的第一阶段始于 1965 年发布《关于加快攀枝花钢铁基地建设的报告》，西昌钒钛磁铁矿冶炼试验厂成立，代号四零公司四一零工厂。1974 年 8 月 16 日第一次轧出 162 毫米方钢，标志着企业第一期工程基本建成。攀钢集团根据“攀枝花建设要快，但不要潦草”的指示，克服了环境的艰苦等困难，按期完成了铁和钢的生产计划。但是，在建设过程中，一些问题也逐渐显现出来。

困境部分：1965—1968 年，攀钢集团生产准备工作由鞍钢总包，西昌钒钛磁铁矿冶炼试验厂成立。攀钢集团在各级领导的指导下完成了攀钢一期设计，并集结各方力量进行基础建设。项目的最开始是困难最多的时候。企业不仅要完成生产任务，还要解决员工的生活问题。

应对部分：在 1969 年攀钢的建设出现转折时，周恩来向攀枝花、东风钢铁公司和有关方面负责人作重要指示。指示要求 1970 年 7 月 1 日以前成昆铁路通车，1 号高炉出铁。为了完成这个目标，企业将全部的力量放在生产任务的完成上。

强化部分：1970 年 1 号高炉第一次出铁。1974 年第一次轧出 162 毫米方钢，标志着攀钢第一期工程基本建成，企业完成做出产品的战略目标。但是随着生产目标的完成，长期收尾配套、产品结构单一、环境污染较严重、过分强调先生产后生活等问题也成为企业未来发展的隐患。

建构悖论：在企业成立初期，攀钢集团是由鞍钢集团支援建设的，各方力量的集结使基础建设工作很快展开，企业通过自主战略和诱导战略高频率的不断转化，判断企业的发展优势和方向。在周恩来总理作出重要指示后，企业开始集中力量搞生产，并于 1970 年按期完成了任务，这一时期的战略制定和实施过程也基本成型。但是，由于太过于注重单一的生产目标，忽视了很多其他问题，使得后期的收尾工作变得漫长且艰辛。所以，第一阶段是隐性冲突不断积累的过程。建构悖论从自主战略主导转变为诱导战略主导，变化频率由高到低。

4.1.4 第二阶段：做好产品

第二阶段始于完成第一期工程的那一年，也就是 1974 年。第二期生产前期，企业由于产品品种较单一，加之销售经营管理手段不健全，销售效果不佳，企业发展呈现徘徊局面。特别是 1976 年，销售收入递增率为负 14%。1978 年党的十一届三中全会以后，企业出现转机。到 1997 年基本完成第二期工程的建设，实现了在品种规模上的新台阶，结束了我国西部不能生产板材的历史。在以后的 10 年，企业战略的核心是围绕钢铁产品进行技术的提升和市场的拓展。

困境部分：第一阶段积累的问题显现出来。攀钢自建成投产到 1977 年，设备事故频发，制度不健全，导致生产十分被动。针对设备和工艺问题，企业自 1973 年开始进行技术攻关，但是 1976 年生产急剧下降，各主要生产指标均未能完成国家指标。

应对部分：企业试图通过提升技术的方式提高产量。1977 年开始企业进行整顿，深入开展科技攻关，高炉冶炼技术取得了实质性的突破，3 年时间就在铁、钢、材的市场上实现了转折。1985 年，在经过第一期工程的完成和验收的基础上，企业的第二期工程完成设计和计划。1986 年，第二期中最大的建设项目 4 号高炉破土动工，并于 1989 年建成投产。

强化部分：攀钢集团发现技术的提升可以完成提高产品质量和产量的目标，所以企业后续的很多战略都是围绕技术和扩大规模开展的。1992 年，1450 热轧板厂轧出第一卷钢板；1993 年，国产百万吨大型钢坯连铸机一次性热负荷试车成功；1996 年，攀钢集团还清国际银团本息共 2.87 亿元。企业二期工程于 1999 年通过国家验收。

建构悖论：第二阶段的战略发展过程中，前期隐藏的问题逐步显性化，各项生产指标都未能达标，企业不得不改变原有的生产战略，提升自主战略的比重，关注提升产品的质量和技术水平。通过提高诱导战略和自主战略互相转化的频率，企业逐渐摸索并生产出符合市场要求的产品。企业利用各种手段提高产品质量开拓市场，在做精产品的目标下集中优势力量实现了“材变精品”的目标。诱导战略和自主战略之间的转化频率放缓，诱导战略比重逐渐增多。

4.1.5　第三阶段：提升技术和服务

2001 年，攀钢的铁、粗钢和钢材的产出率在连续 6 年的增长后，第一次出现了负增长。在预感到市场的压力后，攀钢积极推进“材变精品”技术改造，实施跨区域联合重组，建设西昌钒钛资源综合利用新基地，并以投产 40 周年为新起点开始进行二次创业。在市场从好变坏的动荡中，攀钢的核心产品从钢铁逐步转向钒钛。

困境部分：2000 年上半年国内钢铁市场还很好，但是攀钢结构性的劣势仍然没办法解决：一是攀钢的矿石开采成本高，而且其他地方产的矿石含铁量在 56%，攀钢却不到 50%，这就加大了攀钢后期对矿石的加工成本。二是物流成本太高。攀钢家电做得最好，但是由于物流成本高，所以只能退到西南。在三峡建设之后，重庆市场是钢铁市场价格的低洼地，挤压四川本地的钢铁市场。

应对部分：企业希望将钢铁、钒钛的产业都抓住。2009 年，国内就出现了钢铁产能过剩的情况，攀钢连年亏损。2010 年攀钢与鞍钢重组，成为其全资子公司。2011 年，西昌钒钛资源综合利用项目竣工。

强化部分：攀钢发现钒钛产业在市场情况差的情况下也在持续盈利。所以企业开始全面开发和生产钒钛的相关产品。2013 年，攀钢海绵钛工艺流程全线打通，成为我国唯一拥有完整钛产业链的大型企业。

建构悖论：第三阶段的困境阶段较长，很长时间企业都未能找到合适的方向。企业延续了第二阶段对钢铁产品的关注，并盲目地扩大生产力。这导致 2008 年后攀钢出现了供过于求的现象，连年亏损，并于 2010 年与鞍钢合并。为了扭转现状，企业的自主战略比重再次提升，从钢铁产品转变核心到钒钛产品，并开发探索了很多副业。这一阶段因为市场变化使得隐性和潜伏的冲突变得显著。经过很长时间冲突才得到短暂的缓解，诱导战略和自主战略的转化频率一直很高。直到确定了核心业务的转移，攀钢的战略才逐步转化为诱导战略主导。

4.1.6 案例发现与小结

通过上述对案例企业的分析，可以将攀钢的战略变化和发展过程与战略悖论变化相比较，如表 4 - 2 所示。可以从悖论的动态平衡角度将战略悖论的变化分为两部分分析：其一是观察冲突变化维度的冲突在潜伏和显著之间的转化，其二是总结和归纳建构悖论对冲突的接受和平衡过程。

表 4－2　　战略悖论与战略变化过程

	第一阶段（1965—1974 年）			第二阶段（1974—1999 年）			第三阶段（1999—2018 年）		
主线	做出产品			做好产品			提升技术		
过程	困境	应对	强化	困境	应对	强化	困境	应对	强化
战略主线	冶炼试验；鞍钢支援；四零公司	周恩来指示	产出钢和铁	事故频发；制度不健全；生产下降	科技攻关；员工福利提升	提高钢铁产能	矿石开采成本高；物流成本高；竞争激烈	关闭部分分公司；裁员；研发钒钛	提升钒钛产业
冲突变化	生产生活条件艰苦	时间紧；任务重	产品结构单一；环境污染；生活条件	依赖钢铁资源	矿石品相较差；技术水平落后	依赖钢铁资源；市场空间有限	钢铁市场空间不足	利润较低；生产成本较高	钒钛市场空间；钒钛利润空间；钢铁市场占有萎缩
建构悖论	自主战略　诱导战略			自主战略　诱导战略			自主战略		

通过对比我们可以发现，每个阶段的战略发展过程都是一个战略目标逐步清晰的过程，在这个清晰化的过程中，潜伏的隐性冲突积累得越来越多。在下一个发展阶段到来、环境出现变化时，冲突会变得显著，成为组织亟待解决的问题。由此可以总结：战略变化是战略目标逐步清晰的过程，也是潜伏冲突逐步累积的过程，部分累积的冲突会在下一个战略发展阶段爆发。

从上面的分析可以看出，战略发展过程与悖论的运动过程是相通的，冲突由潜伏到显著的变化过程，可以通过悖论的矛盾运动来诠释[16]。将战略悖论的两个概念：诱导战略和自主战略[173,208,273]作为建构悖论引入战略发展的分析过程，可以看出二者在组织战略中所占的比重是不断变化的。由此可知，建构悖论运动正向作用于组织的战略变化和发展进程。

那么，战略悖论是如何推动组织战略发展的呢？在第一阶段，当组织面临领导下达的定期重要任务，它通过更多的自主战略来调动员工的积极性，同时延续过去的诱导战略稳定生产。第二阶段，为了改变现有产品不能盈利的情况，组织通过科技攻关提升产品质量和产能，从而增加收益。第三阶段，在钢铁市场饱和时，组织通过转移经营核心来实现转型。从这些过程中可以发现，组织自主战略和诱导战略较高频率的交替变化可以促使其更快地在困境中找到出路，筛选核心目标。总的来说就是，在陷入困境时，组织通过增加自主战略和诱导战略的冲突和转化频率增加来寻找突破现状的途径，推动组织战略由困境阶段逐渐转向应对阶段。

通过困境和应对阶段的积累，组织已经渐渐适应了新的环境，并明确当前阶段的核心目标。这时候，过去摸索的经验和战略会在筛选后成为惯例，也就是部分自主战略会变为诱导战略，二者之间冲突和转化的频率放缓。如第一阶段产出钢铁是主要目标，第二阶段提高产能和产品质量是主要目标，第三阶段通过钒钛产业扭亏转型。这一过程通常是平稳过渡的。总的来说就是组织发展越来越好时，自主战略和诱导战略的冲突和转化频率放缓，诱导战略成为主导，使组织战略由应对阶段逐渐转向强化阶段。

环境是不断变化的，过去的战略不能完全解决新环境中逐渐显著的新问题。这时候组织会尝试在过去行为惯例的基础上[274]通过探索的方式解决面临的问题。从第一阶段到第二阶段，新产出的钢铁并不为市场所接受，快速的建设也有很多遗留问题需要解决，组织在不断的摸索中进行技术改进。从第二阶段到第三阶段，市场的供过于求倒逼组织寻找新的利润点，所以钒钛产业逐渐受到重视。总的来说就是随着环境变化，诱导战略不能解决组织面临的新问题，自主战略和诱导战略的冲突和转化频率增加，自主战略成为主导，组织战略由强化阶段逐渐转向困境阶段。

本章通过纵向过程研究，对攀钢集团有限公司 53 年发展历程进行分析，回答了企业战略发展过程中建构悖论的运动规律问题。结论包含两个方面。第一，组织战略变化和发展是战略目标逐步清晰的过程，也是潜在冲突逐步累积的过程，部分累积的冲突会在下一个战略发展阶段爆发。第二，建构悖论运动推动组织的战略变化。在组织陷入困境时，自主战略会逐渐增加以寻找突破现状的途径，推动组织战略由困境阶段逐渐转向应对阶段；组织发展越来越好时，自主战略会逐渐转化为诱导战略，使组织战略由应对阶段逐渐转向强化阶段；随着环境的变化，诱导战略不能解决组织面临的新问题，自主战略增多，组织战略由强化阶段逐渐转向困境阶段。

从悖论的视角分析组织战略发展的过程，揭示了悖论运动推动战略发展的机理。在每个阶段，诱导战略和自主战略都是同时存在的[271]，战略发展的过程也可以通过诱导战略和自主战略来诠释。本章通过对战略发展不同阶段组织行为和事件的整理分析，揭示了战略变化过程中建构悖论的运动规律。但是，由于组织内冲突具有复杂性和多重性，仅依靠建构悖论的协调并不能保证组织可以实现不连续的战略变化，需要进一步探索多重悖论如何共同影响战略变化。因此，本章在此基础上以新华学院为例探索两种悖论（建构悖论和固有悖论）如何共同影响战略变化的过程。

4.2　固有悖论与建构悖论的协同

混合冲突型组织中独立学院是非常有代表性的。作为需要营利的民营组织，独立学院同时也需要为社会做出贡献，属于独立学院的固有悖论。在独立学院的运营中，同其他企业一样需要平衡探索和利用双元的建构悖论。在固有悖论和建构悖论共同存在的背景下，组织的战略变化是如何长期协调的？独立学院作为中国情境下一种过渡形态的大学存在形式，是这类具有多重悖论的混合冲突型组织的典型代表。本章基于悖论视角和战略变化的理论，通过对中山大学新华学院 2005—2018 年战略变化的过程进行分析，探讨具有悖论角色的组织战略变化过程及内在机理。研究得出的主要结论包括：(1) 悖论角色组织对公益性和商业性角色的选择倾向形成固有悖论，二者的冲突促进组织战略变化的发生。(2) 悖论角色组织的探索战略与利用战略行为形成建构悖论，二者的冲突促进战略变化的发展和完成。(3) 悖论角色组织的固有悖论冲突与建构悖论冲突相互协调，共同推动战略变化的持续发生。本章将悖论视角引入独立学院的战略变化过程研究，揭示了组织的固有悖论与建构悖论之间相互作用的机理，对多重悖论对战略变化的影响过程研究具有启示意义。

4.2.1 研究背景

组织是社会的组织，因此，在某些时候组织要实现对利润追求的同时，也要为社会做出必要的贡献。在这些组织当中，有一类企业具有从依赖于其他组织才能生存，到逐步壮大然后脱离“母体”企业实现独立的特殊发展历程，它们被称为“衍生企业”“衍生公司”或“衍生组织”[275,276]。从实践中可以看出，大部分衍生组织很难脱离对其他组织的依赖，一直处于合作、合办的状态。但是，有些衍生组织在发展过程中会逐渐脱离对其他组织的依赖，实现完全独立。具有两种相互联系又冲突角色的衍生组织，作为混合冲突型组织是如何实施战略变化的？在这一过程中，公益性和商业性的两种角色是如何发挥作用的？组织运营过程中探索和利用的行为是如何产生影响？这些都是值得进一步思考和探索的问题。

为了实现独立的目标，组织调整战略的核心是组织对环境不同的应对行为和逻辑方式。现有学者基于悖论理论和多重制度逻辑的观点的研究，已经建立了不同目标的行为倾向之间的互动规律。研究发现，衍生组织需要在矛盾的处理过程中才能实现发展。如衍生组织要在价值创造驱动和独立性约束的双重作用下发展演化[277]，或者在对技术和市场的不同发展目的中寻找平衡[278]，或者要实现公益性和商业性等多重制度逻辑的应对和融合[279]。在战略变化过程中，衍生组织如何同时协调固有悖论（公益性与商业性）与建构悖论（探索与利用）之间的关系，较少有人关注。因此，本章尝试将固有悖论与建构悖论同时考虑，融合它们的变化过程，探索具有混合冲突的衍生组织如何实现战略变化的过程。

要实现对组织公益性和商业性的悖论角色行为选择、探索与利用战略过程的构建和战略变化结果之间规律的探索，本章选择了独立学院作为研究对象。2003 年 5 月，教育部印发的《关于规范并加强普通高校以新的机制和模式试办独立学院的若干意见》中提出了“独立学院”的新概念。选择这类组织作为研究对象有三方面原因：第一，独立学院的出现最早是对国有民办二级学院的探索[280]，即“公办普通本科高校利用自身人才资源与无形资产，采取民办机制，吸收学校之外的企业、事业单位、社会团体或个人的有形投资所举办的独立于‘母体’学校之外的新型高等教育机构”，天然具有混合悖论冲突。第二，自 2003 年出现独立学院的界定开始，已经过去 15 年了。这类组织的发展经历了较长的过程，适合进行过程分析。第三，一部分独立学院已经实现了从“母体”学校独立，完成了完全的独立。

本章选取的案例组织是位于独立学院发展较为迅速的珠三角地区，成立于 2005 年并经历了多年发展的中山大学新华学院。该校寻求独立的愿望已经非常迫切，且基本建设已经完成，具有独立学院这一类组织的代表性。本章的贡献将包括以下 3 方面：(1) 将悖论理论引入独立学院的研究中去，探索性地以独立学院的性质为起点，分析悖论冲突对战略变化过程的作用。(2) 探索了中国情境下具有悖论角色且有依赖性的组织的战略变化过程“黑箱”。(3) 结合组织的固有悖论与建构悖论，探索在混合冲突型组织中二者的交互规律与战略变化的关系。

4.2.2　数据处理

在经过长期的数据收集过程建立数据库以后，本章采用内容分析法对中山大学新华学院的数据进行分析，通过对核心概念不同条目的量化、内容分析和特征归纳，对比组织不同战略阶段悖论冲突、场域与组织的战略变化过程之间的关系。具体研究过程包括战略阶段划分、核心概念释义和材料编码 3 个步骤。下面详细介绍该方法的分析过程。

(1) 战略阶段划分。新华学院根据不同时期采取的主导战略方法的不同，可以将其战略变化分为三个发展阶段。第一阶段是新华学院探索战略主导阶段，主要目标是借助“母体”学校的资源构建作为一个学校运营需要的基本能力和功能。这一阶段持续到 2011 年年底，东莞校区迎接首批 3100 余名学生正式入读，标志着“一校两区”新格局的形成，同时也将新华学院的发展带入新的阶段。经历过搬入新校区的学生描述“过去连自己的宿舍都没有，虽然新校区还有不完善，但是有了自己的校区大家都很开心（X1）”，说明校区的建设使学校有了发展的硬件基础和大本营。第二阶段是新华学院利用战略主导阶段，主要目标是挖掘已有的资源和能力，寻找适合学校发展独特竞争力的方式和手段。通过与社会企业的合作以及海外教师的引进，新华学院逐步确立培养应用型人才的战略。第三阶段是双悖论协调发展阶段，也就是建构悖论（探索战略和利用战略）与固有悖论（公益性和商业性）两种悖论冲突互相协调促使学校发展壮大的阶段。2014 年 9 月开始，新华学院开始面向广东省外招生，并通过提升教师工资，稳定了本校的师资力量。学校的教师在访谈中表示“在 14 年之后教师跳槽的情况就少了很多，学院自己的教师队伍也有了雏形（F7）”。同时，学院加大培养学生实践能力的投入，增多了与企业、其他高校和教师的互动交流，并建立了大量的实训基地。

（2）核心概念体系建立。本章用到的核心概念共四个，分别为环境动因、固有悖论、建构悖论、战略变化。概念和其解构变量的具体定义如表 4－3 所示。

表 4－3　　核心概念释义

<table>
<tr><th>悖论冲突</th><th>解构</th><th>定义</th><th>支撑文献</th></tr>
<tr><td colspan="2">环境动因</td><td>情境的多元化、环境的变化以及资源的稀缺性会导致悖论的双方的矛盾变得显著</td><td>Smith 和 Lewis[16]</td></tr>
<tr><td rowspan="2">固有悖论</td><td>公益性</td><td>能为组织之外的其他社会成员带来经济和非经济收益的行为</td><td>潘海远[284]；潘泽谷[281]</td></tr>
<tr><td>商业性</td><td>以组织的营利为目的的行为</td><td>潘泽谷[281]；王胜、杨国勇[285]</td></tr>
<tr><td rowspan="2">建构悖论</td><td>利用战略</td><td>组织通过将自己掌握的现有资源充分开发、提高利用率以应对环境变化，是一种基于内生性能力与资源的战略过程</td><td rowspan="2">Andriopoulos 和 Lewis[202]；Raisch 和 Birkinshaw[216]；Cao、Gedajlovic 和 Zhang[286]</td></tr>
<tr><td>探索战略</td><td>组织通过开发不属于自己掌握的外部资源和条件以应对环境变化，是一种基于外生性能力与资源的战略过程</td></tr>
<tr><td colspan="2">战略变化</td><td>随着时间的推移，企业在主要战略维度的资源配置上所进行的调整和变化</td><td>刘鑫、薛有志[48]</td></tr>
</table>

环境动因是指组织变化的内部环境和外部环境的驱动因素，在组织层面悖论的运动受到环境要素的影响[16]。由于环境不是本章的重点，因此，其解构变量不再细化。固有悖论是组织用来应对环境动因的动态变化内核。在本章中指的是组织同时具有相互联系又相互冲突的公益性和商业性两种行为倾向[281]。通过对公益性和商业性行为倾向变化的测度，发现固有悖论的运动规律。建构悖论对探索和利用的二元性在战略变化的过程中有重要的作用[282]。本章的建构悖论是结合组织双元性的特征[32,283]将组织行动的策略进行二元的划分，通过对应“利用”的利用战略和对应“探索”的探索战略诠释相应的组织行动。解构变量的条目范围通过每个战略阶段利用资源和能力的来源界定，如资源来自外部的“母体”学校，就属于探索战略，反之，则是利用战略。战略变化指的是随着时间的推移，组织在主要战略维度的资源配置上所进行的调整和变化[48]。本章将战略变化作为宏观战略阶段变化及其阶段中战略变化趋势的显性表现，同时也是悖论冲突交互变化的结果体现。

(3) 材料编码。本章根据 Eisenhardt[256]从案例研究中得到理论的过程范式，采用内容分析法[267]围绕核心概念分别对两个案例战略变化的3个阶段的文本材料和访谈数据进行处理，经过了可操作定义、资料构建和取舍、分析单元建立、人工编码执行4个步骤。其中，人工编码进行了3次。

第一次编码是通过数据缩减抽取条目来对初始材料进行筛选。数据缩减[287]是对质性文本资料进行选择、聚焦、简化、摘取和转化的过程，得到如表4-4所示的条目库。由于新华学院的原始数据量较大，很难直接进行分析，因此，需要通过数据缩减对材料进行初步的分类编码和筛选。筛选得到的条目一共556条。

表4-4 数据缩减抽取条目

序号	阶段	来源	条目描述
125	第二阶段	F4	随着学校教师队伍的逐步完善，学校的科研水平也在逐步提高
235	第一阶段	F1	大型企业着眼于中山大学、华工、暨南大学等好的大学。他们不会把眼光放到像我们这样的独立学院，因为他们也想找到更好的人才

第二次编码由具有相关知识的两名团队成员进行。两人独立按照核心概念或解构变量对条目进行归类，经由两人编码一致的条目才能放入相应的概念或解构变量中，对意见不一致的条目，经由研究小组讨论后确定放入条目库或者删除。如判断“公益性”这一解构变量，通过对材料的通读和整理后本章认为与教师、校区、高校、建设、学生5个关键词相关的条目应该放入公益性的类别中。另外，若一个条目的描述同时包含两个或以上的含义，如“随着学校教师队伍的逐步完善，学校的科研水平也在逐步提高”，该条目既包含提升教学质量的“公益性”含义，又包含开发学校自身的资源以提升竞争力的“利用战略”含义，因此，要同时放在两个解构变量中，如表4-5所示。该环节剔除了4个条目，但是有些条目需要重复计数，因此，最终留下552个条目。另外，根据研究需要归纳出3个战略阶段，并分别将对战略变化的3个描述放入条目库。

表4-5　　第二次编码

关键概念	解构	关键词	原始证据	来源	阶段
固有悖论	公益性	教师	随着学校教师队伍的逐步完善，学校的科研水平也在逐步提高	F4	第二阶段
建构悖论	利用战略	科研水平	随着学校教师队伍的逐步完善，学校的科研水平也在逐步提高	F4	第二阶段

第三次编码是对每个解构变量的条目进行总结和编码，以得到最终编码，描述不同解构变量的变化规律，具体过程和结果将展示在下文的阶段分析中。

4.2.3　第一阶段：探索战略

新华学院战略变化的第一个阶段是2005—2011年，本章将其界定为探索战略阶段，因为这一阶段组织发展的主要方式是通过从外部引进资源。这一阶段学校的主要工作内容是通过借助“母体”学校的资源完成学校基本运营能力的构建，如董事会、行政领导班子、党委会的构建；教育部批准设置某些专业；成立教学指导委员会、学生申诉处理委员会；文凭要带有“新华”二字；并购广州南粤专修学院以扩充学校规模等。这一阶段新华学院的人员构成主要来自中山大学、广东东宝集团有限公司的部分董事成员、学生。“母体”学校中山大学为新华学院的发展提供了基础的运营能力，主要包括中高层管理、品牌效应、师资力量三个方面。董事会和学生在这一阶段主要是作资本的注入，形成学院的运作资本。这一阶段的主要特点是新华学院运营的大部分基础能力和资源都来自外部“母体”学校中山大学能力和资源的引进，而新华学院本身只能通过董事会和学生提供运作的资本。新华学院第一阶段大部分资源都来自母校，未能构建自身的能力以及发现适合自己的战略，因此，将第一阶段的战略命名为探索战略。

对探索战略阶段的固有悖论和建构悖论进行编码。自从2003年教育部印发《关于规范并加强普通高校以新的机制和模式试办独立学院管理的若干意见》的通知，全国各地都开始尝试独立学院的办学模式。新华学院2005年成立初期，面临的主要冲突是生存压力，这也是促使新华学院采取行为的动因。当时学院没有自己的土地，“学生只能寄宿在中山大学校区的宿舍（F4）”，学习和生活条件非常艰苦。测度变量环境动因的最终编码为生存压力。为了缓解生存压力，学院的主要行为较多倾向于公益性，同时更多采取探索战略。在这一阶段，董事会作为投资方出钱，中山大学出人力。新华学院的建设，包括校区建设、引进师资、引进管理和招收学生，每一步都和中山大学的人力投入密不可分，董事会在这一阶段的存在感很弱。因此，固有悖论中的公益性最终编码为“较多”，商业性最终编码为“较少”，以此来体现在独立学院成立初期组织行动的倾向。在与中山大学的合作中，经过该阶段的建设，新华学院在2011年年初步完成了运营能力的构建。新华学院的组织能力大部分都是在“母体”学校的支撑下构建的，因此，探索战略比利用战略多，围绕着第一阶段求生存的战略主线运作。因此，新华学院第一阶段战略变化的特征可以归纳为以探索战略为主、利用战略为辅，核心在满足教育的公益性。材料的编码过程和结果如表4－6所示。

表 4－6 相关概念及典型例证

概念	解构变量	初步编码	典型例证	条目数（条）	最终编码
环境动因		生存压力	学生的学习和生活条件非常艰苦，没有自己学校的校区	18	生存压力
固有悖论	公益性	校区建设	并购广州南粤专修学院，是为了扩大学校的规模	2	较多（8）
		引进师资	吸引学生的一方面就是老师都是从中山大学请过来的	1	
		引进管理	新华学院的中、高层领导是从中山大学聘请的	3	
		招收学生	第一批学生的招收在补录阶段进行，一天完成招生 885 人	2	
	商业性	股份制	董事会 60% 股份，中山大学 40% 股份。其中，董事会 20% 的股份要用来校园建设	1	较少（1）
建构悖论	利用战略	资本运营	学生学费和董事会投资，是学院建立初期的主要资金来源	6	较少（15）
		师资力量	比如说新华学院的优势就在于师资力量	1	
		结合实践	从战略管理开始，然后学生分组去企业里考查。看企业内部能力与外部环境，给企业作个诊断，写出一个企业的战略规划	4	
		基础设施	地面上全是尘土，出门的时候都必须要戴上口罩，条件非常艰苦	4	
	探索战略	运作资本	新华学院是广东东宝集团与中山大学合资建立的	5	较多（27）
		科研能力	软件还不错，至少可以共享“985 院校”中山大学的部分学术资源，诸如查阅中外文献	2	
		实践能力	学校与企业合作有几十家	1	
		师资力量	学校的老师基本上都是中山大学的老师	6	
		品牌效应	学生选择新华学院的主要原因就是中山大学的品牌	10	
		管理能力	新华学院的院长和系主任都是中大的老师	3	
战略变化		引进	以探索战略为主，利用战略为辅，核心在满足教育的公益性		

综上所述，在探索战略阶段，新华学院在面临生存压力的环境动因时，会倾向于采取公益性倾向的行为，更多地考虑独立学院作为教育机构的社会责任和功能，并会因此让步和损失一定的商业利益，探索战略多于利用战略，如图4－1所示。如果能长期持续经营，随着独立学院的发展商业性水平提高，独立学院教育水平的提高有利于招生和融资，进而促进学校商业利润的提高。同时，商业利润的提高也会进一步促进独立学院公益性的投入水平，形成良性的循环系统。但是，探索战略的比重较大使得建构悖论冲突凸显。建构悖论的冲突凸显会影响新华学院的发展，也会影响固有悖论的平衡。从现象上说，组织在主要使用探索战略的同时只注重公益性，就会造成入不敷出的情况。投资者作为商人的本性则需要得到利润方面的回馈，这时候固有悖论的冲突会逐渐变显著，影响组织对环境的适应性。此时固有悖论和建构悖论都会逐渐出现冲突，进而推动组织改变战略以适应环境。

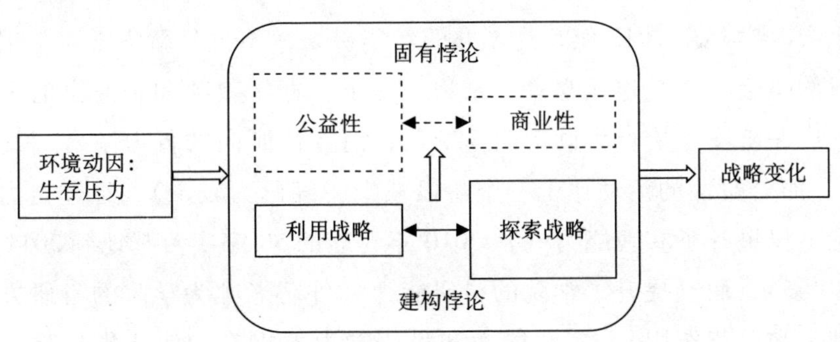

图4－1　探索战略阶段

4.2.4　第二阶段：利用战略

新华学院战略变化的第二个阶段是2011—2014年，本章将其界定为利用战略阶段。这一阶段学院不仅进一步完善学院的基础建设，另外发现并构建了自己的一些独有的资源和能力。学院进一步扩张自身的能力体系，并对现有的人脉资源进行拓展。学院的师资力量不仅从“母体”学校获得，还从其他高校和国外引进，如建立教授机制，首批聘请袁驰平、李正华博士为教授。董事会通过合作伙伴等，增强校企联合，为学生打造更大的实践平台。另外，学院通过与学生的家长构建联系，在学校投资和学校学生就业方面找到了新的出路。这一阶段新华学院构建出对学生实践能力培养的优势，逐步降低对“母体”学校的依赖，开始通过利用战略开发自身已有的资源和潜力。

2011 年东莞校区一期工程完工，新华学院正式有了本校的教学和办公地点，这也成为学院进一步发展的基础。随着竞争对手的增多，如何快速实现发展成为新华学院亟待解决的问题。环境动因根据条目内容归纳编码为发展压力。新华学院在这一阶段尝试拓展人脉圈子以及构建自己的教师团队。从学生拓展到学生家长，从教师拓展到教师相关的教师和企业家，以此来获得融资机会以及提升新华学院的融资水平。如 F1 访谈中说“学校开家长会一般是为了让家长和老师一起为学生未来的发展打基础，但是我们学校可能会多一个原因，那就是吸引更多融资的可能性（F2）”。董事会以及学校老师，也通过自己的关系为学校引进教育资源以及校企联合的实践机会。学院于 2013 年 5 月创办的新华讲坛，不仅是新华学院学生和老师学习的机会，也是连接学者、家长、学子、青年教师和企业家的平台和纽带。这一阶段学校行为倾向明显变化，商业性倾向的行为激增（编码为较多），而公益性的活动比上一个阶段减少（编码为较少）。经过努力，新华学院不仅提升了实践能力（从 2010 年建立的 50 家实习基地到 2011 年提升到 80 家），而且提升了学院的科研能力（外聘老师为学院的科研方面作出了带头和示范作用）。实践能力和科研能力的提升，使新华学院可以应对环境变化并构建自己可以掌握的内部资源。同时，新华学院还没有完全离开中山大学的支撑，其部分师资力量、品牌、管理人员等都是新华学院的外部资源。组织的战略以建构和开发自身资源为主的利用战略为主，相较于第一阶段的 15 条增长到 42 条，探索战略从 27 条减少到 24 条。因此，材料编码利用战略为激增，探索战略为减少。第二阶段战略变化归纳为“以利用战略为主、探索战略为辅”，核心是弥补组织的亏损实现营利。材料的编码过程和结果如表 4－7 所示。

表 4－7　　相关概念及典型例证

<table>
<tr><th>概念</th><th>解构变量</th><th>初步编码</th><th>典型例证</th><th>条目数（条）</th><th>最终编码</th></tr>
<tr><td colspan="2">环境动因</td><td>发展压力</td><td>院领导想要发展自己的特色专业</td><td>10</td><td>发展压力</td></tr>
<tr><td rowspan="5">固有悖论</td><td rowspan="2">公益性</td><td>招聘教师</td><td>建立教授机制，首批聘请袁驰平、李正华博士为教授</td><td>1</td><td rowspan="2">较少（2）</td></tr>
<tr><td>校区建设</td><td>东莞校区于 2011 年一期落成并迎来首批学生</td><td>1</td></tr>
<tr><td rowspan="3">商业性</td><td>结构调整</td><td>院领导有学校的股份，思维上也会变得倾向于商业化</td><td>2</td><td rowspan="3">较多（7）</td></tr>
<tr><td>校企联合</td><td>创办新华讲坛，包含学者、家长、学子、青年教师、企业家系列，增强了学校与其他高校、企业之间的合作</td><td>3</td></tr>
<tr><td>融资拓展</td><td>召开学生家长会的隐含目的是融资</td><td>2</td></tr>
<tr><td rowspan="14">建构悖论</td><td rowspan="7">利用战略</td><td>运作资本</td><td>学生的学费是学院运营的资金来源</td><td>4</td><td rowspan="7">激增（42）</td></tr>
<tr><td>师资力量</td><td>学校一部分是中大的老师，另一部分是学院招聘的年轻教师</td><td>7</td></tr>
<tr><td>科研能力</td><td>外聘老师带本校的老师作项目、发文章，提升科研能力</td><td>5</td></tr>
<tr><td>结合实践</td><td>在学生大一、大三都有就业指导课，安排专门的班导老师</td><td>11</td></tr>
<tr><td>管理能力</td><td>学校教学内部管理程序更有条理</td><td>5</td></tr>
<tr><td>品牌吸引</td><td>每一年招聘会的时候都邀请媒体进行报道来扩大自己的影响力</td><td>2</td></tr>
<tr><td>基础设施</td><td>机房设施软件配备种类多，针对不同专业、不同课程有不同课室</td><td>8</td></tr>
<tr><td rowspan="7">探索战略</td><td>师资力量</td><td>从其他高校和国外引进教师</td><td>3</td><td rowspan="7">减少（24）</td></tr>
<tr><td>家长论坛</td><td>2013 年 5 月创办的新华讲坛</td><td>3</td></tr>
<tr><td>运作资本</td><td>想办法吸引更多融资的可能性</td><td>2</td></tr>
<tr><td>科研能力</td><td>天然的科研优势，更加靠近 985 “母体”学校中大，更容易接近学术大师，进行有效的学术交流</td><td>2</td></tr>
<tr><td>实践能力</td><td>2011 年，新华学院先后在近 80 家企业、事业单位、政府机构建立实习基地，增强学校对学生实践能力的培养</td><td>8</td></tr>
<tr><td>管理能力</td><td>新华学院的院长和系主任都是中大的老师</td><td>1</td></tr>
<tr><td>品牌效应</td><td>中山大学的牌子对学生的吸引力很大</td><td>5</td></tr>
<tr><td colspan="2">战略变化</td><td>开发</td><td colspan="3">以利用战略为主、探索战略为辅，核心是弥补组织的亏损实现营利</td></tr>
</table>

综上所述，新华学院在成长压力的环境动因下完成了初步适应环境、形成自己的特色和能力时，会倾向于采取商业性倾向的行为，更多地考虑如何在更小的成本下获取更高的利益。天然的固有悖论中行为倾向的变化，可以调节组织建构悖论的冲突。如图 4－2 所示，组织更多地通过固有悖论中的商业性行动承接环境动因的发展压力，此时利用战略较多，以此来消化、吸收上一阶段通过探索战略吸收的知识和资源。由于调整后的战略构成方式不一定能弥补组织公益性的流失，因此，连接“利用战略 > 探索战略”的箭头是虚线。这时候，如果独立学院能够意识到公益性的重要性，则能形成良性循环。新华学院利用战略的增加会促进独立学院公益性的提升，因为新华学院科研能力和实践能力的提升有助于培养更多对社会有用的人才，进而提升学院对学生的吸引力，提高对外部资源的吸引力，形成良性循环。也就是说，建构悖论从探索战略向利用战略的调整，有助于固有悖论的平衡。但是如果只专注固有悖论中的商业性，那么商业性的行为产生的能力可能会弥补不了公益性的损失，造成固有悖论的冲突变得显著。固有悖论冲突会让建构悖论也没办法达到稳定状态，只能继续调整促使固有悖论恢复稳定，进而推动组织进一步发展。

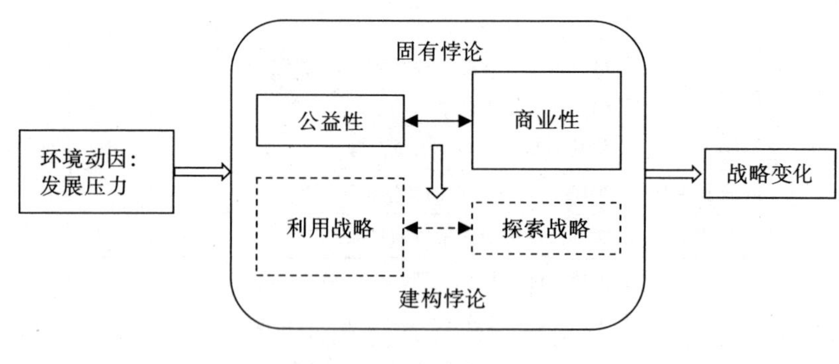

图 4－2　利用战略阶段

4.2.5　第三阶段：双悖论协调

新华学院战略发展的第三个阶段是 2014—2017 年，本章将其界定为双悖论协调发展阶段，也就是固有悖论和建构悖论协调发展的阶段。这一阶段学院的内部构成发生了较大的改变，进一步降低了对“母体”学校的依赖，基本实现了独立学院的“独立”。教师方面不再完全倚靠其“母体”学校中山大学，而是形成了稳定的教师团队。这个教师团队也给学院带来了新的发展机遇和社会关系。另外，董事会对学院的掌控增强，不再只是单纯的资本提供者，而是更多地融入学院的日常管理中去。新华学院毕业的学生开始反哺学校，其校友会从一定程度上对学校的建设和招生有积极的影响，增加了学院能力的积淀。由此可以看出，第三阶段学院已经逐步形成了自己的战略方式，固有悖论和建构悖论实现了协调和共赢，共同推动新华学院的可持续发展。

在经历了商业性倾向的行为试探后，虽然新华学院确实成功构建了部分能力，但是同时发现了一些问题：如经常出现在民营高校中的教师频繁跳槽的情况；社会对毕业生要求提升，学生就业高不成低不就；董事会对学院管理掌控能力不足等。“独立学院要面临的情况越来越复杂多变(F3)”，内、外部环境随时都在发生变化，因此，环境动因的最终编码为环境变化。为了应对这些变化，新华学院在对公益性和商业性的调整和平衡上做出了努力。学院在公益性方面努力的目标是提升学生满意度以及培养高素质人才，因此，学院在校区建设上持续投入；为了稳定师资力量，新华学院于 2014 年提升了本校教师的工资，且基本保证工资按时发放；另外，学校也尝试与其他高校，包括国外高校建立合作关系。在商业性方面，为了提高投资人对学校管理的掌控力，董事会将人员安置在各层级领导部门；为增强与企业的关系，学校与企业联合建立实训项目；通过各种方式拓展融资途径，如建立校友会等。新华学院在公益性和商业性的权衡上越来越灵活多变，固有悖论的两极没有明显的倾向性，而是随着环境的变化动态调节。因此，公益性和商业性的最终编码都是较多。组织固有悖论的公益性和商业性数量差异不再像过去一样明显，二者的最终编码都为“较多”；同时，新华学院的探索战略和利用战略都得到了显著提升，且在此过程中逐步形成了本校的特色专业，编码都为“较多”。战略变化归纳为利用战略居多，但是探索战略也在快速增加，学校意识到公益性与商业性之间的冲突并尝试使其平衡。材料的编码过程和结果如表 4－8 所示。

表 4－8　　相关概念及典型例证

概念	解构变量	初步编码	典型例证	条目数（条）	最终编码
环境动因		环境变化	环境变化很快，对学生的素质要求更高了	40	环境变化
固有悖论	公益性	提升工资	在 2014 年提升工资以后，教师跳槽的情况普遍减少	5	较多（13）
		校区建设	东莞校区现在还需要建图书馆、教师公寓等	5	
		高校联合	2015 年 2 月，麻省理工学院（MIT）通过了 Fab Lab XH 创客实验室为国际 Fab Lab 成员	3	
	商业性	结构调整	投资方将自己人插入领导团队，校长助理就和董事长有亲戚关系，各学院领导助理也有一部分是投资方的人	6	较多（16）
		校企联合	学校在实践方面作了很多努力，如“京苗班”、岗位合格证书等	6	
		融资拓展	校友会创办是融资的一条途径，用于学院的建设	4	
建构悖论	利用战略	科研能力	科研水平的提升有助于新华学院的排名提升	25	较多（241）
		资本运营	收入主要来源于新华学院学生的学费，也来自家长捐赠、商业合作、校友会捐款等	17	
		师资力量	学校现在重视教师科研水平，专门请了中大的老师在搞科研和写论文的时候带着学校的老师	38	
		结合实践	2015 年，国内首个“中国大学生产学研创新创业实训基地”在新华学院揭牌，学生实践能力培养更上一层楼	64	
		管理能力	设置了勤工俭学岗位以及各种锻炼工作能力的岗位	18	
		品牌吸引	近几年对外的知名度日益提高	28	
		校友会	经常性请优秀毕业生回来开讲座、讲经验	5	
		基础设施	交通方面改善，公交路线增多	46	

续表

概念	解构变量	初步编码	典型例证	条目数（条）	最终编码
建构悖论	探索战略	品牌效应	一些学生选择新华学院是因为中山大学的牌子	21	较多（88）
		师资力量	有从中山大学退休或者兼职的教师，师资力量优秀	21	
		家长论坛	学校开家长会一般是为了让家长和老师一起为学生未来的发展打基础	2	
		运作资本	想办法吸引更多的资金流入	1	
		科研水平	电子资源有很多，也很充足，有中山大学和国外一些大学的电子图书馆的资源，也有知网、幕课、超星等知名学习网站	11	
		实践能力	2015 年国内首个“中国大学生产学研创新创业实训基地”在新华学院揭牌，学生实践能力的培养工作更上一层楼	24	
		校外合作	和企业合作，企业提供资金，收取学生学费、学校商家的租金	6	
		管理能力	院长、系主任是中山大学的老师，但助理是董事会的	2	
战略变化		协调	虽然还是利用战略居多，但是探索战略也在快速增加，学校意识到公益性与商业性之间的冲突并尝试使其平衡		

综上所述，在探索战略和利用战略达到协调后，新华学院对公益性和商业性倾向的差异不再明显。如图 4－3 所示，组织灵活的协调探索和利用战略应对环境变化，由此体现的公益性与商业性已经不能区分哪一种更多。也就是说，在固有悖论的公益性和商业性的动态平衡过程中，新华学院对探索战略和利用战略的平衡也摸到规律了。为了更好地适应多变的环境，组织一方面要借助外部资源通过探索战略引进外部资源，另一方面要通过利用战略挖掘自身潜力、发展自身能力。通过固有悖论打通探索战略与利用战略之间的通道，实现二者的协调共赢。但是，如果组织对固有悖论不能很好地把握，如学院现在虽然规模不断扩大但仍然能听到很多对基础建设投入过少不满的声音，这时候就会使建构悖论失衡。因此，随着环境的变化，固有悖论与建构悖论之间的平衡需要随之不断变化。

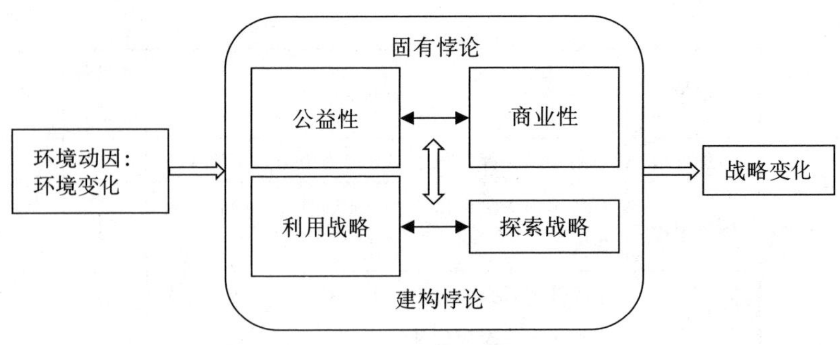

图 4－3　双悖论协调阶段

4.2.6　案例发现与小结

从固有悖论和建构悖论两个维度对独立学院的战略变化过程进行考察，分析独立学院的行为倾向对战略变化和环境适应的影响机理，过程如图 4－4 所示。结果发现，固有悖论的选择倾向会影响建构悖论的选择。第一阶段探索战略时期，学院面临的主要环境动因来自生存压力，新华学院通过对中山大学的依附获取能力，损失了商业主体对营利的需求。此时新华学院对固有悖论的倾向是公益性。第二阶段是利用战略时期，学院面临的主要环境动因来自发展压力，新华学院通过开发内部资源和能力实现发展，牺牲作为高等院校一定的教育公益性。此时，新华学院对固有悖论的倾向为商业性。第三阶段是双悖论协调时期，学院面临的环境动因是环境的多变。新华学院逐步减少对“母体”学校中山大学的依赖，形成了自己的教师团队，并加强了对学院的掌控力。为了更灵活地应对环境的变化，新华学院应对冲突时不仅在公益性和商业性中寻找到了平衡，还在探索战略和利用战略中找到了平衡，以此来实现组织的可持续发展[288]。

研究还发现，在独立学院的战略变化过程中，固有悖论和建构悖论互相协调、缺一不可。在第一阶段探索战略时期，独立学院通过引进外部资源维持学校的运营，并同时专注公益性。如新华学院在引进中山大学教师的同时，让中山大学教师引导并带领本学校的老师学习和提升科研能力，这就是通过建构悖论调节固有悖论冲突的过程。在第二阶段利用战略时期，独立学院总体倾向于固有悖论的商业性，通过开发和拓展已有的资源、关系等，夯实运营能力并构建学校独有的能力，同时弥补部分公益性的损失。此时不仅建构悖论调节固有悖论，固有悖论的变化也有助于建构悖论冲突的缓解。第三阶段双悖论协调时期，独立学院构建了自己适应环境的战略变化的节奏，虽然不能再如前两个阶段一样明确区分探索战略或者利用战略占优，但是建构悖论与固有悖论相互协调的过程还是存在的。如学校的师资力量，可以通过利用战略培训本校教师提升，也可以通过探索战略，促进本校教师认识同领域的其他老师和团队，为组织带来新的合作机会，建构悖论的两种战略共同提升固有悖论中公益性的比例。此时新华学院的战略不再是某一种战略占主导，而是固有悖论与建构悖论互相协调，共同促进独立学院战略的变化与组织的发展。

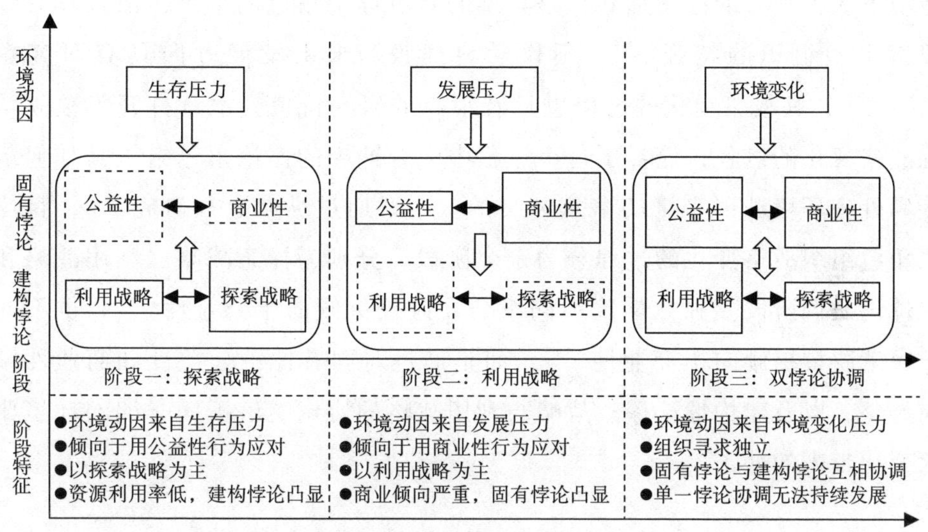

图4-4　双悖论组织战略变化过程模型

混合冲突的衍生组织作为通过“母体”组织“产卵”诞生的组织，具体表现如下：一方面可以通过更小的成本获取母体组织相关的资源；另一方面却对母体组织有依赖性[276]；同时，这些衍生组织在制定和实施战略时要同时兼顾社会责任和组织营利两个方面。这些具有悖论角色且具有依赖性的组织战略是如何变化的，成为本章感兴趣的问题。独立学院作为中国情境下独有的办学模式，是高等教育中重要的组成部分，也是具有

“天生”公益性和商业性悖论角色组织的典型案例。本章从独立学院公益性和商业性的悖论角色出发，基于悖论理论和战略变化理论，通过对典型混合冲突型组织中山大学新华学院 2005—2018 年战略演化的过程遵循“动因—行为—结果”的逻辑进行分析和归纳，得出了如下主要结论：悖论角色组织战略变化的过程是固有悖论与建构悖论互相协调的过程。当悖论角色组织持续倾向于固有悖论的一极（如公益性或商业性）并出现冲突，灵活地调节建构悖论的探索战略和利用战略可以缓解这种冲突。同理，对固有悖论的调节也可以缓解建构悖论的冲突。这一研究对悖论理论和战略变化的理论都有一定的贡献。

本章推进了中国情境下独立学院战略变化的研究。独立学院作为中国情境下一种独有的办学形式，是典型的具有悖论角色的组织，而且具有一般衍生型组织的特征[276]，不仅学科建设、未来发展方向具有研究意义[289,290]，其战略变化的过程也具有很高的研究价值。本章打开了独立学院战略变化的过程，诠释了这个过程中混合冲突的悖论角色组织是如何承接和处理环境动因带来的多重冲突的。本章通过纵向过程研究[291]，将悖论角色组织战略变化的过程分为三个阶段，分别为探索战略、利用战略和双悖论协调阶段。独立学院不同于公立院校更倾向于公益性[284]，也不同于民营院校更倾向于商业性[281]，而是通过对固有悖论公益性和商业性倾向调整，以及建构悖论探索战略与利用战略的协调缓解不同时期的环境要素变化带来的冲击。

4.3 本章小结

本章主要探索悖论冲突与战略变化的关系。研究过程通过两个逐步深入的问题展开。第一，悖论冲突对战略变化过程的影响。通过对攀钢集团的纵向研究，本章将战略的建构悖论分为诱导战略和自主战略两种。基于对这一对悖论战略在攀钢集团战略变化历程中不同阶段的侧重分析，归纳悖论战略的调整与战略变化的关系。第二，固有悖论与建构悖论如何共同协调影响战略变化的过程。选取具有悖论角色的新华学院作为研究对象，通过对其固有悖论（公益性和商业性）与建构悖论（探索战略与利用战略）的协调过程分析，探索两种悖论的协调与战略变化之间的关系。在第二个研究探索了新华学院的建构悖论（探索战略与利用战略）与战略变化的关系，与东方汽轮机有限公司中行动层面的悖论（探索战略与利用战略）是一致的，因此，不再单独对东汽的建构悖论与战略变化的关系进行重复研究。通过以上两个研究，得到以下结论：

（1）战略变化是战略目标逐步清晰的过程，也是潜在冲突逐步累积的过程，部分累积的冲突会在下一个战略发展阶段爆发。组织的战略变化过程同时由环境和内部的冲突驱动，环境会驱动冲突从潜伏到显著地变化，冲突的变化直接作用于组织战略变化的过程。组织在响应冲突的过程中战略逐步聚焦成新战略，呈现出战略变化的结果。

（2）建构悖论之间的交互正向作用于组织的战略发展进程。在组织陷入困境时，自主战略和诱导战略的冲突和转化频率增加，以寻找突破现状的途径，推动组织战略由困境阶段逐渐转向应对阶段。组织发展越来越好时，自主战略和诱导战略的冲突和转化频率放缓，诱导战略成为主导，使组织战略由应对阶段逐渐转向强化阶段。随着环境变化，诱导战略不能解决组织面临的新问题，自主战略和诱导战略的冲突和转化频率增加，自主战略成为主导，组织战略由强化阶段逐渐转向困境阶段变得不明确。

（3）组织战略变化的过程是固有悖论与建构悖论互相协调的过程。当混合冲突型组织持续倾向于固有悖论的一极（公益性或商业性），会造成固有悖论冲突的显著，促进战略变化的出现。灵活地调节建构悖论的探索战略和利用战略可以缓解固有悖论的冲突。同理，对固有悖论的调节也可以缓解建构悖论的冲突。如果固有悖论与建构悖论能够互相协调，那么战略会随之稳定变化，促进组织对环境平稳、快速的适应。

第 5 章

战略变化过程的“潜过程”

上一章对战略变化过程中的悖论冲突作用过程作了详细的分析，本章将对战略变化过程中的潜在过程进行研究。本章通过对东汽六个关键事件的战略变化过程打开，探索组织认知与组织行动在战略变化过程中的变化规律，打开战略变化看不到的“潜过程”。接着，本章以长虹不连续战略变化过程为研究对象，探索认知、行动和“战略场域”在不连续战略变化中的特征。

5.1　战略变化的“潜过程”

组织战略变化最显著和可观测的表现就是战略规划的变化。战略规划变化之下是什么推动了战略变化的过程？本章采用关键事件路径法和纵向案例研究法，对东方汽轮机有限公司 1966—2018 年的战略规划变化过程中的关键事件进行了研究，建立了一个战略变化之间“潜过程”的阶段模型。研究发现，战略变化的过程同时受到认知变化和行动倾向变化的影响，当组织认知和组织行动的变化发生“共振”时，更容易实现战略阶段的跨越。以上发现可以帮助研究者和实践者更好地理解战略变化的过程，拓展了认知视角对战略制定和实施环节的认识，细化了悖论双元行为与战略变化的因果逻辑关系的研究。

5.1.1　研究背景

战略是一个组织不可或缺的重要成分。正如周长辉[292]对战略是一种“东西”的界定，有战略的时候其他东西都比它重要，没有战略的时候找到它是当务之急。无论当前制定的战略在以后的实施中是否发挥作用，组织都会不断寻找和构建自己的战略。随着时间的推移，组织很多过去的经历已经很难考证，留存下来的多是已经成型的战略相关文件。作为组织管理工具中应用最广泛的战略规划[293]，就是体现当时组织战略的重要形式。但是，多数情况下组织都会在战略实施的过程中偏离最开始规划中的内容或方向，使连续时间的战略规划内容出现断层。如何才能打开这些战略规划断层潜在的过程？

在 Mintzberg[5,294]将战略的内容从静态的内容提升到动态的过程后，学者们对战略过程的研究开始呈现出多元化的特点，但对于组织战略过程的“黑箱”究竟该如何打开，已有研究但尚未形成统一认识[295]。基于经典过程模型[296]的战略过程研究被批评降低了战略过程中“黑箱”的位置，所以很难衡量战略过程真正的进度[295]。但是，新标准的引入会使战略过程的分类更加复杂，不利于形成对战略过程统一的概念和认知。战略变化过程是战略过程的特殊表现形式。如何在不增加战略变化过程分类复杂性的前提下，同时实现战略变化过程“黑箱”的完全打开，是本章寻求理论创新的重要出发点。认知视角对战略的研究强调管理者对组织情境的诠释。该视角中一个关键假设是环境不是客观的，而是由管理者构建并通过认知表现出来的[6]。管理者认知是由知识结构、核心信仰、因果地图和图示决定的[297]。所以，决策不再是理性思考的结果，而是与组织嵌入的情境密切相关的输出。尽管组织层面的认知构建已经有了一些研究[298]，但是没有更深入地探讨组织层面认知与行动的变化规律对战略变化的影响。另外，在既有的对战略变化过程的研究中，Rajagolalan 和 Spreitzer[6] 明确提出管理认知直接影响管理行动，管理行动通过学习影响管理认知[6]。但是对于不同情境下，管理认知与管理行动交互的内部机制如何打开，其变化对战略变化过程是如何影响的，需要新的理论框架进行分析和解释。

综上所述，为了回答“显性战略规划变化之下的潜过程”这一关键问题，本章选择发展时间较长的东方汽轮机有限公司作为研究案例，通过将影响战略变化过程的每个关键事件以时间顺序进行事件内部和事件之间的过程分析，探索组织认知、组织行动和输出结果的变化规律。对显性战略规划变化之下潜过程的分析，为战略变化过程“黑箱”打开的研究从认知视角提供了一个理论框架。本章的研究成果可以为组织分析战略规划与战略实施之间的交互研究提供新思路，同时为如何推动战略的变化过程提供理论依据。

5.1.2 数据处理

在经过长期的数据收集过程建立数据库以后，本章采用关键事件路径法对东方汽轮机有限公司进行研究[59]。选择这种方法的原因一方面是从案例材料看，关键事件是推动组织发生战略变化的重要途径，组织发生较大程度的战略变化背后都有关键事件发生。根据 Eisenhardt[256] 从案例研究中得到理论的过程范式，围绕六个关键事件对东汽的文本材料和访谈数据进行数据处理[266,267]，步骤包括基础数据梳理、战略阶段划分与关键事件选取、核心概念选取、条目编码、分析关键事件，具体分析过程如下。

（1）基础数据梳理。在第一阶段的一手数据收集完成以后，研究小组成员已经对组织有了初步了解。根据已知的情况，按照时间顺序整合一手数据和二手数据，将组织的战略根据战略主线的主导价值观变化进行阶段划分。完成阶段划分后与企业高管进行沟通，确定阶段划分的准确性；同时，标记在后续研究中可能用到的描述和条目并做记录。

（2）战略阶段划分与关键事件选取。以组织战略的主导价值观的变化为标准，可以将东汽的发展分为四个阶段，分别为政策导向、自主研发、技术引进、市场导向。第一阶段为政策导向，在这一阶段组织的主导价值观为一切以政策为主，制定战略的核心原则是以政策为导向。虽然这一阶段不属于市场经济体制时期，没有完整的“企业”的概念，但是由于该时期形成了企业“以人为本”的理念，为后期的发展定了基调，因此，也作为一个战略阶段纳入考虑。在这一时期的企业战略规划和方针目标等文件中，会经常出现国家、政府、政策等关键字。第二阶段为自主研发，主导价值观为提高研发技术以促进企业发展。这一阶段企业面临的市场并不十分景气，企业为了生存和进一步的发展，结合自身资源和市场需求，通过自主研发的方式改进和提升技术。大型机组成为当时企业赖以生存的主要产品。第三阶段为技术引进，主导价值观为通过技术引进的方式迅速提升生产能力。当企业的技术发展水平跟不上行业平均水平且利润持续降低的情况下，企业尝试引进外企的先进技术。第四阶段为市场导向，主导价值观为迎合市场需求打造产品。这一阶段不仅企业的生产能力随着市场需求的增长不断提升，企业的技术提升方式也随着市场需求发生变化。如企业将技术的引进和研发相结合，有了新的技术创新和升级方式；结合我国市场的需求，企业对引进的技术进行二次创新等。东汽的战略变化阶段划分具体如表 5-1 所示。

表 5 – 1　　组织战略变化阶段划分

阶段	时间（年）	战略	内容	示例
阶段一	1966—1980	政策导向	以政策和政府的指导方向为准，进行规划和生产	• 政治工作是一切经济工作的生命线——“四五”规划 • 总的指导原则是“鞍钢宪法”五条原则，以大庆为榜样——“五五”“六五”十年规划
阶段二	1980—1990	自主研发	通过自主研发的方式，生产大机组以满足社会需求	• 全面提高素质，打好管理基础，狠抓产品开发——1987 年方针 • 加快发展大型发电设备，适应电力工业建设的需要——“七五”规划
阶段三	1990—2000	技术引进	通过技术引进和研发两种方式提高技术水平	• 转机建制调整结构，科技兴厂质量升级，加速技改狠抓管理，严格管理提高效益——1996 年方针 • 自主研发与引进先进技术相结合的原则，搞好科技开发工作——“九五”规划
阶段四	2000—2018	市场导向	以市场需求为导向，引进技术和制定生产规划	• 推进改革转机制，技术创新求发展，强化质量促精品，开拓市场增效益——2000 年方针 • 以市场需求为导向，辅以资本运营手段——“十二五”规划 • 深化改革谋发展，技术创新争市场——2014 年方针

综合组织战略阶段的划分及访谈的初步归纳整理，挑选对组织影响深刻的关键事件[299]。由于“十三五”规划缺失，不能研究“十二五”到“十三五”的变化，因此，剔除“十二五”期间的关键事件。按照时间顺序，以“里程碑事件、规定制度事件、危机事件”[300]的标准选取关键事件，将选取的关键事件与 4 个访谈对象（高管：总经理、副总经理及两位部长）沟通，在每个 5 年规划期间挑选出一件 3 次及以上访谈对象认可的影响深刻的关键事件[59]，删除两个及以下高管否定的关键事件，剩余 6 个关键事件。本章最后筛选出如表 5 – 2 所示的 6 个对组织战略规划影响较大的关键事件。由于关键事件的时长不一致，所以本章选取关键事件开始发生的时间作为分界线，之前 2 年作为事件前期的观测时段，发生期间选取分界线往后 2 年，事件后期为发生期往后顺延 2 年，以此消除时长对研究结果的影响。因此，每个事件的观测期为 6 年，观测时限相互重叠的时间以每个关键事件分别考察。

表 5 - 2　　关键事件基本内容

序号	时间（年）	关键事件	冲突	组织应对
1	1980	30 万千瓦机组	政府不允许企业自行开发技术，但是市场需要这个技术	反复联合员工向政府提出自主研发的申请，同时进行自主研发
2	1987	小产品	资源匮乏，企业没有订单	企业为生存生产菜刀、铁床、保险柜等小产品
3	1992	日立合作	与外企合作方式在合资和合作之间摇摆	选择了与日立合作以求更全面地获得技术
4	1998	机组改造	三年不开工政策，企业没有主营业务订单	新机组停产，选择用老机组改造方式获取利润
5	2003	产能外包	生产能力跟不上市场迅速膨胀的需求	企业主要关注技术和营销，其他外包
6	2008	地震恢复	地震使得企业生产活动中断	部分工作外包，政府扶持，激发“东汽精神”共同渡过难关

通过组织阶段的划分，可以得到企业战略变化的 3 个节点，分别为 1980 年、1993 年、2000 年。结合访谈将这 3 个时间点的事件进行总结，可以归纳出 3 个节点的关键事件分别为事件 1、事件 3、事件 4。另外，选取其他未造成战略变化的 3 个事件作为对比事件。根据关键事件的标准[300]选取的 6 个关键事件分别为 1980 年 30 万千瓦机组、1987 年生产小产品、1992 年与外企日立合作、1998 年的老机组改造、2004 年产能外包、2008 年地震重建。按照时间顺序对事件进行排序，本章选取的关键事件基本内容如表 5 - 2 所示，其中，事件 1、事件 3、事件 4 使组织战略发生明显转向，也就是发生不连续战略变化的关键事件，而事件 2、事件 5、事件 6 是未对战略转向发生明显作用，但是让组织印象深刻的对比事件，也就是连续战略变化的关键事件。

将发展阶段与关键事件相结合，可以得到如图 5 - 1 所示的关键事件与组织战略变化的过程图。下面的研究将在核心概念的基础上，寻找不同关键事件的共同规律。

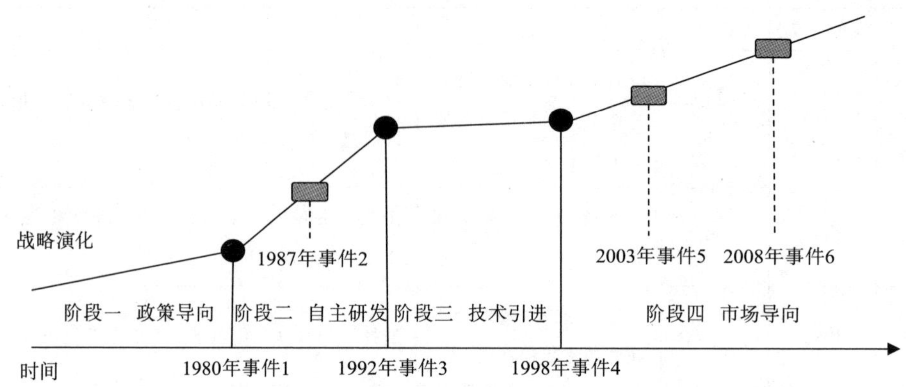

图 5-1 关键事件与组织战略演化

（3）核心概念选取。认知视角下的战略变化过程研究把重心放在战略制定和战略决策的形成过程上，对于战略实施以及战略制定和实施之间的关系却较少提及。战略的发展和演化过程往往需要将战略制定和实施综合考虑，才能更全面地揭示战略变化过程。在战略实施过程中，战略变化是由关键事件的发生导致的。那么，关键事件发生之前，组织对事件相关的信息是如何处理的；关键事件的发生是如何影响战略变化过程的；在事件发生之后，组织如何对新的环境进行认识进而制定战略，就都是很有价值的研究问题。基于以上讨论，本章将战略规划的相关内容归类到战略制定的概念中，将战略规划之间、组织实施战略的过程中发生的关键事件归类到战略实施的概念中，尝试通过组织认知和组织行动的交互对战略过程进行分析，以解释显性战略规划之间看不到的“潜过程”的演化机理，如研究框架图 5-2 所示。

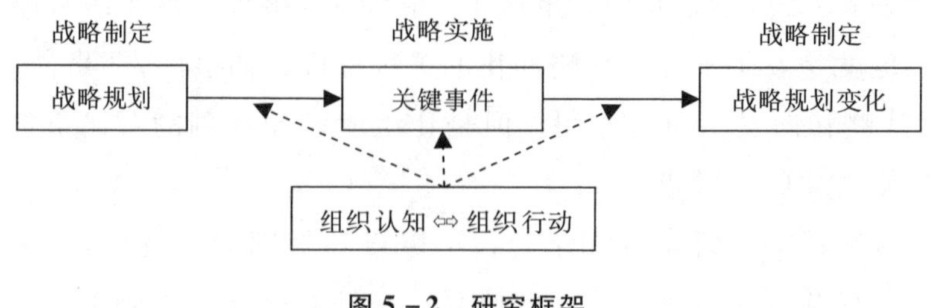

图 5-2 研究框架

由于本章的核心问题定位在认知视角下战略变化的过程研究，因此，本章以认知视角下战略变化的过程逻辑[6]为基准选择了 3 个关键概念：

（1）组织认知。组织认知是由个体认知，对情境的社会心理认知、组织结构，以及更广泛的社会、经济和文化环境塑造的认知组合而成的，是组织内的成员共享的假设和信仰，共同的组织文化和认同[43]。组织认知体现在，综合环境条件与组织条件后形成的指导组织现有行动的基本价值观和意图。战略变化过程的特点是组织认知结构的一致性变化和重新调整[301]。本章通过战略规划的内容体现当期组织对环境/组织条件的认知和判断，通过具体制定的战略判断组织的战略方向，本章选取环境和战略认知两个维度测度组织认知。

（2）组织行动。组织行动是指组织的个体、群体或组织本身从组织的角度出发，对内源性或外源性的刺激所作出的反应[44]，也是在组织认知的指导下，应对环境条件/变化或企业条件/变化时采取的行动。由于战略变化可以由管理层主导并影响其他人，或者由较小的变化放大产生[1,302]，因此，这里的组织行动不仅包含组织层面的战略行动，还包括管理层的决策过程，以及对战略内容有较大影响的部门的行动。组织行动概念的解构变量是探索战略和利用战略，这种初步范畴的分类标准源于组织的双元性[303,304]。

（3）战略变化。战略变化根据视角的不同具有多种定义方式，本章将其定义为：随着时间的推移，组织在主要战略维度的资源配置上所进行的调整和变化[48]。本章中将战略变化与绩效输出相结合，通过战略变化后的输出结果测度战略变化。输出结果是组织以现有的认知与行动和环境交互后输出的结果，在不同的研究中对输出的定义都是不一样的，如组织绩效、规模、生产效率。本章探索的是战略规划变化的“潜过程”，因此，本章的输出与规划和环境紧密相关，特指当期战略与情境的匹配程度[6,107]。为了将输出结果的测度与环境区分开，结果中选取的条目要与关键事件的内容密切相关。如在机组改造的事件中，判断环境不利于生产主营业务产品归属于组织认知概念中对环境的判断，而老机组的改造服务创造利润就归属于输出结果。表 5 - 3 列举了上述编码过程中涉及的概念、解构变量、关键词和条目统计。

表 5-3　　战略变化潜在过程解构方式及定义

潜在过程	解构	定义		支撑文献
组织认知	环境	组织关注的内、外部环境和组织自身的稳定情况	由个体认知、对情境的社会心理认知、组织结构，以及更广泛的社会、经济和文化环境塑造的认知构成的，是组织内的成员共享的假设和信仰，共同的组织文化和认同	Lant 和 Shapira[43]
	战略认知	组织成员之间形成的对战略主要目标一致或不一致的认知		
组织行动	探索战略	组织通过开发不属于自己掌握的外部资源和条件以应对环境变化，是一种基于外生性能力与资源的战略过程	组织的个体、群体或组织本身从组织的角度出发，对内源性或外源性的刺激所作出的反应	张爱卿[44]；Raisch 和 Birkinshaw[216]；Andriopoulos 和 Lewis[202]
	利用战略	组织通过将自己掌握的现有资源充分开发、提高利用率以应对环境变化，是一种基于内生性能力与资源的战略过程		
战略变化		随着时间的推移，企业在主要战略维度的资源配置上所进行的调整和变化		刘鑫、薛有志[48]

（4）条目编码。根据 Eisenhardt[256] 从案例研究中得到理论的过程范式，围绕 6 个关键事件对文本材料和访谈数据进行编码[266,267]。人工编码步骤包括 3 次编码过程。第一次编码是数据缩减过程中对初始材料的编码，删减与研究问题无关的条目，合并相似的条目，使材料更加聚焦于研究问题[287]。筛选得到的条目一共包括 920 条的一级条目库，包括 162 条访谈描述，678 条事件客观描述要点，31 条年度战略方针和 39 条主观归纳。

第二次编码在一级条目库的基础上，与具有相关知识的团队成员两人分别独立地围绕需要测度的概念进行二次编码，将条目放到相应的解构变量中去。由于本章是围绕关键事件展开的，因此，条目也要按照事件发生前、事件发生时、事件发生后的顺序进行归类。经由两人同时编码一致的条目才能放入相应的概念或者解构变量中，对意见不一致的条目，经由研究小组讨论后确定放入的条目库或者删除。例如，材料中有条目“就技术合作、市场开拓等共同关心的话题进行了沟通与交流”，基于认知概念的定义可以看出，组织中进行的“沟通”和“交流”活动与组织的认知相关，因此，将其归类到认知的概念中，并按照行动发生的时间顺序插入关键事件的总条目中。又如，材料中有条目“工厂与山东潍坊电厂签订机组合同”，“签订”合同属于组织在运作过程中的运营管理行为，因此，将其按照时间顺序归类到行动的概念中。经过该环节，剔除了 6 个条目，最终留下 914 个条目。

第三次编码是对每个概念和变量的总体特征进行比较和特征归纳。如在事件 1 发生时，探索战略和利用战略相关的条目都有明显数量和种类的增加，那么可以将事件 1 事件发生时的探索战略和利用战略归纳为“较多”。

（5）分析关键事件，构建过程模型。基于对比逻辑将作为分析单元的关键事件过程进行解析[257]，探索组织认知与组织行动在战略场域影响下的交互规律，以及三者在不同程度的战略变化中起到的作用。对东汽的研究分为两个部分：第一部分分析东汽战略变化的潜在过程，使用组织认知、组织行动、战略变化作为核心概念进行解构，这里将环境作为组织认知的解构变量之一；第二部分研究使用组织认知、组织行动、战略变化和战略场域四个核心概念对战略变化的过程进行分析，是针对战略场域的研究，需要展开对战略发生的环境进行分析，因此，不再将环境作为组织认知中解构变量的一部分。最后，基于材料与文献之间反复的对比，构建对理论与实践有贡献的过程模型。

研究数据揭示了关键事件推动战略规划变化，同时也是战略变化的过程，本章称之为“潜过程”。根据战略规划变化过程中关键事件的时间顺序（时间前、事件中、事件后）将“潜过程”分为三个阶段：潜伏、激发和固化。下面本章将以认知视角下的组织认知、组织行动和战略变化为逻辑[45]，对关键事件的“潜过程”分别进行横向和纵向过程分析。

5.1.3　潜伏

在关键事件发生之前，企业大多数时候并不能准确预测到事件发生的时间和程度，因此，本章将关键事件发生之前的时间阶段称为潜伏阶段。通过对材料的编码，可以得到如表 5-4 所示的编码结果。组织认知的环境层面，引用语中多含有关键词能力提升、市场复苏、经济水平提升等对环境较为乐观的判断，编码结果为稳定。战略认知层面选取的引用语出自研究者归纳的关于战略主线的相关描述，通过组织内部关于当时战略主线的认知是否一致度量。如在“事件 1”机组研发中，总经理的表述“30 万机组这件事之前还没有系统的如何发展的想法，完成现有的订单就可以，处于摸索阶段”。可以看出，当时企业内对于战略的认知是一致的政策导向。通过对其他关键事件之前战略认知的考察可以看出，在潜伏阶段企业内对战略的认知都是一致的。组织行动层面的探索战略和利用战略通过条目数量进行测度，分别为 71 条和 68 条。条目数量以及描述内容都说明，在潜伏阶段组织行动主要是依照已有的惯例[305]和战略行动的，因此两种行动都被编码为常规。战略变化层面地输出结果是对发展情况的测度，主要观测企业当时与关键事件相关的成果以及企业发展情况。如在“事件 6”地震重建中，在潜伏阶段地震还没有发生时，企业已经在进行文化的持续建设，这是“潜过程”的潜伏阶段对后续事件发生之前的一种经验和潜在力量的积累。战略变化的编码结果为能力积累。

表 5-4　　　　潜过程的潜伏阶段编码范例

概念	解构	条目（条）	关键事件典型引用语范例						编码结果
			机组研发	小产品	日立合作	机组改造	产能外包	地震重建	
组织认知	环境	13	那个时期基本上没有战略可言，国家会安排生产多少生产什么 M8	研发能力提升，企业将大型机械制造作为战略写入新的规划中 N6	国民经济水平提升，60 万千瓦和 60 万千瓦以下的机组的技术水平相当 M2	通过性能考核实验，生产能力与上汽、哈气三足鼎立 M1	市场复苏，社会需求上涨，不开工政令解除 M6	完成主营业务资产整体股票上市，管理能力提升 M9	稳定
	战略认知	22	政策导向 N1	自主研发 N1	自主研发 N1	技术引进 N1	市场导向 N1	市场导向 N1	一致

续表

<table>
<tr><th rowspan="2">概念</th><th rowspan="2">解构</th><th>条目</th><th colspan="6">关键事件典型引用语范例</th><th rowspan="2">编码结果</th></tr>
<tr><th>（条）</th><th>机组研发</th><th>小产品</th><th>日立合作</th><th>机组改造</th><th>产能外包</th><th>地震重建</th></tr>
<tr><td rowspan="2">组织行动</td><td>探索战略</td><td>71</td><td>计划进行大机组的自主研发和设计 M2</td><td>领导确定“作行商，吃杂粮，创品牌，争大上”战略方针，探索新发展路径 N11</td><td>1985 年企业已经在实验对外合作，当时和西门子谈合资谈了很多年 M2</td><td>1992 年和 1993 年就发现老机组改造的商机，开始进行前期准备 M3</td><td>市场开始变好，企业产能不足，寻找创新的方法提升产能 N41</td><td>在汉旺产生了不靠天时地利，只靠突破自身限制发展人和的文化 M4</td><td>常规</td></tr>
<tr><td>利用战略</td><td>68</td><td>按照政府的要求生产产品，提高生产水平 M9</td><td>提高对自身生产能力的认识 M5</td><td>调整技术引进的方式，以求更全面的掌握吸收 M1</td><td>老机组改造的服务工作实施很顺利 M5</td><td>为了能跟上市场，要提高引进技术的速度 M5</td><td>文件中记载的地震只有一次，是小概率事件 M8</td><td>常规</td></tr>
<tr><td>战略变化</td><td>输出结果</td><td>10</td><td>小机组持续生产，大机组研发实现起步 M3</td><td>仍然按国家下发的订单进行生产，收入稳定 M4</td><td>1988 年首台出口整机订单签订，业务范围扩展 M1</td><td>持续进行老机组升级改造业务 M2</td><td>引进国外先进技术，技术水平快速提升 M7</td><td>企业文化和氛围的持续建设和提升 M5</td><td>能力积累</td></tr>
</table>

通过对变量的编码结果进行梳理，可以得到如图 5－3 所示的“潜过程”的潜伏阶段过程图。在图 5－3 中，方框内分别是对关键概念的描述；圆圈内是组织行动和输出结果的变量编码结果，其大小表示相关描述的数量；箭头表示影响的因果关系逻辑。“潜过程”在潜伏阶段，组织认为环境是稳定的，6 个关键事件中的战略认知都是一致的。在此基础上，组织的行动没有明显的倾向，探索战略和利用战略都与过去的惯例区别不大[1,306]，且二者同时存在。从对关键事件的相关描述可以看出，潜伏阶段的输出结果是对关键事件应对的能力积累。如“事件 4”发生前就已经在实施机组改造的服务，虽然没有作为主要利润来源，但是在事件发生后起到了决定性的作用。从组织行动可以看出与输出结果的互相促进，组织认知并没有对输出结果有反馈。由此可以看出，战略变化中起重要作用的创新的能力或者行为在潜伏期是潜在的、不被组织感知的，它们只是辅助组织持续发展、扩展业务或者活动。

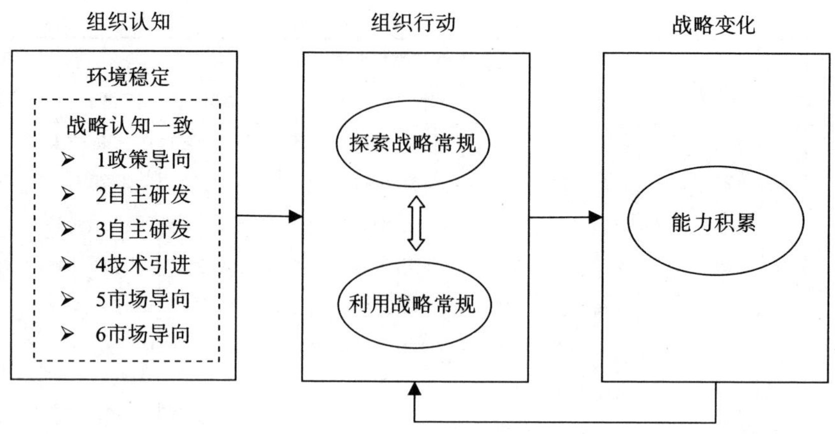

图 5-3 潜过程的潜伏阶段

5.1.4 激发

关键事件的发生通常是由外部或者内部环境的变化触发产生的，本章将组织集中在关键事件上应对的时期称为激发阶段。通过对材料的编码整理，可以得到如表 5-5 所示的编码结果。在组织认知层面，对环境的描述包含了与变化相关的关键词，如冲突、不利、井喷、瘫痪等，因此，环境的编码结果为动荡。此时的战略认知开始出现两种倾向，一种是思考后维持已有的战略主线，另一种是考虑其他途径的战略能否打开新的思路，所以在战略认知的编码上出现了一致和不一致两种结果。战略认知的不一致可能是由事件触发的，如在“事件 4”发生时，计划统计部的员工描述“虽然关注市场的效果当时没有表现出来，但是战略层面上的倾向已经很明显了”，政策干预使组织考虑战略从技术引进市场的转变；也可能新战略过去就存在于战略当中，经过激发阶段后相应的战略开始显现，如“事件 1”时期以政策导向为战略主线，但是大型机组的研发在 20 世纪 80 年代早期就已经写入战略规划当中。组织行动层面探索战略和利用战略的条目明显增多，分别为 125 条和 121 条。从明显增多的数量和相关内容可以看出二者在“潜过程”的激发阶段有增加，但是数量看不出明显差距，因此，两种行动的编码结果是较多。输出结果层面描述的两个主题一个是组织的快速发展，如“事件 1”机组研发、“事件 3”和外企日立的合作、“事件 5”产能外包使组织生产能力的大幅度提升，另一个是顺利度过危机，如“事件 2”度过了资源匮乏阶段、“事件 4”度过了主营业务利润减少的时期、“事件 6”地震后生产基地重建。因此，输出结果的编码结果为快速发展和度过危机。

表 5－5 激发阶段过程编码范例

概念	解构	条目（条）	关键事件典型范例						编码结果
			机组研发	小产品	日立合作	机组改造	产能外包	地震重建	
组织认知	环境	77	政府对技术引进的要求与企业研发战略相冲突 M3	国家没有下订单，资源匮乏，经济形势不利 M8	市场需要的技术水平越来越高，经济复苏需求增长 M8	订单变少，主营业务收入减少 M4	电力设备市场“井喷”，用电量持续增长 M3	整个企业的生产运作一下陷入了瘫痪 M9	动荡
	战略认知	65	政策导向与自主研发 N1	自主研发与？N1	自主研发与技术引进 N1	技术引进与市场导向 N1	市场导向与？N1	市场导向与？N1	一致；不一致
组织行动	探索战略	125	厂长顶住了国家不让研发和被罢免的压力，发展企业的研发 M8	企业为开拓市场范围维持生存，如餐桌、菜刀、折叠椅等 M2	与日立合作引进技术，组织创新建立专门的办公室负责这方面事情 M2	开发企业和联合国的一个援助项目，取得了他们的资金支持 M7	转换生产方式，低附加值的部分产能外包，高附加值的作不完也要外包 M3	突破了过去对企业文化的认识不是为了弘扬东汽精神，而是自身一种感情 M5	较多
	利用战略	121	充实企业文化，厂领导提炼了十六字的东汽精神 M5	不要迷信市场，要提升和挖掘企业能力 M2	改进技术合作方式，更好地吸取核心技术 M11	调整企业生产模式，提供创造利润更多的可能性 M3	抓住和优化企业核心的技术和市场 M8	深化东汽精神的建设和完善，凝练了新的十二字精神 M4	较多
战略变化	输出结果	13	30 万千瓦的机组完成研发并以计划经济的方式安排下去了 M3	企业通过小产品生产度过了最艰难的时期 M4	企业和日立经过很长时间完成博弈，选择了更全面地获得技术 M2	老机组改造让企业效益在那个时期比其他同行领先了一步 M5	外包让企业提升了生产力，无形中扩大了企业的规模 M8	企业很快度过危机完成了重建，并且投入了生产 M2	快速发展；度过危机

通过对变量的编码结果进行梳理，可以得到如图 5－4 所示的“潜过程”激发阶段过程图。其图示含义与图 5－3 相同。潜过程在激发阶段，

三个层面的特征与潜伏阶段明显不同。在认知层面，组织认为环境是动荡的，战略认知有一致和不一致两种变化倾向。在行动层面，不同关键事件的组织行动没有明显的区别，探索战略和利用战略同时存在，且都表现为数量的明显提升。探索战略增多的方向是范围的扩展，企业开始寻找更多地途径获取支撑，如“事件 5”市场爆发后，生产能力跟不上市场需求，企业开始考虑哪些部分是可以和其他企业合作完成的，因此，出现了产品外包。利用战略增多的方向是程度的加深，企业更多地探索内部已有资源更多可能的利用方式，如“事件 2”资源匮乏时期，企业为了维持生存，利用现有的生产条件生产菜刀、铁床、保险柜等小产品。不管这些行动是有意识的，还是无意识涌现出的，就像在“事件 6”的地震时，现有的组织结构被打破，企业员工团结的精神被激发，认为“都不希望企业垮了，所以大家互相帮助。不是为了弘扬东汽精神，而是自身一种感情”。在战略变化的输出结果层面，快速发展和度过危机使企业行动得到了正反馈，二者互相加强。结果同时也会作用到组织认知层面，加强现有的战略认知，或者调整战略认知，都是与组织行动和输出结果同时相互作用和影响的。由此可以看出，战略变化中组织认知是影响战略方向和进程的根本，探索战略和利用战略的活跃促进这一过程的进展。

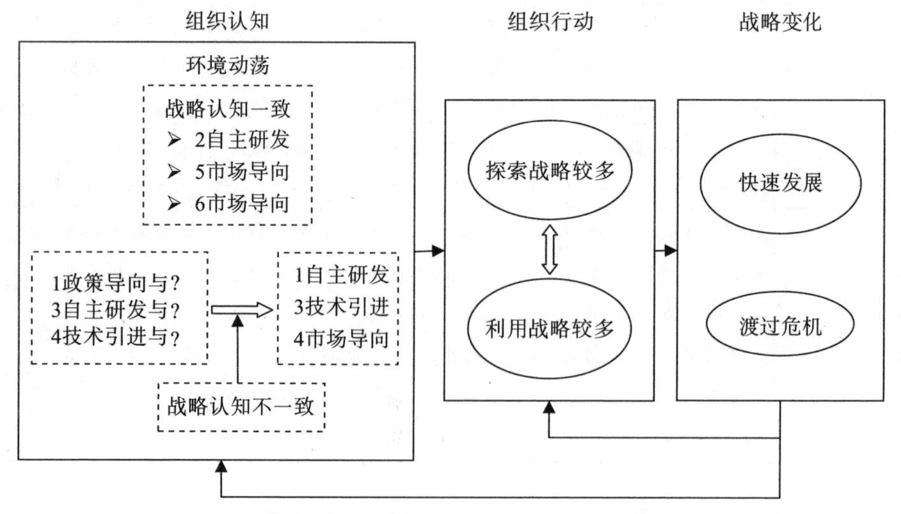

图 5－4 “潜过程”的激发阶段

5.1.5 固化

在关键事件发生之后，组织开始将注意力转移，将关键事件带来的影响融合到新的战略阶段，我们将关键事件发生之后的时间阶段称为固化阶段。本章对固化阶段的研究聚焦关键事件结束后连续两年的文本和访谈资料，通过对材料整理编码，得到如表 5－6 所示的编码结果。组织认知的环境层面，描述关键事件的条目关键词回到与潜伏阶段相近的描述，如经济形势好、经济增长速度加快、发展快和效益提升等，对环境编码为“稳定”。战略认知体现在战略规划和访谈中没有出现争论、冲突的情况，因此编码结果为“一致”。组织行动的两个解构变量与潜伏阶段出现差别，分别为 133 条和 92 条。探索战略的描述条目与激发阶段相差不大，大于固化阶段利用战略的条目。在访谈中企业管理部人员描述，“为抓住市场扩大企业规模，东汽进行了很多次收购和兼并，有些后期并没有带来利润”，说明在关键事件过后，企业会受到成功结果的影响进行较多战略探索，最大限度开发这一阶段的利润。输出结果主要体现在两方面：一是平稳发展；二是隐患。东汽总经济师针对“事件 6”地震重建后期的描述是：虽然重建工作很快完成了，但是后地震时期给企业带来的影响被很多人忽视了。

通过对变量的编码结果进行梳理，可以得到如图 5－5 所示的“潜过程”的固化阶段过程图，图示含义与图 5－3 相同。潜过程的固化阶段，组织认知与潜伏阶段类似，组织对环境的认知都是稳定的。在稳定的环境中，战略认知也逐步统一，形成一致的战略主线。在组织行动层面探索战略比利用战略多，是因为在激发阶段输出结果的成功带来的快速发展使组织对相应战略下的行动有信心，而且在稳定的环境下，组织会提升相应的认为正确的探索战略，使可以得到的利润实现最大化。在此作用下，战略变化的输出结果在当时看是平稳发展，但是有些事件却为后来的发展埋下了隐患。这些隐患在当时并没有显现出来，所以对组织认知和战略行动都没有明显影响。平稳发展也促使组织行动的不均衡会持续一段时间才能回到常规。

表 5－6　　固化阶段过程编码范例

概念	解构	条目（条）	关键事件						编码结果
			机组研发	小产品	日立合作	机组改造	产能外包	地震重建	
组织认知	环境	53	30万千瓦机组试运行成功很大地提升了企业的生产能力 M9	宏观经济形势越来越好，订单也越来越多 M1	在我国历次五年计划中，经济增长速度最快、波动变化最小 M1	争取了更多的订单，这段时间的发展和效益比主要竞争对手好 M8	进入小康社会的全面建设期，开始实施现代化建设的第三步战略部署 M1	厂址迁到市区，居住环境和工作环境都发生了好的变化 M3	稳定
	战略认知	38	自主研发 N1	自主研发 N1	技术引进 N1	市场导向 N1	市场导向 N1	市场导向 N1	一致
组织行动	探索战略	133	在那之后企业将注意力转换到大型机械制造上 M3	小产品生产没再进行，但企业开始尝试拓宽产品种类 M1	研发和技术引进都不能丢，拓展更多的渠道引进技术 M4	企业试探了很多方式寻找获得更大收益的渠道 M1	市场爆发以后，转换发展方式，技术引进比重增加 M6	到了新的地方，很多需要适应和改变的地方 M7	较多
	利用战略	92	计划的制订变得更为全面，开始形成自己的模式 M2	经济形势好转后，生产活动就回到了过去的计划中 M4	市场换技术，东汽牺牲部分市场走技术引进的道路 M4	老机组改造后来盈利不多，但是一直持续了下来 M7	提高管理水平，充实技术方面的积累 M2	艰苦奋斗加快重建，优化结构应对危机 M2	常规
战略变化	发展情况	15	大型机组第一次成功实现研发，为后续发展打下了基础 M2	企业通过与小企业横向联合实现效益提升 M3	企业技术水平快速提升，外国技术人员影响了企业员工 M2	企业意识到市场的重要性，开始关注市场动向 M5	市场的爆发使企业规模迅速扩张 M4	后地震时期给企业带来的影响被很多人忽视了 M4	平稳发展隐患

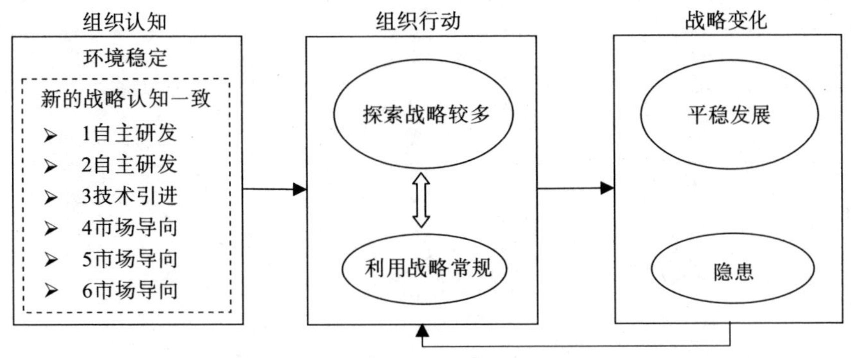

图 5-5 “潜过程”的固化阶段

5.1.6 “潜过程”

综上所述，本章将战略变化“潜过程”的三个阶段进行整理，可以得到如图 5-6 所示的“潜过程”的阶段模型。图 5-5 中虚线方框内是不同阶段组织认知、组织行动、输出结果的内在交互过程；实线方框分别是对关键概念的描述；箭头表示影响的因果关系；空心箭头表示互相转换的过程。该模型图描述了企业显性的战略规划变化之下，认知视角下“潜过程”中各概念和解构变量之间的交互和作用“潜过程”。

如图 5-6 所示，组织战略规划变化的“潜过程”主要包含三个阶段，分别为潜伏、激发、固化。潜伏阶段是在环境稳定且组织战略认知一致时，组织通过探索战略和利用战略适应环境，以此来积累环境变化时所需的能力。激发阶段是在对环境动荡的认知下，组织的战略认知被冲击，开始重新判断当前的战略是否合理，其结果可能是与之前的战略一致或者不一致。探索战略和利用战略都表现为明显增加，输出结果是快速发展或度过危机。激发与潜伏阶段最明显的区别是输出结果不仅对组织行动有反馈，对组织认知也有影响。随着时间的推演，组织关注的关键事件转移，“潜过程”进入固化阶段。组织对环境的认知回到稳定的状态形成一致的战略认知。探索战略较多，利用战略回到常规的数量和强度。由于组织认知不能及时根据环境发生变化，有些关键事件会在输出结果中埋下隐患。

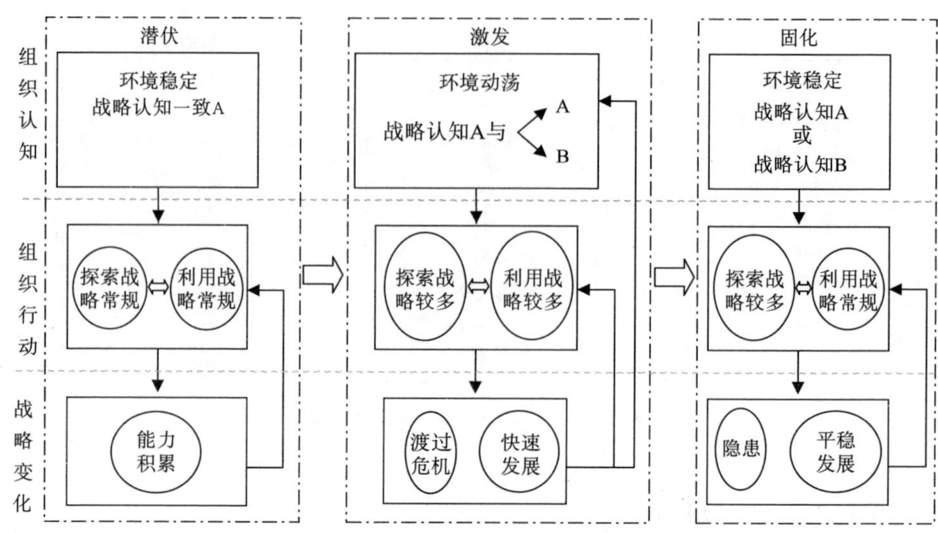

图 5-6 组织战略变化的“潜过程”阶段模型

5.1.7 认知、行动与战略变化

显性战略规划的变化期间，存在“潜过程”推动战略变化的过程。那么不同的战略认知和组织行动的交互是如何影响战略变化过程的？将战略阶段与6个关键事件纵向比较，事件1、事件3、事件4是影响战略主线方向的关键事件，而其他的关键事件都没有对战略主线产生影响。如图5-7所示，将东汽发展过程中6个关键事件的组织认知和组织行动以时间顺序打开可以看出，当组织认知层面的战略认知不一致同时行动增加时，才可能使战略阶段发生变化。只有组织行动的增加可以使组织度过危机或者在关键事件时期快速发展，并不能使战略阶段发生变化。也就是说，如果组织只关注探索战略和利用战略的平衡，是很难使组织的战略发生较大变化的。只有在调整行动的同时考虑现有组织认知是否需要调整，才能实现战略的颠覆性变化。

本章尝试从认知视角考查战略变化的过程，发现战略变化同时受到组织认知变化和行动倾向变化的影响，当认知层面和行动层面同时变化并发生共振时，可以促进战略变化阶段的跨越。下面以长虹集团为研究对象，进一步探索“潜过程”中认知和行动的特征，以及该过程中环境的作用过程。

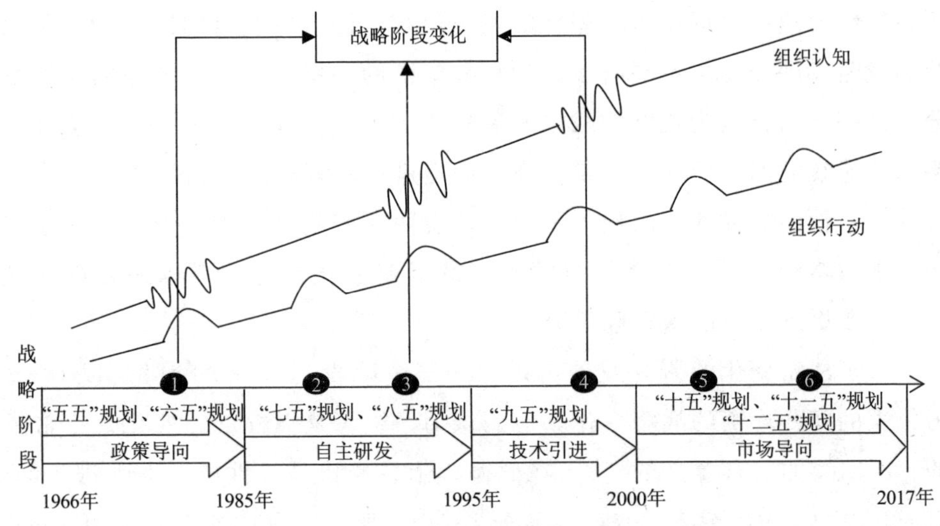

图 5－7　“潜过程”的组织认知与组织行动

5.2　不连续战略变化的“潜过程”

不连续的战略变化是组织适应动态变化的环境、实现可持续发展的关键。本章基于场域理论，通过逐层编码和纵向案例研究的方法分析长虹 1958—2018 年经历的三次不连续战略变化，以认知和行动的交互为主轴探索战略变化的过程。研究发现，组织认知和行动交互的变化推动战略场域的变化；战略场域的变化承载组织战略的变化；战略场域经过协同演化、震荡探索和核心聚焦三个阶段后完成不连续战略变化。本章通过将场域理论引入不连续战略变化的研究中，从交互的角度观察战略场域的变化过程，揭示了实现不连续战略变化的过程中组织认知与行动之间交互的规律，推进了将单个组织的场域作为整体进行研究的探索。

5.2.1　研究背景

在变化越来越快的环境中，组织的战略也需要随之不断发生变化。为了探究组织战略的发展过程，我们在进行访谈时通常会对管理者提问：您所在组织的战略发展经历了怎样的发展过程。访谈后获得的回答通常是组织的战略发展经历了不同阶段，如长虹集团的多位领导对企业战略阶段划分都是一致的，认为长虹的战略发展经历了军工立业、彩电兴业、多元战略和智能转型四个阶段。但是，当我们更进一步问到战略阶段之间的变化过程时，他们的描述就出现了不同。这说明在实践过程中，管理者对于如何实现战略的跃迁，也就是组织不连续战略变化跨越的过程还是缺乏共识，需要更进一步的探索和研究。

对于战略变化的研究发展可以分为三个阶段。第一个阶段是以 Lewin 为代表的间断均衡的战略变化。他们认为，组织是惯性的，变化是不常见的、不连续的、有意义的[170]。在此基础上，变化是线性的、不断进步的、目的导向的，包含解冻、变革、再冻结三个阶段[73]。第二个阶段是以 Weick 为代表的持续的战略变化。他们不再把战略变化看作突发的、可计划的，而是将战略变化看作在组织发展过程中不断存在、持续发生的现象[73,170]。第三个阶段学者们开始关注战略变化过程中出现的意想不到的结果。在战略变化的研究中，大部分视角都是通过描述行动与环境之间的相互作用来诠释战略变化的过程，如在理性视角下，战略变化是在定义公司目标的基础上有顺序、有计划地寻找问题最佳解决方案的过程[75,99]；在学习视角下，战略变化被看作一个迭代的过程，管理者通过一系列相对较小的、用来探索环境和组织的步骤来影响变化[6]。但是，现有研究发现，很多时候组织行动会带来意想不到的结果[2,101]。出现意想不到的结果的原因是组织的管理者对环境的认识是不同的[18,138]。因此，认知视角的出现成为行为和环境之间的“桥梁”。认知指导着行动作用于环境，而环境的反馈也会在经过组织认知分析之后体现在新的行动中。这说明在战略变化过程中，认知和行动二者之间是持续存在交互的。但是，战略变化的程度是如何受到组织的认知与行动之间交互影响的，却一直没有得到令人满意的揭示。

如果将认知和行动的交互放在组织层面进行分析，就仍然解决不了实际环境与认知中的环境存在差异的问题，而且又回到了将组织看作物化的、静止的存在的视角[307]。如何才能在环境、组织认知的环境、组织行动、组织战略之间构建连贯的逻辑？本章尝试通过场域理论的视角作为

“桥梁”。场域的定义是“相互依存的共存事实的整体”[29]，表现出将交互、关联看作研究对象的特征。对场域进行研究的学者也鼓励将其作为一个整体进行研究[20]。本章将场域的视角引入以战略场域作为分析单元。也就是说，本章将探索环境作用于场域，场域中组织经过认知后展开行动，反作用与其所在的场域，进而影响环境这一循环过程。本章将更清晰地从不连续战略变化的突破过程中发现组织的认知与行动的交互规律。

为了更深入地对战略变化的过程进行分析，本章选择纵向案例研究的方法[308]，具体表现如下：一方面可以更深入地对战略变化的资料进行收集；另一方面能够探索组织发展过程中场域的变化规律。基于对长虹案例以认知和行动的交互为主轴进行分析，本章的核心问题是：持续战略变化中，不连续的战略变化突破是如何实现的？本章将在以下方面做出贡献：(1) 将战略场域作为研究单元进行探索，推进了场域理论在战略领域应用的探索；(2) 基于对认知和行动交互的分析，打开不连续战略变化跨越过程的“黑箱”。

本章将战略变化作为组织的认知和行动交互产生的显性的结果。从认知视角出发，战略变化是组织的认知与行动在和环境的不断互动中推进的[6,309]；同时，基于场域理论，组织的行动是由组织认知的环境决定的[53]。本章将组织的认知与行动作为交互的核心，战略场域作为交互的承载，探索在不连续战略变化过程中组织的认知与行动的特征。研究框架如图 5－8 所示。

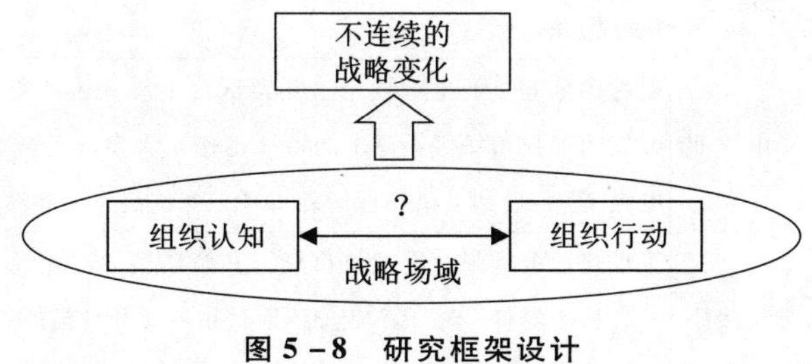

图 5－8　研究框架设计

5.2.2　数据处理

针对长虹集团的研究采用的数据分析方法为逐层编码，目标是探索不连续战略变化过程中组织认知与组织行动不同阶段的特征，并通过多种方法验证组织在不同的战略变化过程中认知和行动的交互规律。长虹集团的数据内容（见章节 3. 3. 2. 1）。具体数据处理过程分为两步：第一步，要对长虹集团的战略发展过程基于战略主线的不同进行阶段划分；第二步，打开战略阶段的跨越过程，探究不连续战略变化过程中长虹集团的组织认知与行动的交互规律。

（1）长虹战略阶段划分。在对数据进行编码之前，本章首先对长虹的战略发展过程进行阶段划分。基于多种资料来源互相佐证，本章将长虹的战略发展分为四个阶段，分别为军工立业、彩电兴业、多元战略、智能转型，具体战略内容如表 5 – 7 所示。其中，军工立业阶段虽然还未确立社会主义市场经济制度，没有明确“企业”的概念，但是作为长虹早期的雏形，这一阶段为长虹后期彩电兴业战略的确立定下了基调，因此，军工立业阶段也纳入不连续战略变化过程进行分析。从表 5 – 7 可以看出，四个战略阶段跨越的过程中，经历了三次不连续的战略变化，且每一次都有不同的特点。本章将通过分析这三次不连续战略变化的过程，对比和探索连续与不连续战略变化的过程中认知和行动交互的规律，以及每个阶段的特点。

表 5 – 7 长虹战略阶段划分

阶段	年份	特征	战略内容
一	1956—1976	军工立业	在艰苦的条件下实现建厂，按照政府下达的订单要求生产军工产品，后期开始接收厂家的订单，基于军工产品的技术尝试研发和生产收音机等民品
二	1976—2000	彩电兴业	引进国外先进的生产技术，并尝试自主研发生产彩电。在该阶段，长虹集团抓住市场供不应求的特征迅速扩大市场份额，成为国内的“彩电大王”。后期尝试拓展国外市场，并试制空调和冰箱
三	2000—2010	多元战略	不再将业务局限在电视机市场，开始拓展如冰箱、空调等其他家电业务、核心器件、军工产业等，通过拓展业务种类的方式扩大企业规模、国际化，以及等离子屏相关技术的引进
四	2010—2018	智能转型	重视技术研发和企业创新。在家电业务的基础上，增添网络化、智能化的功能；在核心器件的业务中，开发新技术；军工方面，进一步扩展军工产业的业务内容

第一次不连续战略变化是从阶段一（军工立业）到阶段二（彩电兴业）的转型，变化特点是顺势、聚焦。这次变化过程中组织认知和行动的

交互推动企业从指令性计划生产，向指令性、指导性计划和市场调节相结合，并以指导性计划为主的方向转变；企业从针对性的解决某几个问题，向将相关可利用社会现象引入自己的行动中转变。这一不连续战略变化使得长虹越来越适应当时的市场。

第二次不连续战略变化是从阶段二（彩电兴业）到阶段三（多元战略）的转型，变化特点是打击、转变。长虹在美国开拓国际市场的过程中遭遇了打击，对彩管的囤积战略失败，销售合作方“郑百文事件”的发生，都迫使长虹大幅度调整战略以追赶市场来改变现状。长虹不再只关注电视业务，而是通过关注更多业务扩大企业的规模。

第三次不连续战略变化是从阶段三（多元战略）到阶段四（智能转型）的转型，变化特点是追随。当社会上流行的屏幕技术的发展方向与企业选择的核心技术培育方向不一致时，长虹失去了市场优势，因此，只能通过跟随领先企业弥补亏损。企业从关注多元化的市场，转向关注市场潮流，如互联网、智能化和创新；企业从规模的不断扩张，转向如何更好地实现创新。长虹希望通过智能转型的战略引领企业发现新的增长点。

（2）材料编码。本章遵循质性研究的方法，对文本资料进行编码。具体的步骤包含以下 4 步：

第一步，4 位小组成员从材料中抽取与环境、组织认知和组织行动相关的所有条目，并将其整合。经整理共得到原始条目 658 条，其中，59 条来自一手资料，599 条来自二手资料。

第二步，第一次编码的目标是筛选与精简。两位有组织变革领域相关知识的小组成员，通过背对背编码的方式对上一步整理得到的条目进行第一次编码，具体包含两步。首先，提取每个条目的句子主干，方便进行下一步编码。如原始条目 633 条“液晶其实很早就在合作了。长虹当时是两边都要走，等离子是我们正儿八经掏了自己的钱在作的，液晶是跟着别人合资。我们找了几个合资企业，让他们把屏运过来，我们来进行生产。我们当时的举动其实是一个战略掩护，我们真实的战略举措还是等离子”，提取出来简化的原始条目 633 条成为“液晶是战略掩护，核心战略是等离子”。其次，根据新形成的简化版的原始条目提取条目的核心含义进行概括得到一阶观点，具有相似含义的观点合并为同一个一阶观点。若条目太多，则将其拆分出来成为新的条目。如“多元竞争”这一观点下有一部分只与组织如何开展新业务相关，因此，拆分出新的一阶观点“业务扩展”，将多元战略形成的相关条目放在“多元竞争”观点下，将具体实施的行动放在“业务扩展”的观点下。经过第一次编码，共得到一阶观点共计 34 个。

第三步，第二次编码是围绕组织认知、组织行动和战略场域展开的。战略变化是作为显性的结果表现出来的，承载组织认知和行动的战略场域是由组织的认知和行动一起构成的。因此，第二次编码由两位具有组织变革领域相关知识的团队成员分为两部分进行。第一部分的目的是围绕不同的不连续战略变化过程编码组织认知与行动，基于此来探索二者交互的规律。操作方法是围绕组织认知和组织行动两个核心，对一阶编码观点进行所属的认知或者行动的特征进行总结。如表 5－8 中所示，原始条目 623 条经过第一次编码后，得到一阶观点“研发收音机”，对其进行二次编码时，研发属于组织的行动范畴，而对于收音机的研发是基于以后的技术发生的行动，因此，我们将其编码为“行动：挖掘”。第二部分的目的是完成战略场域的编码，以通过对比不同阶段战略场域的变化，对战略场域的类型进行细分。在完成认知和行动的特征归纳后，在一阶观点的基础上围绕三次不连续战略变化分别归纳战略场域的特征。如第一次不连续战略变化中，一阶观点“企业化管理”“彩电大王”“市场导向”“独生子女策略”“民品聚焦电视产业”“降价开拓市场”“军品聚焦机载雷达”归纳起来可以总结出长虹集团的战略场域是“集中资源，彩电称霸”，这一描述体现出战略场域的特征是“场：稳定”，因为长虹集团此时已经对自己的战略场域有认知，并形成明确的战略目标和行动准则。通过第二次编码，共计得到二阶主题 9 个。

表 5－8　　编码示例

序号	原始条目	来源	阶段	一次编码	二次编码	三次编码
623	我们企业最开始是做电子军工、雷达的，在技术上跟无线电收音机有联系。所以相关的民品会作一些尝试	R13	一	研发收音机	行动：挖掘	协同演化

第四步，第三次编码：抽象过程，得出结论。在完成组织认知、组织行动和战略场域三类主轴的编码之后，开始进行第三次编码。第三次编码要围绕三次不连续战略变化的过程，以变化的时间顺序分别归纳整理战略场域、认知、行动所经历的变化过程。经过第三次编码形成3个三阶维度，分别为协同演化、震荡探索、核心聚焦。经过编码得到的数据结构如图5－9所示。

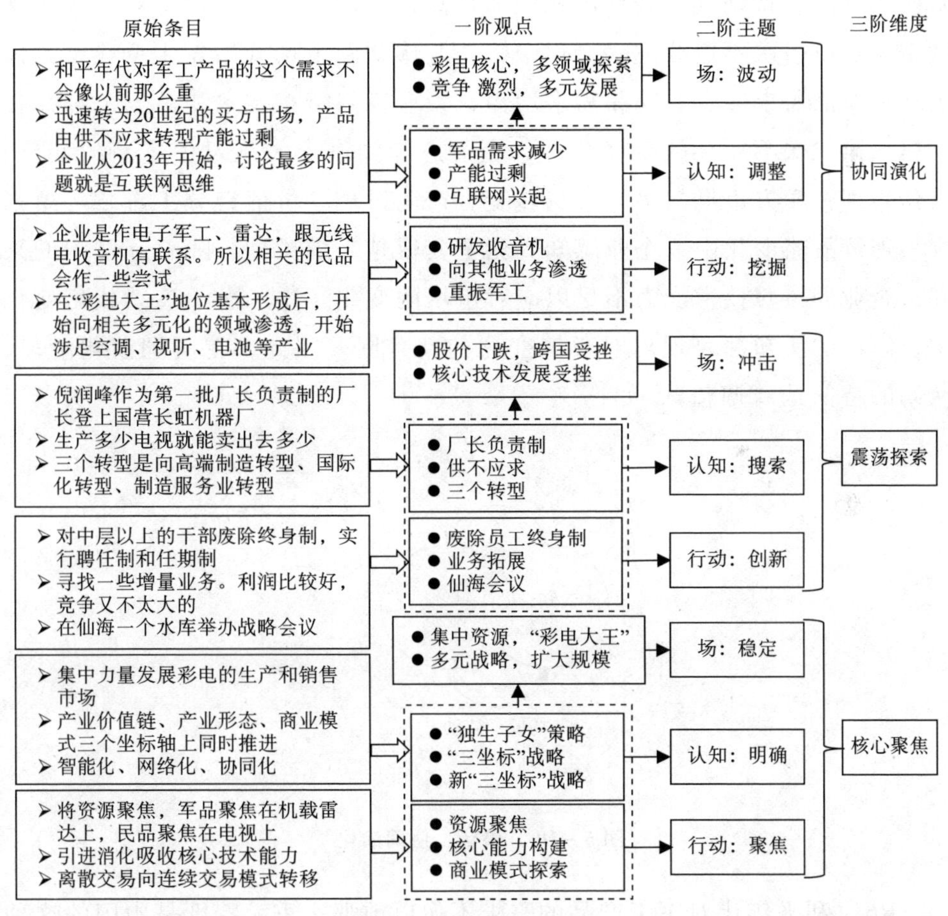

图5－9 数据结构

基于编码得到的结果，本章将通过对三次不连续战略变化过程的纵向[61]与横向对比[258,310]探索不连续战略变化过程中认知与行动的交互规律，分析战略变化、组织认知与组织行动、战略场域之间的作用机制。

5.2.3 潜伏：协同演化

协同演化阶段是指组织感受到环境开始变化，并随之调整战略的时期，也就是组织有目的、有计划地发生战略变化的阶段[173]。与东汽案例中战略变化的潜伏阶段一致，长虹集团的三次不连续战略变化在协同演化阶段的认知和行动变化表现出相似的特点，如图5－10所示。对于认知维度来说：第一次不连续战略变化中，企业认知到市场开始发生变化，具体表现在军品需求减少，民品需求增多，管理者判断在技术和市场上都存在空白。第二次不连续战略变化中，企业感知到供求关系发生了新的变化，具体表现在卖方市场向买方市场转变，产能过剩，价值链分工细化。第三次不连续战略变化中，企业感知到竞争变得越来越激烈，随着互联网的兴起，企业的核心技术能力不足以应对市场的变化。这三次不连续战略变化中，组织的认知都表现出对环境变化的新判断，因此，在协同演化阶段，认知的特征是"调整"，如：

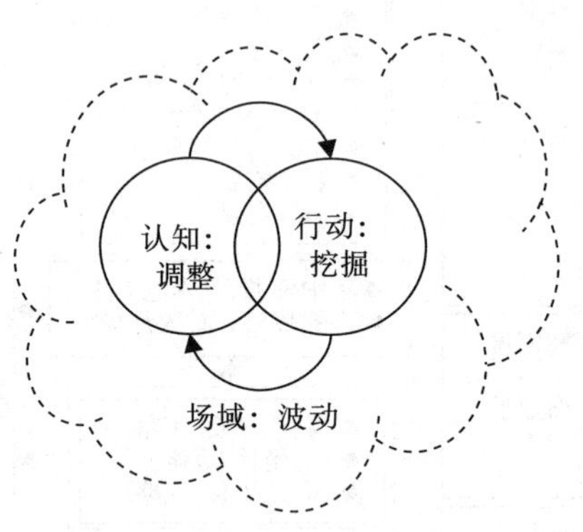

图5－10　潜伏：协同演化

R6"和平年代对军工产品的需求不像以前那么重。特别是中国的这种军工技术，长虹包括中国所有的军工企业，从建厂到现在都要靠自己。跟外方、外资去合资或者购买都是不可能的，所以只能靠自主创新"。

R8"21世纪初，中国家电产业市场的供求关系发生变化，由20世纪80年代末到90年代的卖方市场，迅速转为20世纪的买方市场，产品由供不应求变为产能过剩”。

R5“长虹产品很扎实，信念很强，但不是年轻的‘90 后’‘00 后’很喜爱的一个东西，但是话说回来，其实我们现在好多跟互联网加、移动互联网、物联网结合的东西，目的是提升年轻人使用的体验。如果年轻人不喜欢你的产品，不需要你的品牌，产品的品牌拉力会很小”。

对于行动的维度来说：第一次不连续战略变化中行动的核心仍然是和第一阶段军工立业保持一致，继续生产雷达，但是增添了收音机、扩音机等民品的研制；第二次不连续战略变化中行动的核心与第二阶段彩电兴业的战略核心保持一致，同时开始向空调、视听、电池等其他领域渗透；第三次不连续战略变化中行动的核心与第三阶段多元战略的核心保持一致，在完善产业布局的基础上，填补技术核心缺乏的短板。这三次不连续战略变化中，组织的行动都是围绕原有的战略的核心，谨慎地向相关领域扩展，意在挖掘企业更多的可能性。因此，在协同演化阶段，行动的特征是“挖掘”，如：

R13“我们企业过去作电子军工、雷达，跟无线电收音机有联系。所以相关的民品会作一些尝试”。

R6“那个时候人们结婚叫新三件、老三件。老三件就是自行车、缝纫机，还有收音机，新三件就是电视机、电冰箱……和人们的物质生活密切相关，是改革开放初期人们对物质生活最基本的需求和渴望。我觉得这就是市场的这种导向导致了这个企业要去快速的提供高质量的产品”。

R5“在民品方面，长虹实施‘独生子女’战略，集中有限资金发展龙头产品彩色电视机，通过‘滚雪球’的方式，积累资本强大经济实力，待‘中国彩电大王’地位基本形成后，开始向相关多元化的领域渗透，开始涉足空调、视听、电池等产业”。

战略场域是由认知和行动共同决定的[19]。在协同演化阶段，第一次不连续战略变化的场域是市场变化，保军转民；第二次不连续的战略变化的场域是彩电核心，多领域探索；第三次不连续战略变化的场域是竞争激烈，多元发展。三次不连续战略变化中，场域虽然有波动，但是都是平稳、缓慢的转变。因此，在协同演化阶段，战略场域的特征是“波动”。

综上所述，在潜伏的协同演化阶段，认知调整和行动挖掘的交互形成波动的战略场域，推进组织战略的连续变化。

5.2.4 激发：震荡探索

震荡探索阶段指的是组织受到某种意料之外的冲击，主动寻找抓住机遇或者应对危机方法的时期。与东汽案例战略变化过程中的激发阶段一致。长虹集团的三次不连续战略变化中，震荡探索阶段受到的冲击存在差异，但是应对突变的方法和过程却存在共性，如图 5－11 所示。对于认知维度来说：第一次不连续战略变化中，1979 年开始实行厂长负责制后，组织内成员非常活跃，市场的开放也使得机会开始涌现；第二次不连续战略变化中，长虹的国际化进程受阻，领导换届，长虹尝试改变战略寻找出路；第三次不连续战略变化中，长虹在显示产业中核心显示器件布局受挫，长虹通过多次举办战略会议寻找发展方向。这三次不连续战略变化中，长虹在组织认知层面都感受到了巨大的冲击，急需寻找过去企业没有走过的新的战略途径。因此，在震荡探索阶段，认知的特征是“搜索”，如：

R6“那个时候国家的金融开放，有很多的商业银行已经出现，允许国有银行商业化的运作，所以那个时候允许银行开银行承兑汇票，承兑汇票的出现，其实给了我们搞代理制一个很大的机会”。

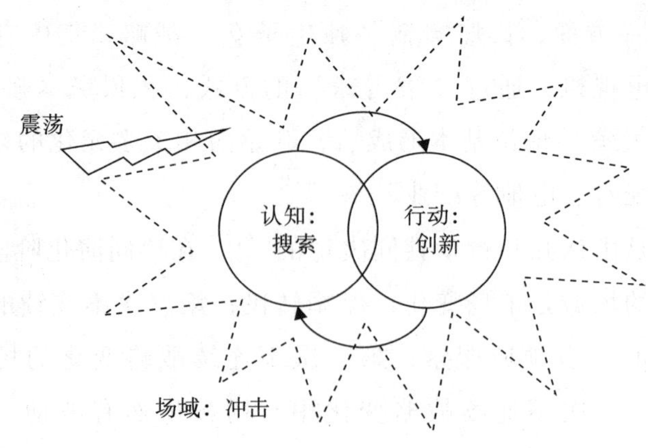

图 5－11 激发：震荡探索

R6“实行厂长负责制以后，给厂长赋予了很高的自主权利。我们如果用一个正式工，各方面成本都很高，于是我们开始用劳务工，实际上现在叫农民工，因为生产线已经基本上已经形成了一个自动化的套路了，那就可以用一些简单从事劳动的劳动密集型工人作一些基础性的操作，对质量对品质也没有多大的影响，再加上他们的这种培训、规范的管理等，成本会大幅降低”。

R12“转型最早提出来的时候不是叫制造服务业转型，是叫三个转型。就是向高端制造转型、国际化转型、制造服务业转型这三个转型，但现在我们更聚焦的称其为制造服务业转型”。

对于行动维度来说：第一次不连续战略变化中行动的动机是抓住机遇，长虹集团通过引进生产线、调整组织结构、实行聘用制等行动抓住机会占领了彩电市场；第二次不连续战略变化中，长虹的新领导上任带来了新的发展思路，卖出部分配套产业，拓展业务市场，使企业规模迅速扩大；第三次不连续战略变化，是企业不仅受到外部互联网经济的冲击，内部核心技术的构建也没能赶上领先地位，所以通过开会、探索手机等新产品和市场、组织结构调整等方式寻找出路。这三次不连续战略变化中，长虹在组织行动方面都表现出非常积极应对环境变化的趋势，尝试过去没有涉及过的领域和管理模式。因此，在震荡探索阶段，行动的特征是“创新”，如：

R3“在组织结构上，把原来的直线型组织结构转化为以产品为核心的事业部制或职工公司制，实现由‘火车头’到‘联合舰队’的组织转型”。

R10“打破‘铁饭碗’，废除干部终身制，在制造和服务系统推行基于劳动合同制的‘临时工’‘农民工’用工制度。通过用工的制度的优化组合，形成长虹公司干部能上能下，员工能进能出，优胜劣汰的用人机制”。

R1“在能力建设方面，公司整合资源和能力，打造智能研发、智能制造和智能交易三大赋能平台，提升公司关键价值链环节能力”。

结合认知和行动的特征观察不连续战略变化中，震荡探索阶段战略场域的变化过程：第一次不连续战略变化中战略场域是供不应求，军民结合；第二次不连续战略变化中战略场域是股价下跌、跨国受挫；这一阶段长虹经历了多次挫折和打击，在跨国上经历了“APEX 事件”的冲击，在销售渠道上由于30%的代理权集中在郑百文的公司上，“郑百文事件”的发生给长虹的销售带来了巨大的冲击，每股收益不断下降。第三次不连续战略变化中战略场域使核心技术发展受挫。可以看出，震荡探索阶段，由于环境的变化和冲击，企业无论是认知还是行动，都有较大的变化。因此，震荡探索阶段的场域的特征是“冲击”。

综上所述，在激发的震荡探索阶段，认知搜索和行动创新的交互直接冲击战略场域，推动组织战略的探索。

5.2.5 固化：核心聚焦

核心聚焦阶段指的是在组织经历过一段时间的实践以后，逐步构建出较清晰的战略目标和行动的时期。与东汽案例战略变化过程的固化阶段一致。在经历过这个阶段以后，组织战略会在思维模式和知识体系上进行调整[311]。长虹集团的三次不连续战略变化中，核心聚焦阶段虽然形成的战略内容不同，但是明确战略的过程却有相同的特征，如图5－12所示。对于认知维度来说：第一次不连续战略变化中，长虹提出自己要实施“独生子女”的策略，全力围绕市场发展彩电产业；第二次不连续战略变化中，长虹的领导提出了“三坐标”战略，围绕每个坐标轴构建了较为完善的战略计划；第三次不连续战略变化还没有完全结束，所以战略的内容也经历了多次的修正，但是较为公认的是“新三坐标”战略的说法。这三次不连续战略变化中，长虹在认知上都逐渐使自己的目标更加清晰，并以此为基准制定出企业的发展战略。因此，在核心聚焦阶段，认知的特征是“明确”，如：

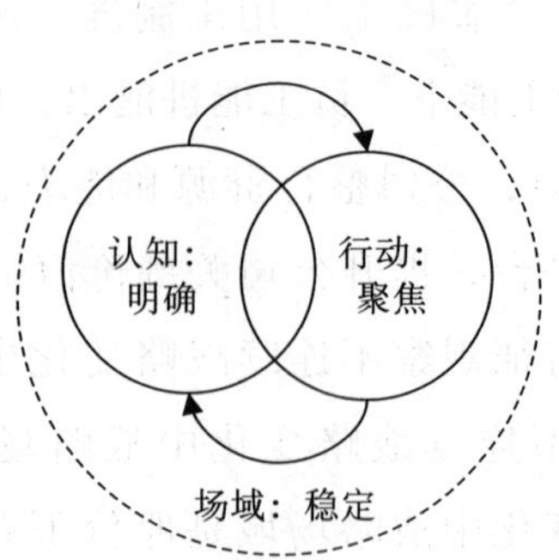

图5－12 固化：核心聚焦

R10“长虹 2004 年以前，都是奉行的‘独生子女’政策，我们那个时候的年报利润里 85% 都是彩电，彩电就是我们的‘独生子女’”。

R1“为应对市场和产业环境的变化，长虹于 2004 年提出三坐标战略，在价值链、产业形态和商业模式三个方向同时设定需要完成的目标”。

R2“并不是外部的环境变化导致组织战略改变，而是基于认知，回想一下我们当初为什么会提到‘三坐标战略’，为什么会提出不连续战略变化？其实是因为董事长认为，环境发生了变化，他想寻找未来的机会点在哪个地方，或者关键的矛盾点，或者我们遇到的什么问题，没有解决的那个坎”。

对于行动维度来说：第一次不连续战略变化中，行动的目标明确，聚集资源扩大彩电的市场；第二次不连续战略变化中，是在“三坐标”的战略思想牵引下，从多个角度实现企业的全面发展，但是由于实践过程中的一些问题，有些角度的实现并不理想；第三次不连续战略变化，对于长虹的员工来说这次的转型还没有完全结束，但是已经凝练出智能转型的战略，整体的行为是倾向于模仿和追赶行业内的领先技术，进一步完善产业布局。这三次不连续战略变化中，长虹在组织行动方面表现出逐渐变清晰的目的性，集中资源以达成目标。因此，在核心聚焦阶段，行动的特征是“聚焦”，如：

R10“1989 年那个时候我们国家价格体制管理是很严格的，计划经济‘铁板’一块的，企业没有自主定价权。厂家去降价，尤其是老的市场，很多企业不服去上告国家部委，后来国家部委又组织了很多媒体、专家学者来讨论，后来全国讨论，结果是长虹这是一种市场行为”。

R2“在产业形态方面，通过集成创新，寻求战略合作，向信息家电、IT 通信等产品转移，朝 3C 融合发展，完善产业布局”。

R5“原来的产品是基于销售的产品，我们把这些产品联系起来就是作一个系统化，这些系统就是支撑服务的。我们可以卖单个的产品，可以卖整个的系统，也可以卖所有的服务”。

结合认知与行动的特征，总结三次不连续战略变化过程核心聚焦阶段战略场域：第一次不连续战略变化中战略场域是集中资源，彩电称霸；第二次不连续战略变化中战略场域是多元战略，扩大规模；第三次不连续战略变化中战略场域是创新驱动，智能转型。可以看出核心聚焦阶段，随着认知与行动的不断交互，场域逐渐趋于波动较少的平稳状态。因此，核心聚焦阶段的场域的特征是“稳定”。

综上所述，在固化的核心聚焦阶段，认知明确和行动聚焦的交互达成了战略场域的稳定，完成了组织战略阶段的跨越。

5.2.6 案例发现与小结

基于上述分析，可以将三次不连续战略变化过程中认知、行动和场域的特征进行总结，如表 5 – 9 所示。纵向观察长虹的战略发展过程，不连续战略变化接通了不同战略发展阶段。第一次不连续战略变化过程中，战略从第一阶段的军工立业转向第二阶段的彩电兴业。认知的变化路径是市场变化、机遇与优势、聚焦彩电，同时行动的变化路径是研发民品、保军转民、资源聚焦。认知与行动之间不断的交互，推动着长虹的场域从保军转民发展为“彩电大王”。第二次不连续战略变化过程中，战略从第二阶段的彩电兴业转向第三阶段的多元战略。认知变化的路径是供求关系变化、思路转化、三坐标战略。同时行动的变化是家电研发、运营变化和三坐标战略实施。认知与行动之间的交互推动着长虹的场域从彩电核心、多领域探索，经历过数次挫折后转化到规模逐步扩大的情况。第三次不连续战略变化过程中，战略从第三阶段的多元战略转向第四阶段的智能转型战略。认知层面长虹从体会到竞争激烈，增长危机意识之后，形成了新三坐标战略；同时，行动战略从以相关多元化的战略应对环境变化、转型探索后，集中行动到对新三坐标战略的实施上。长虹的场域从多元发展，在经历过核心技术发展受挫的冲击后，试图通过创新和智能化完成转型。由此可见，以认知和行动的交互为核心，战略场域作为认知与行动的承载在发生变化；同时，组织的战略也会作为这些交互的结果和输出随之发生变化。

表 5-9 长虹集团不连续战略变化过程中认知、行动和场的变化

不连续战略变化	维度	协同演化	震荡探索	核心聚焦
第一次不连续战略变化	认知	市场变化：军品需求减少，民品需求增多，技术和市场有空白	机遇与优势：技术基础，银行承兑汇票，人力资源增多，厂长负责	聚焦彩电：企业化管理，市场导向，“独生子女”策略
	行动	研发民品：继续作雷达，研发收音机、扩音机等民品	保军转民：调整组织结构，设计和引进电视生产线，废除员工终身制	资源聚焦：军品聚焦机载雷达，民品聚焦电视产业，降价开拓市场
	场域	市场变化，保军转民	供不应求，军民结合	集中资源，彩电称霸
第二次不连续战略变化	认知	供求关系变化：产能过剩，价值链分工细化，大零售商崛起	思路转化：APEX 亏损，“联合舰队”策略，有所不为，体制劣势	三坐标战略：市场压力，商业模式压力，技术压力
	行动	家电研发：空调、视听、电池领域的渗透，生产线引进，扩大彩电市场	运营变化：领导换届，卖出部分配套产业，渠道建设，业务市场拓展	战略实施：完善产业布局，核心技术能力构建，商业模式探索
	场域	彩电核心，多领域探索	股价下跌，跨国受挫	多元战略，扩大规模
第三次不连续战略变化	认知	竞争激烈：经济全球化，金融危机，互联网兴起，核心能力不足	危机意识：地理劣势，技术淘汰，跨界竞争，“苹果树”，智能转型	新三坐标：智能化、网络化、协同化，创新驱动，军工，企业转型
	行动	战略延续：完善产业布局，技术并购，提高技术开发投入，重振军工	转型探索：仙海会议，组织结构调整，新产品市场和业务探索	战略实施：智能终端研发，云端化服务，商业模式探索，军民融合
	场域	竞争激烈，多元发展	核心技术发展受挫	创新驱动，智能转型

将认知、行动、场域与不连续战略变化四者之间的变化过程进行归纳：战略场域在认知与行动的交互中发生变化，战略的变化与发展过程就是协同演化、震荡探索、核心聚焦三个阶段的循环。其中，不连续战略变化是一次循环完成后自然产生的输出和结果。由此可见，以组织认知和组织行动的交互作为核心，结合场域的变化，可以解释不连续战略变化的发生过程。如图 5-13 所示，战略场域在协同演化（潜伏）、震荡探索（激发）、核心聚焦（固化）的过程中发生改变，推动不连续战略变化的实现。

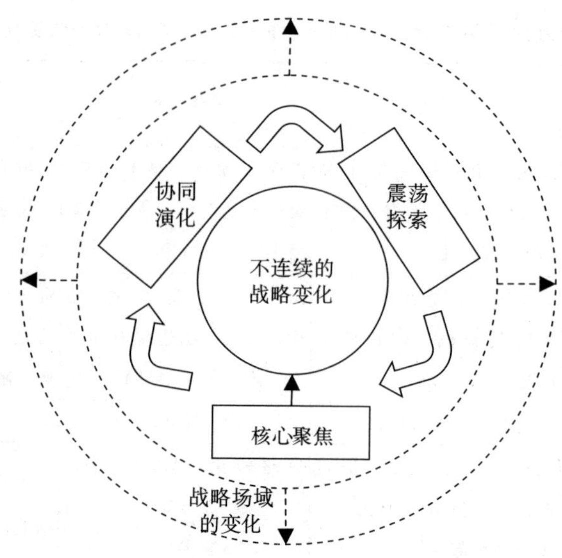

图 5 - 13　不连续战略变化的“潜过程”

本章基于组织的战略变化是持续发生、不断存在于组织中的观点[73]，探索不连续的战略变化是如何突破的。战略的实施很多时候会带来意想不到的结果[2,101]，所以从影响因素[312]、认知和行动与环境的互动[302]探索战略变化过程已经很难有所突破。为了解释和完善环境与组织认知的环境之间存在的差异，本章以组织认知作为组织行动和环境之间的“桥梁”，将战略场域作为分析单元，将战略、认知、行动链接为一个整体。本章通过将场域理论引入战略变化的研究中，通过纵向案例研究的方法，发现不连续战略变化的突破过程中，认知与行动的交互经历了“协同演化、震荡探索、核心聚焦”三个阶段的过程，这个过程与东汽案例中战略变化的“潜过程”是一致的。

5.3　本章小结

本章主要探索组织战略变化过程中的潜在过程。首先，通过东汽的关键事件过程剖析打开战略变化之下认知与行动交互的“潜过程”；其次，通过长虹集团三次不连续战略变化过程的探索，从侧面验证“潜过程”的正确性，另外，归纳出战略变化不同阶段认知和行动的特征。通过以上研究得到的结论是：

（1）组织战略变化内包含的“潜过程”主要包含三个阶段，分别为潜伏、激发、固化，是显性的战略变化之下潜在能力激发、改变认知的过程。潜伏阶段是在环境稳定且组织战略认知一致时，组织通过探索战略和利用战略适应环境，以此来积累环境变化时所需的能力。激发阶段是在对环境动荡的认知下，组织的战略认知被冲击，开始重新判断当前的战略是否合理，其结果可能是与之前的战略一致或者不一致。探索战略和利用战略都表现为明显增加，输出结果是快速发展或度过危机。激发与潜伏阶段最明显的区别是其输出结果不仅对组织行动有反馈，对组织认知也有影响。随着时间的推移，组织关注的关键事件转移，“潜过程”进入固化阶段。组织对环境的认知回到稳定的状态形成一致的战略认知。探索战略较多，利用战略回到常规的数量和强度。由于组织认知不能及时根据环境发生变化，组织在战略变化的过程中可能会出现隐患。

（2）战略场域在认知与行动的交互中发生变化，战略的发展过程就是潜伏（协同演化）、激发（震荡探索）、固化（核心聚焦）三个阶段的循环。其中，不连续的战略变化是一次循环完成后自然产生的输出和结果。

（3）在潜伏的协同演化阶段，认知调整和行动挖掘的交互形成波动的战略场域，推进组织战略的连续变化。在激发的震荡探索阶段，认知搜索和行动创新的交互直接冲击战略场域，推动组织战略的探索。在固化的核心聚焦阶段，认知明确和行动聚焦的交互达成了战略场域的稳定，完成了组织战略阶段的跨越。

（4）组织认知和组织行动只有同时活跃，才可能使战略阶段发生变化。增加组织行动可以使组织度过危机或者在关键事件时期快速发展，但不能使组织战略阶段发生变化。也就是说，如果组织只关注探索战略和利用战略的平衡，是很难实现较大战略变化的。只有在调整行动的同时考虑现有组织认知是否需要调整，才能实现战略的颠覆性变化。

第 6 章

场域承载与战略变化过程

第 4 章和第 5 章已经对战略变化过程中的悖论冲突和潜在过程作了详细分析，发现“战略场域”对战略变化程度有较大的影响。基于此，本章将基于场域理论探索承载悖论冲突的“战略场域”对战略变化的影响和作用。本章的第一部分探索战略场域的作用。本章通过将东汽连续的战略变化与不连续的战略变化之间作对比，归纳在不同程度的战略变化过程中组织认知与行动的规律，以及“战略场域”的作用。第二部分将组织的悖论内核与场域相结合，将场域从压力和阻力的角度进行解构，探索战略变化过程中场域与悖论冲突的协同演化过程。

6.1　战略场域的作用过程

组织认知与行动的交互在战略场域中如何影响战略变化的程度？战略场域如何对这个过程产生影响？本章基于场域理论对东方汽轮机有限公司1966—2018 年影响战略变化的关键事件进行案例分析，探讨战略变化的过程机制。研究发现，组织认知与行动的交互通过改变组织的场域来调整战略变化的程度。当组织以行动主导与场域之间的交互，战略以连续的方式变化；当组织认知与行动的变化相协调时，促进不连续战略变化的出现。组织认知与行动的交互在场域的驱动和聚焦机制下开拓出新的场域，促进连续的战略变化到不连续战略变化的变化。通过将场域的视角引入战略变化的过程研究，构建了组织认知、行动与战略变化之间的“桥梁”，深化了对战略变化过程的理解，并为场域在战略变化过程中的作用提供了新的解释。

6.1.1　研究背景

认知（Cognition）和所有用来诠释过程的概念，都可以看作一种通用技术[313]。这种技术已经成为许多不同管理领域构建理论的重要组成部分，尤其是战略领域。学者们对组织认知和行动的研究始于心理学领域。在对个体的认知进行研究的基础上，学者们开始探讨包含多个个体的组织，是否具有组织认知[314]。早期的心理学家如 McDougall[315] 等倾向于在个体集合上理解团体或组织，但是“团体心灵”与“集体无意识”等术语并没有得到统一的认可。以 Allport 为代表的另外一种观点认为，只有个体是真实的，反对团体具有心灵的主张。Lewin 的团体动力学研究将这两种说法作了新的提升，将组织理解为一种具有心理学意义的动力整体[316]。这是从认知的视角探索组织的一个起点，也是本章开展的前提。认知视角下对组织战略变化的研究，主要强调作为动力整体的组织对内、外部环境的诠释。环境影响组织领导的管理认知，管理认知决定管理行动，管理行动反作用于环境并反馈给管理认知。这一循环过程最终影响战略内容，进而使战略发生变化[6]。学者们在这个过程的基础上探索了多种认知对行动的塑造方式。其中一个成果丰富的探索领域就是理解组织如何响应环境的变化，如监管的变化、新技术的出现和市场危机等[317]。虽然一些组织能够适应这些变化，但是许多组织受到强大的惯性影响，无法实现或者只能部分实现组织和战略的变化目的。学者们发现，组织认知在解释这些结果差异的方面尤其有效。当前研究通过深入研究组织内部，揭示将认知框架与战略变化结果联系起来的方式对这些动态变化进行探索，但是对于特定环境中认知和行动的交互如何影响战略变化的程度较少涉及。因此，需要结合组织环境探索认知与行动的交互对战略变化程度的影响。

通过上述归纳可以看出，无论是组织的管理认知还是管理行动，都与组织和环境的交互密不可分。场域理论适合诠释组织认知、行动、环境之间的交互机制。对于组织认知来说，只有组织感受到的环境才能对组织的行动产生影响[6]。在场域理论中，Lewin 认为，组织所处的“生活空间”是必须被主体感知的，而且这个生活空间包括组织及其所处的心理环境。组织的行动是生活空间中所有不同力量对主体影响的结果，所有的行为（包括行动、思考、许愿、驱动、评价等）都被认为是在给定的时间单位内某个场的某种状态的变化[53]，这与本章的假设前提是一致的。在此基础上，Fligstein 和 McAdam[251]提出战略行动场域的概念。他们认为，战略行动场域是社会中集体行动的基本单元[251]。战略行动场域是一个构建的中层社会秩序情境，在这种秩序中参与者（可以是个人或集体）在有共同的（不是说同意的）理解的基础上相互协调和互动。这些理解包括对场域的目的，该场域其他人的关系（包括谁有权力和为什么），以及管辖该领域合法行为的规则。这些中观层面的社会秩序通常被称为组织场域（Organizational Field）[25]、博弈（Games）[318]、场域（Fields）[22]、网络（Networks）[319]等。场域是像“俄罗斯套娃”一样层层镶嵌的[251]，有关场域的研究包含个体的、群体的、组织的和组织之间的层面。本章将研究定位在组织层面，探索一个组织影响的、拥有共同秩序的场域中，组织认知和行动的交互影响战略变化程度的机制。本章中的场域是关于战略变化的，因此称为战略场域。

综上所述，本章的研究问题是在战略场域的承载下，组织认知与行动的交互如何影响战略变化程度。围绕这个问题，本章将分别探索在场域中组织认知与行动的交互如何影响连续的战略变化；组织认知与行动的交互如何影响不连续战略变化；以及从连续的战略变化到不连续战略变化的过程如何发生的 3 个子问题，并以此来揭示组织的认知、行动、战略场域、战略变化之间的作用机制。为了回答这个问题，本章选取案例企业东汽的 6 个关键事件进行过程分析以诠释组织、环境、战略 3 者的影响机制。本章的贡献包括 3 个方面：(1) 对影响战略变化程度的原因和过程从新的角度进行分析；(2) 以组织认知与行动作为动力，探索二者不同的交互方式对战略变化程度的影响；(3) 以场域为“桥梁”沟通了组织认知与行动的变化与战略变化之间的关系，探索战略场域在这一过程中的作用，拓展了场域理论的应用范围。

事件所具有的“触发变革”“开启新进程”和“为组织惯例化运作带来风险”的潜在力量受到越来越多学者的重视[300]。在这里的“事件”被定义为“存在于感知主体的外部环境或情境中、具有时空限定的不同主题及其行为的交互点”[272]。在事件研究的基础上，有些学者关注事件本身具有的特征并进行解构[272]；有些学者希望保留事件在环境中的活性，研究事件之间的关联及变化过程[59,307]。本章将在此基础上以组织的关键事件作为“窗口”对战略变化的过程进行研究。

本章的过程设计如图 6 - 1 所示。首先，本章在材料收集的基础上进行关键事件的筛选。关键事件的选择有 3 个标准[300,320]：(1) 里程碑事件，是指对企业发展有开创意义的重大标志性事件，或者具有特殊意义的典型事件。如企业通过与外企日立的合作逐步构建了通过技术引进的方式提升技术水平的能力。(2) 规定制度事件，是指产业发展的相关法规、标准、政策等方面的变化引发的事件，实质是政府或社会公共机构依照一定的规则对企业的活动进行限制或施加影响的行为。如 1980 年政策与企业规划方向出现不一致使企业的主营业务受到影响。(3) 危机事件，是指对企业造成负面影响的突发性事故，如 2008 年汶川地震使企业遭受了巨大的损失。其次，本章从认知与行动两个维度对选取的关键事件进行解析，探讨不同关键事件的场域中组织的认知、行动和环境交互的特点和规律。最后，将交互的特点和规律与战略变化的程度作对比，分析连续的战略变化与不连续战略变化两种程度的战略变化与组织的认知和行动的交互规律之间的关系。

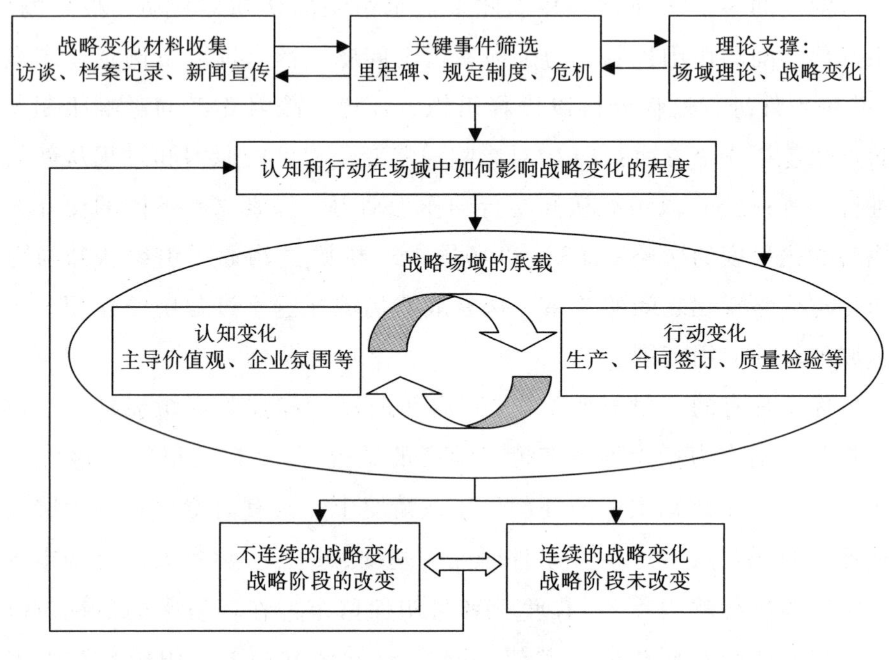

图 6－1　研究过程设计

6.1.2　数据处理

本章采用关键事件路径法对东方汽轮机有限公司的数据进行处理[59]。在本章中，关键事件的发生必然伴随环境的变化，因此，描述组织在关键事件中的环境变化可以更好地与诠释组织情境的场域理论相结合。此外，关键事件带来的战略变化的程度也出现差异。也就是关键事件发生时，战略可能只发生微调就出现连续的战略变化，也可能出现不连续的战略变化。那么分析这些关键事件的过程，就能解释组织的认知与行动在场域中是如何影响战略变化程度的。对东汽研究分为四个步骤展开，分别为基础数据梳理、战略阶段划分与关键事件选取、在核心概念的基础上筛选条目、分析关键事件，其中，本章的数据内容、数据梳理、战略阶段划分与关键事件选取、分析关键事件的数据处理过程与上一个对东汽的研究相同，对关键事件的分类和核心概念存在差异。

在东汽的上一个研究中可以发现，战略变化是在平稳维持一段时间后，经过关键事件的刺激，然后变化到另外一个阶段。最开始的政策导向阶段，在经历过事件 1 以后，企业发现不能用原先的方式应对环境变化，于是开始尝试通过自主研发产品来提升技术。随着行业内技术水平的普遍提升，企业自主研发的速度跟不上行业平均水平，于是在事件 3 中，尝试与外资企业合作获取技术。企业的技术获取方式进入了新的阶段，也就是第三阶段的技术引进。在这一阶段企业经历了 1998 年的事件 4 中主营业务受阻的情况，并通过调整盈利方式维持了企业的生存。这一事件也让企业开始意识到市场对企业发展的重要性。在 2000 年以后，市场爆发促使事件 5 产品外包发生，企业为了满足市场的需求对生产能力进行了大幅度的扩展和丰富。即使经历了 2008 年事件 6 的地震导致停产，也没有改变企业以市场为导向的战略方向。基于以上分析，下面将分别从两类关键事件展开研究：连续战略变化的关键事件（事件 2、事件 5、事件 6），不连续战略变化的关键事件（事件 1、事件 3、事件 4）。

本章的核心概念包含战略变化的潜在过程（认知与行动）、战略场域和战略变化，具体如表 6－1 所示。本章结合战略变化、场域理论的文献基础与案例材料[258,310]以关键事件路径法展开研究，具体用到的核心概念内涵与测度方式如下。

（1）潜在过程是战略变化过程中看不到的新战略产生过程，以组织认知和组织行动解构。组织认知是由个体认知、对情境的社会心理认知、组织结构，以及更广泛的社会、经济和文化环境塑造的认知构成的，是组织内的成员共享的假设和信仰，共同的组织文化和认同[43]，是组织对环境变化及其影响因素的识别、分析和认识的变动与调整[321]。组织认知的判断，与组织的意识层面相关[109]。在本章中通过组织每年战略调整、交流、会议等行动对“认知”的条目进行判断。组织行动是指组织的个体、群体或组织本身从组织的角度出发，对内源性或外源性的刺激所作出的反应[44]，是组织生产运作、经营等行动的变化与调整。组织行动通常与环境直接相互作用[322]。

（2）战略场域在本章中是组织在与环境的交互中形成的可以承载战略变化的情境力量。围绕单个组织的场域是指受到组织影响的、分享共同意识和承认共同规则的环境范围[251]。战略场域是战略变化过程的基础，经济、技术、理念、制度等要素之间共享的交互背景，是包含潜在力量和生机的存在，其核心和精髓是通过交互涌现新的战略，在这里出现冲突和响应冲突[52-54]。事件是影响组织发展的重要切入点，发生在组织与环境的交互过程中，其程度是可测的[272]。因此，本章对战略场域的度量从组织与环境的交互入手，将其分为环境输入和输出环境两个部分。环境输入是指环境变化及其他相关因素对组织造成影响。输出环境是指组织在应对环境变化的过程中对环境的反馈和影响。二者是同时存在于组织发展过程中的。

（3）战略变化根据视角的不同具有多种定义方式，本章将其定义为随着时间的推移，企业在主要战略维度的资源配置上所进行的调整和变化[48]。在战略变化的研究中，对不同程度的战略变化有不同的描述方式。变化已经成为组织的常态[73]，因此组织和环境都处于不断变化的状态。其中，不连续战略变化指的是在变化中创造不连续，即与过去彻底而迅速地决裂，伴随着组织意识形态和认知地图重大改变的战略变化。包括企业组织结构大规模的重构、人力资源的重新整合、进行收购或资产剥离等对企业来说影响比较大的措施的发生[49,50]。程度较小的战略变化称为连续战略变化，指的是在变化中确保连续性，即从一种状态到另一种状态的适度和逐渐的变形，没有触及组织知识结构转变的战略变化。包括企业的产品或服务质量、价格、销售渠道等对于企业来说影响较小的竞争手段的改变[49]。

表 6－1　　相关概念、含义及示例

<table>
<tr><th>概念</th><th>解构</th><th colspan="2">含义</th><th>示例</th><th>参考文献</th></tr>
<tr><td colspan="2">组织认知</td><td colspan="2">由个体认知、对情境的社会心理认知、组织结构，以及更广泛的社会、经济和文化环境塑造的认知构成的，是组织内的成员共享的假设和信仰，共同的组织文化和认同</td><td>工厂开展“我与市场”为主题的大讨论活动
就技术合作、市场开拓等共同关心的话题进行沟通与交流</td><td rowspan="2">Huff et al[323]；Helfat et al[324]；张爱卿[44]</td></tr>
<tr><td colspan="2">组织行动</td><td colspan="2">组织的个体、群体或组织本身从组织的角度出发，对内源性或外源性的刺激所作出的反应</td><td>工厂与山东潍坊电厂签订 2 台 300MW 机组合同
工厂第一台 300MW 机组停机，前后 22 批 45 人次赶赴黄台电厂抢修</td></tr>
<tr><td rowspan="2">战略场域</td><td>环境输入</td><td>环境变化及其他相关因素对组织造成影响</td><td rowspan="2">是包含潜在力量和生机的存在，其核心和精髓是通过交互涌现新的战略，在这里出现冲突和响应冲突</td><td>汶川“5·12”大地震
市场爆发</td><td rowspan="2">Argyris[45]；Morgeson et al[272]；Lewin[53]；Nonaka 和 Konno[54]</td></tr>
<tr><td>输出环境</td><td>组织在应对变化的过程中对环境的反馈和影响</td><td>最后终于达成目标，政府同意企业自主研发部分型号的大型机组</td></tr>
<tr><td rowspan="2">战略变化</td><td>连续的战略变化</td><td colspan="2">在变化中确保连续性，即从一种状态到另一种状态的适度和逐渐的变形，没有触及组织知识结构转变的战略变化</td><td>凝练了新的十二字精神，成为现在一直延续使用诠释的一种精神</td><td rowspan="2">De Wit 和 Meyer[50]；Miller[49]；Rajagopalan 和 Spreitzer[6]</td></tr>
<tr><td>不连续的战略变化</td><td colspan="2">在变化中创造不连续，即与过去彻底而迅速的决裂，伴随着组织意识形态和认知地图重大改变的战略变化</td><td>为了适应生产的需求，企业改变生产方式，适合世界工业的发展趋势</td></tr>
</table>

基于上述对连续的战略变化阶段和关键事件类型的划分，以下研究将以“潜在过程（认知与行动）—环境（战略场域）—结果（战略变化）”的逻辑，从组织、环境、战略三个层面，以“认知与行动”作为分析主轴对东汽的关键事件分别从连续的战略变化和不连续的战略变化两种类型展开分析。

6.1.3 连续的战略变化

连续的战略变化的关键事件包括事件 2 小产品生产、事件 5 产能外包、事件 6 汶川大地震三个事件。如表 6－2 所示，数字表示条目数量。首先，从认知和行动的合计数据可以看出，3 个事件发生过程中的认知相关的描述数量较少。在小产品生产、产能外包和大地震 3 个关键事件发生的过程中，行动描述的条目数都明显大于认知的描述条目数，行动占据主导地位。如在事件 2 小产品生产时，企业为了生存利用现有的生产条件度过危机，并没有影响战略主线。事件 5 产能外包，是在市场爆发以后，为了更多地生产产品获取利润，将非核心业务外包，并没有进行很多讨论和思考。同样的，在事件 6 地震发生时，企业只需要进行重建的行动，没有进行很多思考和认知调整。战略场域层面，在这 3 个事件的场域中环境输入与输出环境的条目相差不大，也就是说环境对组织输入和组织对环境的输入是相对均衡的，组织对场域的影响较小。本章将战略场域的作用总结为驱动机制和聚焦机制，那么此时驱动机制和聚焦机制是处于低能量的、均衡的共同作用阶段。驱动机制表现在战略场域对组织行动和组织认知交互的推动作用，聚焦机制表现在通过反馈后，战略逐步聚焦的过程。最后，经过关键事件后的结果，是企业平稳度过危机，战略主线没有发生太大变化。具体分析内容如表 6－2 所示。

表 6－2　连续的战略变化的关键事件过程分析　单位：条

事件 2 小产品		1986 年	1987 年	1988 年	1989 年	1990 年	合计
组织认知		2	5	3	4	3	17
组织行动		6	21	21	7	8	63
战略场域	环境输入	M22 员工生活条件艰苦，企业生产的资源匮乏					7
	输出环境	M36 利用已有的设备生产小产品度过危机					5
战略变化	连续的战略变化	M25 大型机械生产是那个时期的核心战略					4

续表

<table>
<tr><td colspan="2">事件 5 产能外包</td><td>2003 年</td><td>2004 年</td><td>2005 年</td><td>2006 年</td><td>2007 年</td><td>合计</td></tr>
<tr><td colspan="2">组织认知</td><td>0</td><td>4</td><td>5</td><td>3</td><td>3</td><td>15</td></tr>
<tr><td colspan="2">组织行动</td><td>10</td><td>13</td><td>25</td><td>23</td><td>6</td><td>77</td></tr>
<tr><td rowspan="2">场域</td><td>环境输入</td><td colspan="5">N41 十年大发展的“黄金十年”，电力设备市场“井喷”，用电量持续增长</td><td>8</td></tr>
<tr><td>输出环境</td><td colspan="5">M25 企业在这期间迅速发展，跻身风电整机制造商前三甲</td><td>5</td></tr>
<tr><td>战略变化</td><td>连续的战略变化</td><td colspan="5">N31 深化改革机制创新，技术进步质量升级，内抓管理外塑形象，开拓市场提高效益。开发新领域，实现多电并举</td><td>3</td></tr>
<tr><td colspan="2">事件 6 大地震</td><td>2007 年</td><td>2008 年</td><td>2009 年</td><td>2010 年</td><td>2011 年</td><td>合计</td></tr>
<tr><td colspan="2">组织认知</td><td>0</td><td>7</td><td>5</td><td>2</td><td>3</td><td>17</td></tr>
<tr><td colspan="2">组织行动</td><td>0</td><td>46</td><td>23</td><td>15</td><td>12</td><td>96</td></tr>
<tr><td rowspan="2">场域</td><td>环境输入</td><td colspan="5">N41 汶川大地震，基础设施受损。用电量急剧下降，电力需求下行</td><td>6</td></tr>
<tr><td>输出环境</td><td colspan="5">N41 迅速完成重建，东汽成为精神标杆</td><td>7</td></tr>
<tr><td>战略变化</td><td>连续的战略变化</td><td colspan="5">N21 以多电并举、产业升级为主线，把东汽建成国际一流的能源动力设备企业</td><td>3</td></tr>
</table>

综上所述，连续的战略变化的关键事件过程有 5 个特点：（1）认知与行动同时存在，组织行动主导与环境的交互；（2）行动的活跃程度高于认知；（3）对环境的影响较小，属于被动对环境刺激产生反应；（4）对战略的主线没有明显影响，连续的战略变化出现；（5）战略场域的驱动机制和聚焦机制作用不明显。这一过程如图 6－2 所示，可以描述为：在动荡场域的触发下，关键事件发生，由环境输入作用于企业。组织通过认知指导行动，由行动主导和应对动荡的战略场域，驱动机制和聚焦机制作用不明显，战略主线保持不变。

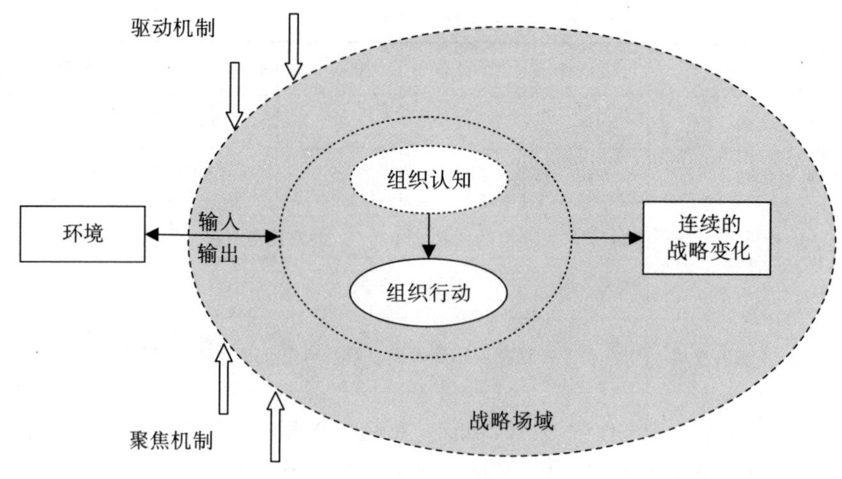

图 6-2 连续的战略变化的关键事件过程

6.1.4 不连续的战略变化

不连续战略变化的关键事件包含事件 1 的 300MW 机组、事件 3 与外企日立合作、事件 4 老机组改造。首先，按时间顺序将关键事件从认知和行动的维度进行分解，从条目内容可以看出认知和行动的交替主导。如在事件 1 研发计划受阻时，厂领导花费了很大的精力与组织成员和上层领导交涉和博弈，最终顺利实现目标；事件 3 与日立的合作也经过了反复的会议和商讨，然后确定了合作方式；事件 4 的老机组改造，企业多次总结经验使其对市场更为敏感。即使到了 2015 年，还能看到新闻标题“东汽抢占老旧机组改造市场”，说明事件 1 不仅给企业带来了长时间的影响，而且激发了企业对老机组改造的潜能。其次，三个事件的输出环境数量都大于环境输入，说明企业对环境产生的影响增大，影响战略场域的结构。战略场域在不连续的战略变化中同样具有驱动机制和聚焦机制的作用过程。驱动机制会在认知与行动的交互中放大，带动战略场域变化，之后聚焦机制对组织行动的反馈使战略目标逐步明确。最后，企业经过关键事件后不仅度过困难并抓住了机遇，还实现了不连续战略变化。具体分析内容如表 6-3 所示。

表 6－3　　不连续战略变化的关键事件过程分析　　单位：条

<table>
<tr><td colspan="2">事件 1 300MW 机组</td><td>1979 年</td><td>1980 年</td><td>1981 年</td><td>1982 年</td><td>1983 年</td><td>合计</td></tr>
<tr><td colspan="2">组织认知</td><td>4</td><td>5</td><td>4</td><td>7</td><td>5</td><td>25</td></tr>
<tr><td colspan="2">组织行动</td><td>6</td><td>15</td><td>53</td><td>26</td><td>37</td><td>137</td></tr>
<tr><td rowspan="2">战略场域</td><td>环境输入</td><td colspan="5">M23 机械部要求引进 30 万千瓦机组，竞争对手已经得到支持</td><td>15</td></tr>
<tr><td>输出环境</td><td colspan="5">M24 厂长顶着被罢免的压力和员工一起改变决策，成功做出研发</td><td>19</td></tr>
<tr><td>战略变化</td><td>不连续战略变化</td><td>N21“老三篇”，政治建厂</td><td colspan="4">N31 打管理基础，抓产品开发，突出大机服务</td><td>9</td></tr>
<tr><td colspan="2">事件 3 日立合作</td><td>1991 年</td><td>1992 年</td><td>1993 年</td><td>1994 年</td><td>1995 年</td><td>合计</td></tr>
<tr><td colspan="2">组织认知</td><td>2</td><td>3</td><td>7</td><td>4</td><td>5</td><td>21</td></tr>
<tr><td colspan="2">组织行动</td><td>20</td><td>34</td><td>33</td><td>26</td><td>15</td><td>128</td></tr>
<tr><td rowspan="2">战略场域</td><td>环境输入</td><td colspan="5">M36 研发的速度跟不上技术发展的速度，国外的技术水平更高，很早就有联系</td><td>17</td></tr>
<tr><td>输出环境</td><td colspan="5">M37 技术发展水平增速，扩展了很多可合作的外企，提升国家技术和制造水平</td><td>20</td></tr>
<tr><td>战略变化</td><td>不连续战略变化</td><td>N21 重效益，大机组研发</td><td colspan="4">N22 首批实施“以市场换技术”政策的行业，引进国外先进制造技术，迅速提升到国际水平</td><td>10</td></tr>
<tr><td colspan="2">事件 4 机组改造</td><td>1997 年</td><td>1998 年</td><td>1999 年</td><td>2000 年</td><td>2001 年</td><td>合计</td></tr>
<tr><td colspan="2">组织认知</td><td>3</td><td>4</td><td>8</td><td>5</td><td>8</td><td>28</td></tr>
<tr><td colspan="2">组织行动</td><td>22</td><td>32</td><td>18</td><td>21</td><td>16</td><td>109</td></tr>
<tr><td rowspan="2">战略场域</td><td>环境输入</td><td colspan="5">M22“三年不开工”政策下达，企业订单变少，主营业务受阻</td><td>16</td></tr>
<tr><td>输出环境</td><td colspan="5">M24 取得联合国援助项目。带动政府支持老机组改造。禁令解除，市场复苏</td><td>18</td></tr>
<tr><td>战略变化</td><td>不连续战略变化</td><td colspan="3">N31 技术进步、技术创新求发展，质量承诺重信誉，营销生产创效益</td><td colspan="2">M25 市场爆发以后，企业的核心就是满足市场需求</td><td>9</td></tr>
</table>

综上所述，不连续战略变化的关键事件过程有 5 个特点：（1）认知与行动同时存在且交替主导；（2）认知与行动的总量相差不大；（3）对环境的影响较大，可以主动对环境造成一定影响；（4）促使不连续战略变化的出现；（5）战略场域的驱动机制和聚焦机制效果明显，在认知与行动的活跃中改变战略场域的位置。

这一过程如图 6－3 所示，可以描述为：在动荡场域的刺激下，关键事件发生，由环境输入作用于组织。在驱动机制和聚焦机制作用下组织认知与行动的协调交互形成变化的动力影响战略场域的结构，战略主线随之发生了变化，促进了不连续战略变化的出现。

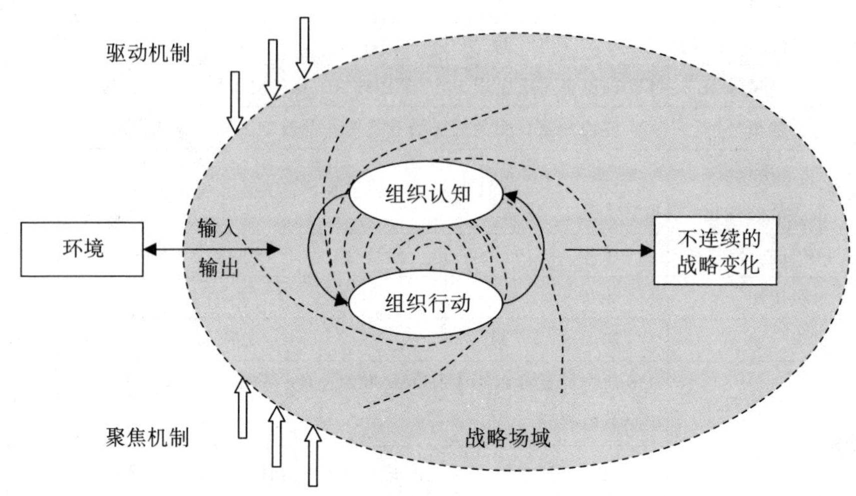

图 6－3 不连续战略变化的关键事件过程

6.1.5 驱动机制与聚焦机制

通过上述分析，本章得出战略变化过程的内部机制包含三个层级、两种作用结果。三个层级分别为组织内部、组织战略和场域，两种作用结果分别为连续的战略变化和不连续战略变化。其中，组织内部层面是认知与行动的交互形成的变化动力；组织战略层面是组织在其场域中活动时对战略的调整和变化；场域层面是组织与环境之间的交互形成的包裹组织的影响范围，包括环境对组织的影响，以及组织对环境的反馈两种过程。我们将环境对组织的驱动和刺激过程归纳为战略场域的驱动机制，环境对组织反馈的过程归纳为战略场域的聚焦机制。三个层级环环相套、不断运转，并在运转过程中影响战略变化的结果。

在第一个层级中，组织内部的认知与行动是相互依存、相互转化、不断发展的关系。战略场域通过驱动机制促使二者活跃的交互，通过聚焦机制使二者的交互的核心逐步聚焦。组织认知是行动的基础，指导并决定行动的时间、内容、强度等。行动是认知的检验途径，反馈并影响认知的内容和发展。但是，当组织过多的关注行动，也就是由行动主导对环境的应对时，会因为缺乏对环境的思考影响组织发展。同样的，如果组织过多的关注认知，也会使组织陷入左右为难的困境，错过对发展时机的抓取。因此，当认知与行动的交替主导可能让组织更好地应对环境变化，实现战略变化。

第二个层级是组织战略层面连续的战略变化与不连续战略变化的间断出现。组织战略的内容是对组织认知的显性化，是处在某种情境中组织的主导价值观、战略意向和对自身能力与环境匹配的认识[181]。战略的实践需要通过行动体现，同时需要将实践的经验通过行动反馈给认知。从战略的内容出发，连续战略变化通常出现在组织发展平稳并对环境变化不敏感的时期，而不连续战略变化是在组织认知到过去战略对新环境的不适应之后，将战略主线转移方向得到的结果。不连续战略变化是在连续的战略变化的基础上发生的。

第三个层级是战略场域的层面。组织是处于环境当中的，而且环境具有复杂性，因此，其只会选择对组织有影响的一些关键事件进行反应。相应地，组织能够影响的、具有共同秩序的情境的边界，就是场域的范围。在战略变化的过程中，场域一方面为组织提供发生改变的外力，触发企业变化的动机，体现出战略场域的驱动机制，另一方面组织通过与场域的交互，基于场域反馈的信息进一步调整战略，实现组织战略的逐步聚焦，体现出战略场域的聚焦机制。也就是说，场域在战略变化的过程中起到驱动和聚焦的两种作用机制。

组织认知与行动的交互、场域和战略变化的作用模型如图 6－4 所示。当组织以行动为主导应对环境的输入时，组织与环境相互作用形成具有共同秩序的场域 1，战略以连续的方式变化。当组织认知与行动的调整交替主导并相互协调，那么二者之间的交互会形成促使场域 1 变化的动力，出现具有新秩序的场域 2，战略变化的程度增大并出现不连续战略变化。

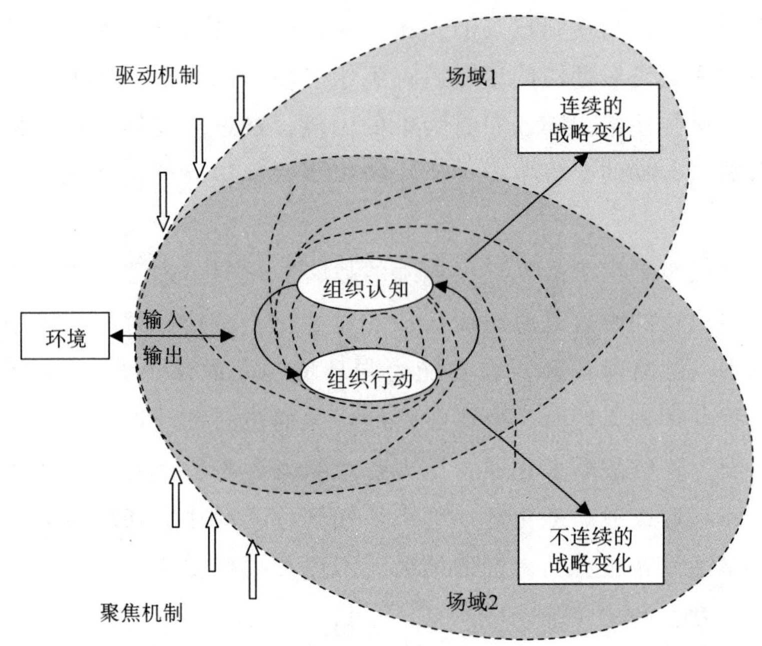

图 6－4 组织认知与行动、场域与战略变化的作用模型

本章基于战略变化理论和场域理论，对影响东方汽轮机有限公司战略变化的六个典型关键事件进行分析，揭示了组织与场域互动过程中认知与行动的作用机制，回答了核心问题：组织认知与行动的交互如何在场域中影响战略变化的过程。具体的研究发现从三个子问题的回答展开。子问题一，场域中组织认知与行动的交互是如何影响连续的战略变化的。通过对连续的战略变化的过程研究可以发现，当场域的动荡只通过行动反应，不能引起组织认知的重视，因此，战略变化的结果是未触及知识结构改变的连续的战略变化[89]。子问题二，场域中组织认知与行动的交互是如何影响不连续战略变化的。当组织的认知与行动的变化相互协调，场域的动荡通过同时活跃且不断交互的认知和行动响应，组织由此得到新的场域的同时，战略变化程度触及认知层面，更容易出现组织意识形态和原因地图变化的不连续战略变化[90]。子问题三，连续的战略变化到不连续战略变化是如何在场域中发生的。在场域的驱动和聚焦机制作用下，组织认知与行动的交互形成推动场域变化的动力，同时连续的战略变化会从量变到质变完成不连续战略变化。本章对战略变化、组织认知与行动和场域理论的研究和应用有一定的推进和贡献。

在明确战略场域的作用后，需要进一步归纳场域和悖论冲突在组织长期战略变化中的共演过程。本章通过对新华学院的过程研究回答了这个问题。

6.2　战略场域、悖论与战略变化

下面的研究旨在探讨战略场域、组织行动和战略变化随着时间变化的交互机制。首先，本章引入悖论理论探讨独立学院公益性与商业性行动倾向的变化过程，二者构成的固有悖论冲突推动了组织战略变化的发生。其次，本章引入场域理论阐明组织与环境如何联系。场域理论将组织认知的环境区分为压力与阻力。最后，本章通过比较独立学院在不同战略阶段的行为取向与战略场域的变化，探讨行为与战略场域之间的相互作用，并将战略变化的阶段特征与此对比，以期得到独立学院战略变化的过程模型。研究将按照以下逻辑框架进行展开，如图 6 – 5 所示。

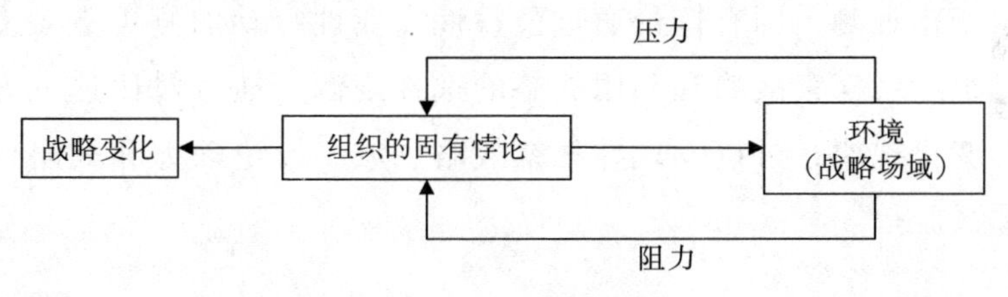

图 6 – 5　研究框架

6.2.1　数据处理

本章采用内容分析法对中山大学新华学院的数据进行分析，通过对核心概念不同条目的量化、内容分析和特征归纳，对比组织不同战略阶段悖论冲突、场域与组织的战略变化过程之间的关系。具体研究过程包括战略阶段划分、核心概念释义和材料编码三个步骤。在上一个关于新华学院的研究中，已经对新华学院的战略发展阶段以及公益性和商业性的阶段特征进行了编码。在此基础上，本章通过内容分析的方法进一步对环境动因的编码进行细分和重新编码，并在完成环境动因的编码后对变化趋势进行编码。

本章用到的核心概念共三个，分别为战略场域、固有悖论、变化趋势，其中变化趋势包括战略场域、固有悖论和战略变化的变化趋势。概念及其解构变量的具体定义如表 6－4 所示。(1) 战略场域是将上一个关于新华学院的研究中环境动因和战略变化的综合，会驱动和影响悖论的交互。战略场域指的是战略变化过程的基础，是经济、技术、理念、制度等要素之间共享的交互背景，是包含潜在力量和生机的存在，其核心和精髓是通过交互涌现新的战略，在这里出现冲突和响应冲突[52－54]。本章通过场域理论研究承载战略变化的情境，通过压力和阻力两个概念解构组织的战略场域。(2) 固有悖论延续了上一个研究的定义，指的是组织用来应对环境动因的动态变化的内核。在本章中指的是组织同时具有相互联系又相互冲突的公益性和商业性两种行为倾向[281]。通过对公益性和商业性行为倾向变化的测度，发现固有悖论的运动规律。(3) 变化趋势在战略场域、固有悖论和战略变化编码完成后进行。战略场域的变化通过归纳压力和阻力的要素变化观测；固有悖论通过公益性商业性行动的侧重点观测；战略变化通过组织对探索战略和利用战略的选择观测。通过对比这三方面在同一时间的变化规律，可以发现并总结战略场域、悖论动力和战略变化三者之间的关系。

表 6－4　　核心概念释义

定义	核心概念	解构变量	定义	支撑文献
战略变化过程的基础，经济、技术、理念、制度等要素之间共享的交互背景	战略场域	压力	驱动组织发生变化的力量	Kruglanski、Bélanger、Chen, et al[28]，Burnes[30]
		阻力	阻碍组织发生变化的力量	
在对公益性和商业性进行编码的基础上，观察组织行动倾向在悖论两极之间的变化	固有悖论	公益性	能为组织之外的其他社会成员带来经济和非经济收益的行为	潘海远[284]；潘泽谷[281]
		商业性	以组织的营利为目的的行为	潘海远[284]；潘泽谷[281]；王胜、杨国勇[285]

续表

定义	核心概念	解构变量	定义	支撑文献
随着时间的推移，企业的战略场域、固有悖论及建构悖论上资源配置的调整和变化	变化趋势	战略场域	压力和阻力构成要素的变化趋势	Miles[52]；Lewin[53]；Nonaka和Konno[54]
		固有悖论	公益性与商业性的选择倾向变化	潘海远[284]；潘泽谷[281]
		战略变化	主导战略在探索战略和利用战略之间的变化趋势	刘鑫，薛有志[48]

基于上一个研究对新华学院战略变化阶段的分类，本章以“战略场域（压力与阻力）—固有悖论（公益性与商业性）—变化的趋势（场域、悖论与战略变化）”的逻辑归纳新华学院的三个阶段战略场域的变化过程，并对组织战略变化过程进行分析。

6.2.2　第一阶段：探索战略

新华学院战略变化的第一阶段始于2005—2010年年底，这个阶段组织是以探索战略为主导的阶段。组织在这个阶段所处的场域1为寻求生存。如表6－5所示，环境的压力主要来自学校建设需求和学生对学校的积极评价。发展的阻力主要来自相关政策不足，资金的缺乏，师资与场地的扩张。在这个阶段，学院没有土地，学生不得不在中山大学入学。“学生只能入住中山大学宿舍（X1）”。为了缓解生存压力，学院的大部分重点活动聚焦于公益性和探索战略以获取外部的支持，保证了学院的后续发展。编码结果显示公益性行动是积极的，而商业性行为是不积极的。战略场域的变化趋势是求生存中的部分问题被解决。虽然从数据上看阻力的条目多于压力，但是压力的内容作为核心的动力非常重要。因此本章对压力和阻力的强弱不作比较，仅通过变化表述战略场域要素的变化。例如，学生入学人数逐步增加，他们支付的学费减少了财政紧缩的问题。悖论均衡体系的变化趋势由公益性逐渐向商业性转变。随着社会认可学院，投资者开始回收其早期投资成本与其他收益。战略变化由原先探索战略为主导，逐步更多地采用利用战略开发自身的资源和能力。

表 6－5　　新华学院第一阶段的战略场域

<table>
<tr><th>典型例证</th><th>条目数（条）</th><th>关键词</th><th>初级编码</th><th>解构</th><th>类别</th></tr>
<tr><td>广东东宝集团与中山大学合作建校</td><td>2</td><td>需要建立学校</td><td>设施要求</td><td rowspan="2">压力</td><td rowspan="6">战略场域</td></tr>
<tr><td>学生选择新华学院的主要原因是中山大学的品牌</td><td>4</td><td>积极申请考试</td><td>市场紧张</td></tr>
<tr><td>学生学费和董事会的投资是学院初期主要的资金来源</td><td>3</td><td>资金缺乏</td><td>资本稀缺</td><td rowspan="4">阻力</td></tr>
<tr><td>没有独立的校园，学生面临艰苦的学习和生活条件</td><td>4</td><td>学校场地缺乏</td><td>基础设施有限</td></tr>
<tr><td>大多数教师都来自中山大学</td><td>1</td><td>教师缺乏</td><td>人力不足</td></tr>
<tr><td>当时没有完善的政策和法规</td><td>4</td><td>政策不完善</td><td>政策不完善</td></tr>
<tr><th>归纳表述</th><th colspan="2">核心观点</th><th>表现</th><th>解构</th><th>类别</th></tr>
<tr><td>随着新校区的建成和学生人数的增加，新华学院面临的一些问题已经得到解决</td><td colspan="2">部分问题解决</td><td>改变</td><td>战略场域</td><td rowspan="3">变化趋势</td></tr>
<tr><td>上阶段大部分投资者资金都用于校园建设。他们需要考虑更多的方式来获得资金以收回成本</td><td colspan="2">公益性转向商业性</td><td>转移</td><td>固有悖论</td></tr>
<tr><td>在从外部引进资源的基础上，新华学院逐步建立和开发自身的组织能力</td><td colspan="2">探索战略转向利用战略</td><td>转移</td><td>战略变化</td></tr>
</table>

综上所述，过程机制如图 6－6 所示。从图 6－6 中可以看出，新华学院在面对战略场域 1（寻求生存压力和阻力的动机）时倾向于采取公益性行为。作为教育机构，它可以更多地考虑其社会责任与功能。然后，在组织固有悖论的积极作用下，场域的要素发生了变化。新场域给组织带来了新的压力和阻力。尽管积极的公益性行为促进了学院的发展，增加了获得更多资本的可能性，但公益性和商业性之间的冲突将逐渐显现。也就是说，独立学院如果只关注公益性，短期内就会面临困难。作为一个具有商业本质的投资者，他们期望已有的投资能够获得经济回报。因此，新华学院的行动倾向开始从公益性转向商业性。与此同时，战略变化也从探索战略主导转向利用战略的逐步增多。由此可以总结，固有悖论中公益性活动的活跃与场域变化的交互共同推动了战略变化由探索到利用的变化。

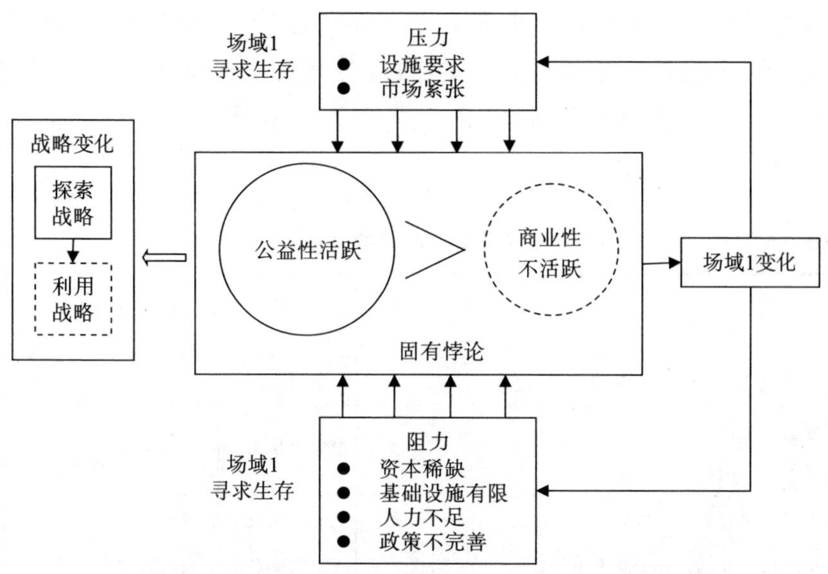

图 6－6　第一阶段战略场域和固有悖论的机制

6.2.3　第二阶段：利用战略

新华学院战略变化的第二阶段开始于 2011—2014 年，这个阶段是利用战略为主导的战略阶段。这时的场域 2 可以归纳为寻求发展，学校寻求更多的发展活动来实现其目标和愿景。虽然学院已拥有完整的基础设施和独特的自身能力，但仍试图进一步扩大能力系统和人际网络。如表 6－6 所示，环境压力源于学生对学院的积极评价，外部竞争的加剧，教师的发展以及对利润的需求。发展的阻力也源于教师团队的不稳定性，政策限制以及资金和硬件的缺乏。编码结果显示，新华学院的公益性行动不活跃，商业性行动活跃。战略场域的变化趋势是从寻求发展到相继解决问题。例如，如果该机构加强其实力，该机构可以逐步形成自己的教学团队来解决发展的核心问题。这时公益性与商业性之间的冲突也开始显现，一些学院对资金的追求受到学生和老师的质疑。一名学生说，“学院禁止学生通过外卖点菜，这是为了学校自己餐厅的利润，但是给我们的生活带来了不便（X2）”。在战略变化方面，新华学院是以利用战略为主导的，同时探索战略也没停止。值得注意的是，新华学院这个阶段没有完全脱离中山大学的支持，仍然在使用中山大学的部分教师、品牌效用和管理人员。公益性与商业性之间的冲突浮现，激发了新华学院探索战略的进一步扩大。

表 6－6　　新华学院第二阶段的战略场域

<table>
<tr><th>典型举证</th><th>条目数（条）</th><th>关键词</th><th>初级编码</th><th>次级编码</th><th>类别</th></tr>
<tr><td>珠江三角洲地区有许多独立学院，竞争激烈</td><td>1</td><td>竞争激烈</td><td>竞争激烈</td><td rowspan="4">压力</td><td rowspan="8">战略场域</td></tr>
<tr><td>学生积极参加考试
注册名额已超出限额</td><td>2</td><td>积极申请考试</td><td>市场紧张</td></tr>
<tr><td>教师为了寻求更好的发展频繁跳槽</td><td>2</td><td>教师需要发展</td><td>成长需要</td></tr>
<tr><td>股东希望通过学院的运作获得利润</td><td>1</td><td>股东需要利润</td><td>利润需求</td></tr>
<tr><td>学生的学费是学院业务的资金来源</td><td>1</td><td>资金来源较少</td><td>资本稀缺</td><td rowspan="4">阻力</td></tr>
<tr><td>一些地区学院的建设和发展需要政府的支持</td><td>1</td><td>需要政策支持</td><td>政策限制</td></tr>
<tr><td>老师的队伍不稳定，跳槽是常事</td><td>1</td><td>教师流动性</td><td>团队不稳定</td></tr>
<tr><td>学院的硬件设施还不能满足需求，需要继续建设</td><td>1</td><td>硬件缺乏</td><td>硬件短缺</td></tr>
<tr><th>归纳表述</th><th colspan="2">核心观点</th><th>表现</th><th>解构变量</th><th>类别</th></tr>
<tr><td>独立学院的发展日趋成熟，政策日趋完善</td><td colspan="2">环境的变化</td><td>改变</td><td>战略场域</td><td rowspan="3">变化趋势</td></tr>
<tr><td>一些学校对资金的追求受到学生和老师的质疑。新华学院开始注意到公益的重要性，并重新关注了它</td><td colspan="2">商业性转向公益性</td><td>转移</td><td>固有悖论</td></tr>
<tr><td>对内部资源和能力充分开发发现不足后，继续通过从外部引进资源弥补。不过这次不再限制于母校，而是从相关的内部资源向外拓展</td><td colspan="2">利用战略转向探索战略</td><td>转移</td><td>战略变化</td></tr>
</table>

总之，利用战略阶段的过程机制如图 6－7 所示。新华学院在初始基础设施项目完成后倾向于采取商业性行动，更多地关注如何增加利润，并以更低的成本实现更高的收益。短期来看，这种行为有利于学校发展。例如，新华学院的利用战略可以促进独立学院公益性的提高，因为高校本身科研能力和实践能力的提高有助于学院为社会培养更多有用的人才，学院对学生的吸引力也可以得到提高。之后，在组织的商业性活动活跃的作用

下，场域的要素发生了变化。新战略场域给组织带来了新的压力和阻力，仅依靠商业性活跃不能应对新的场域。学院如果只注重商业性，商业性行为的活跃就无法弥补公益性的损失。公益性和商业性之间的冲突浮出水面，这种固有悖论之中的冲突会促使组织从利用战略回到探索战略的战略变化。由此可以总结，固有悖论中商业性活动的活跃与场域变化的交互，共同推动了战略变化从利用到探索的变化的发生。

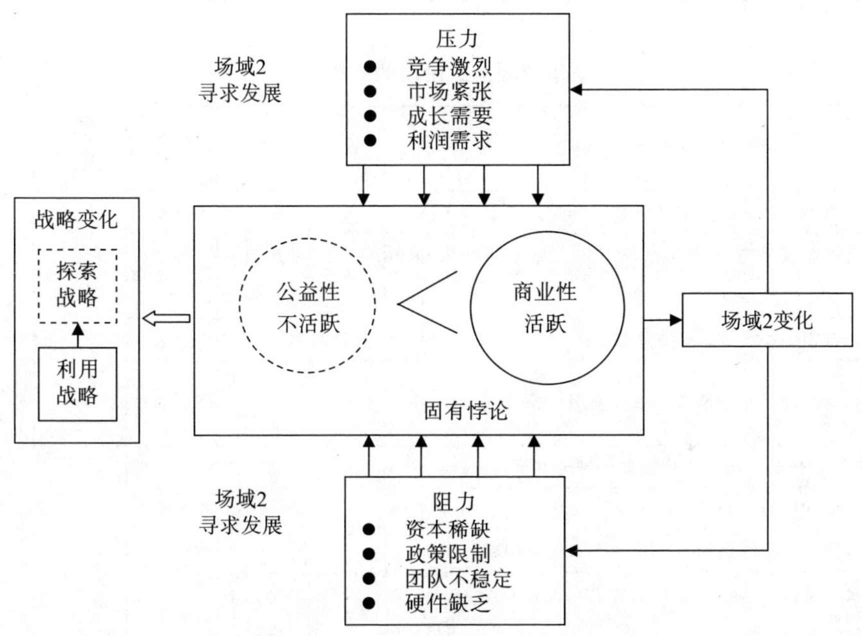

图 6－7　第二阶段战略场域和固有悖论的机制

6.2.4　第三阶段：双悖论协调

新华学院战略变化的第三阶段 2014—2018 年，称为双悖论协调阶段。这个阶段称为场域 3：寻求独立。新华学院对其“母体”学校的依赖性进一步降低，为学校的独立发展铺平道路。学院有一支稳定的教师队伍，不再完全依赖中山大学提供教学资源。而且，教师团队为学院带来了新的发展机会和社会关系。如表 6－7 所示，环境压力来自激烈的竞争和建设需要、高水平的教师需求和营利需求。场域 3 的阻力来自收入限制、资本限制、优秀教师和硬件的缺乏。用新华学院的话来说，就是“为了实现自主的努力”。为了应对这些变化，新华学院在公益性和商业性活动上都做出了努力。编码结果显示组织公益性和商业性行动都很活跃。新华学院战略场域是正在逐渐接近完全独立的变化趋势。例如，新华学院正在逐渐减少对“母体”学校资源的依赖，学院逐渐形成自己对固有悖论的管理方式。对战略变化来说，新华学院不再单纯地使用一种方式，而是将探索战略和利用战略混合，与战略场域和固有悖论的交互协调改变。

表 6－7　　　　新华学院第三阶段的战略场域

典型举证	条目数（条）	关键词	初级编码	次级编码	类别
珠江三角洲地区有许多成功的独立学院，并取得了独立	6	竞争激烈	竞争激烈	压力	战略场域
学生首先想要建立图书馆，并有一个地方可供阅读和学习	5	基础设施建设需要	设施要求		
学生们希望一些高级教师来学校	7	教师需求	人力需求		
股东寻求回报，并开始涉足学校管理	6	股东需要利润	利润需求		
“母体”学校必须从收入中提取一部分利润	4	收入分配	收入限制	阻力	
新华学院学生的学费是运营资金的主要来源；其他来源主要包括：父母的捐赠、商业运作和校友捐赠	2	资本限制			
教师水平有限，这些学生偶尔会去其他学校学习，缴纳额外的学费	4	教师水平有限	人力不足		
校园建设仍在进行中，许多硬件设施不固定	6	硬件缺乏	硬件缺乏		
归纳表述	核心观点		表现	解构变量	类别
新华学院现在的目标是早日实现独立	走向独立		改变	战略场域	变化趋势
学校的许多行为可以说是为了盈利，也可以说是为了公益	灵活的交互		相互作用	固有悖论	
新华学院对外部资源的引进和内部资源的开发形成了自己的套路和规范	探索战略与利用战略灵活使用		持续协调	战略变化	

图 6－8 展示了场域中固有悖论与战略变化的协同演化机制。新华学院成功创建了自己的发展模式之后，感受到与其他院校的激烈竞争。学院需要同时在公益性和商业性中寻找平衡，在这个过程中新华学院不断发

展。总的来说，一个组织如果不能完全掌握固有悖论、战略场域和战略变化的规律，对环境变化做出反应并改变环境的能力就会减弱。例如，尽管新华学院多年来在基础设施扩张方面投入巨大，但其他利益相关方认为基础设施仍然不足。因此，战略场域发生变化，组织公益性和商业性之间的平衡需要相应改变，战略也就会随之变化。由此可以总结，固有悖论的活跃与场域不断交互和匹配，共同推动了战略的持续变化。

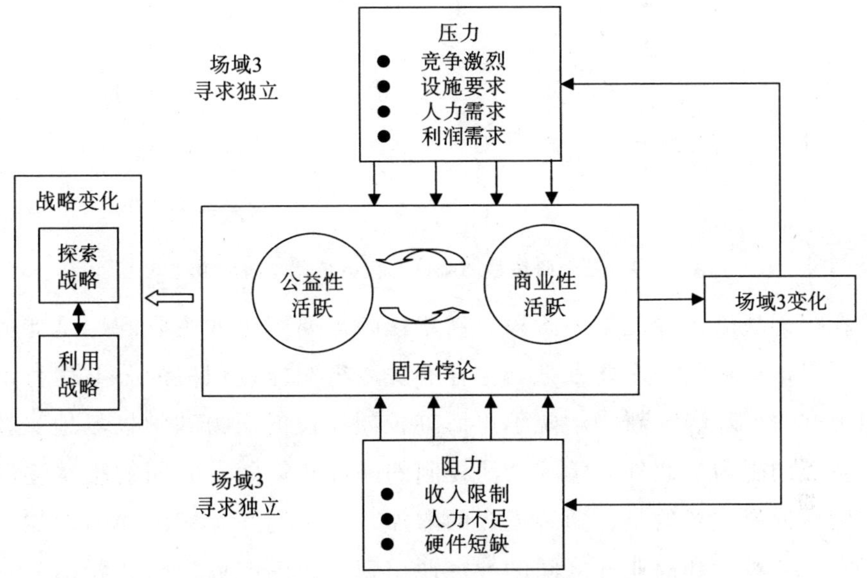

图 6－8　第三阶段战略场域与固有悖论的机制

6.2.5　战略场域、悖论与战略变化

战略场域的变化与组织中固有悖论的活跃密不可分。如图 6－9 所示，本章基于新华学院战略变化的阶段将其过程分为探索战略主导、利用战略主导和双悖论协调阶段。在每个阶段中，固有悖论中活跃的部分都在逐步转移。每两个连续的阶段都有重叠的战略场域压力和阻力的要素。这表明场域及其变化是战略变化的必要条件，组织内部固有悖论的活跃不仅促进了场域的变化，也促进了战略的变化。

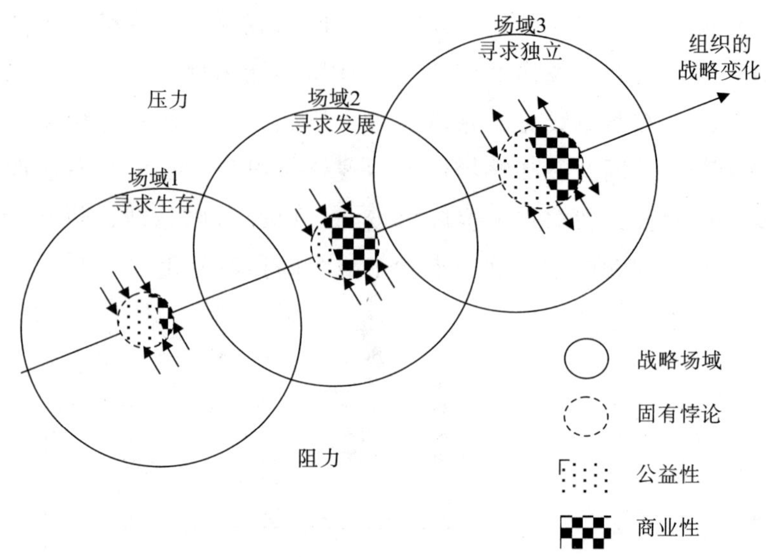

图 6-9 三个阶段战略场域、固有悖论与战略变化

在探索战略主导的第一阶段，新华学院需要解决的主要问题是如何生存，所以该场域的许多要素都与生存有关。组织通过积极的公益性行动克服阻力并改变环境。新华学院不再面临校园建设的压力和学校场地、教师资源匮乏的阻力。此外，学院无法控制的外部政策随着时间的推移逐渐改善。同样值得注意的是，随着投资的增加，股东们开始考虑如何增加他们的财富。公益性和商业性之间的冲突便出现了，固有悖论的活跃部分开始转移。与此同时，战略的主导也开始从外部的探索转向对内部资源的利用和开发。

在利用战略主导的第二阶段，新华学院仍然面临着招生压力。学校在财务方面仍面临困难，它依赖单一资金来源拖累了学院的发展进程。教师的发展需求成为学院新的发展压力。由于更多独立学院的建立与兴起，独立学院之间的竞争愈演愈烈，仅依靠商业活动来应对环境变化是十分困难的。学校需要探索应对新场域的新方法，于是公益性和商业性之间的冲突变得显著，固有悖论的活跃部分开始转移。与此同时，战略的主导开始从内部资源的利用和开发向外部更多元化的资源探索和扩展。

在双悖论协调的第三阶段，新华学院没有在师资方面出现更多的阻力。学校为教师提供培训项目并支付了较高的工资。此外，政策限制问题也逐渐得到解决。尽管如此，对高级教师的需求和更多学校基础建设的需求成为学校新的发展压力。学院的资金来源正在增加，不过数量仍然有限。这种财务状况成为制约学院发展的主要障碍。新华学院试图同时考虑教育的公益性和投资的商业性质，并在两种角色的平衡中找出处理它们的方式以适应战略场域的变化，同时新华学院的发展会推动战略场域的改变，进而带来战略的变化。

从以上分析可以看出，战略场域的要素可以分为可控和不可控两种。这项研究与 Eberhardt 和 Thomas[325] 以前的研究一致，他将环境要素分为可控和不可控两种，重点是对环境因素的测量。本章的重点是描述场域可控和不可控元件的变化过程。在可控方面，组织可以通过内部行动的积极活跃的转变来改变压力和阻力要素。组织不能直接影响的外部环境决定场域的不可控要素。从新华学院的过程分析可以看出，随着组织对固有悖论的逐渐掌握，新华学院已经将“由外至内”场域对组织的影响主导战略变化，转化为“由内至外”组织对场域的影响主导战略变化。组织和场域之间的交互是迭代和循环的，如新华学院等独立学院建设的逐步发展推动了我国独立学院相关政策的完善。这些政策反过来会影响独立学院之后的建设。也就是说，组织固有悖论与战略场域的交互会促使组织战略的持续变化，同时促使组织从被动受环境影响逐步向主动影响环境转变。

6.2.6　案例发现与小结

许多具有公益性和商业性悖论角色的组织正面临着一个日益活跃和多变的环境。混合冲突型组织要在这个不断变化的环境中实现可持续发展，需要同时处理与环境的交互和组织内的冲突问题。现有文献主要关注组织成长过程中出现的“环境影响组织”和“组织影响环境”两种作用关系，而组织如何随着战略的变化从适应向能动转变的研究还不多。本章以新华学院为研究对象，基于悖论理论和场域理论揭示了混合冲突型组织从“场域影响组织”（适应）转变为“组织影响场域”（能动）的过程（见图 6－10）。这项研究有助于对悖论和场域理论的实质性认识。

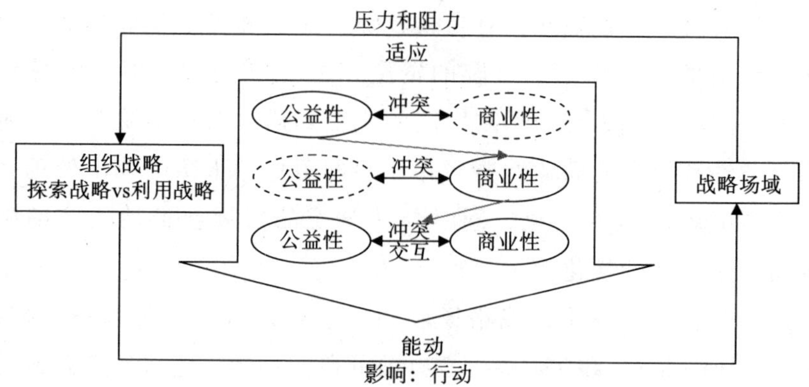

图 6－10　组织从适应到能动的转变

独立学院是一种独特的高等教育形式，它需要同时满足社会福利和股东利益。事实上，它就像任何一个在满足股东愿望和企业社会责任方面扮演悖论角色的组织一样。然而，现有的研究并没有对独立学院战略变化的规律，以及如何应对环境变化进行深入的讨论。本章以悖论和场域理论为基础，探讨了具有悖论角色的独立学院在发展过程中如何与战略场域相互作用。本章采用纵向案例研究的方法，运用“战略场域—固有悖论—变化趋势”的逻辑，对新华学院 2005—2018 年的发展进行了分析。研究结果表明，固有悖论和场域的变化的迭代促进了组织的活跃从一个极向另一个极的转移，同时也揭示了悖论均衡体系中，公益性与商业性的动态交互促进了战略场域的变化。此外，本章还发现，战略场域与悖论之间的相互作用不断地促使组织在从“场域影响组织”到“组织影响场域”的迭代过程中走向独立。

6.3　本章小结

本章主要探索承载冲突的战略场域与战略变化的关系。该问题的解答从两方面展开：第一，战略场域的作用机制。本章通过东汽的连续战略变化与不连续战略变化的关键事件的对比研究，探索不同程度的战略变化过程中战略场域的作用机制，构建“战略场域”的概念。第二，从要素的角度解构战略场域与战略变化的关系。选取新华学院为研究对象，将战略场域、悖论冲突和战略变化相结合，探索三者的协同演化过程。通过以上研究，得到如下结论。

（1）战略场域在战略变化的过程中具有驱动和聚焦的作用。在战略场域的驱动机制和聚焦机制的共同作用下，组织认知与行动的交互形成推动战略变化的动力，推动组织连续的战略变化从量变到质变完成不连续战略变化。

（2）在动荡场域的触发下，关键事件发生并由环境输入作用于组织。组织通过认知指导行动，由行动主导和应对动荡的战略场域，驱动机制和聚焦机制的作用不明显，战略主线保持不变。

（3）在动荡场域的刺激下，关键事件发生并由环境输入作用于组织。在驱动机制和聚焦机制作用下，组织内部由于认知与行动的协调交互形成变化的动力，对战略场域的影响较大，战略主线随之发生了变化，促使不连续战略变化出现。

（4）在固有悖论中，某一极的活跃（公益性或商业性）与场域变化的交互共同推动了战略变化由探索到利用（或由利用到探索）的变化发生。固有悖论的活跃与场域不断交互和匹配，共同推动了战略的持续变化。组织控制固有悖论与场域的交互过程，会促使组织战略的持续变化，同时推动组织从被动受环境影响逐步向主动影响环境转变。

第 7 章

结论与展望

本书在对战略变化、悖论理论和场域理论进行文献综述的基础上，在第 3 章详细叙述了针对“不确定环境中，混合冲突型组织持续的战略变化过程是如何发生的”这一核心问题定制的研究方法。之后的第 4 章、第 5 章、第 6 章讨论了围绕战略变化过程核心问题的三个子问题：悖论冲突、潜在过程、场域的承载。在此基础上，本书在结论部分构建战略变化的过程模型，描绘以悖论作为动力核心、“潜过程”响应和形成新战略、战略场域驱动和聚焦的持续战略变化过程。本章在对全书进行总结的基础上提出本书的主要研究结论、理论启示和管理启示，并对当前研究的不足进行归纳，展望未来的进一步研究方向。

7.1　主要结论

综合第 4 章、第 5 章、第 6 章的分析，本书通过关键事件路径法、内容分析和逐层编码的方法建立了综合悖论冲突、潜在过程，以及战略场域的战略变化过程模型，如图 7－1 所示。悖论冲突是战略变化的动力，搅动周边资源驱动战略变化的活力；战略场域的压力和阻力通过驱动和聚焦机制调整战略变化的程度；潜伏、激发和固化的过程不断循环使组织战略变化持续发生，并带来不同程度战略变化的结果。该模型可以穿透组织战略的纵向变化过程，实现连续与不连续战略变化的贯通。本书以混合冲突型组织中具有代表性的组织作为研究对象，通过对战略变化过程中的悖论冲突、潜在过程以及场域的承载分别进行研究，得出以下主要结论。

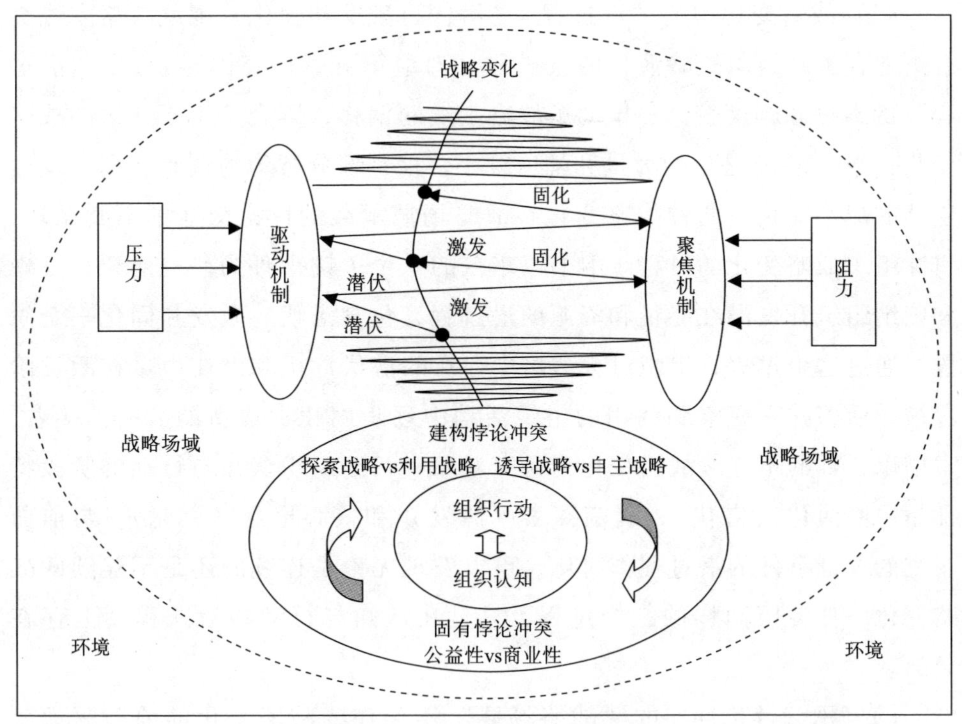

图 7－1　战略变化的过程模型

（1）组织中的悖论是战略变化的活力源头，也就是过程模型的驱动内核（对应第四章研究内容）。悖论冲突在组织中有多种存在的形式，可以是两种不同的战略（诱导战略与自主战略）、可以是组织天然拥有的固有悖论（公益性与商业性）、也可以是组织行动中逐步区分出的建构悖论（探索战略与利用战略）等。随着悖论两极的不断活跃交互，组织调动并协调周边资源为实现战略目标做贡献。本书从两个角度对这一过程进行了揭示：第一，从悖论和战略变化的直接关系打开。对攀钢的战略过程进行诱导战略和自主战略进行拆分，发现两种战略在战略变化中轮流主导。二者的活跃变化推动了战略的目标由模糊到清晰的变化过程。第二，从不同性质的悖论交互与战略变化的过程打开。将新华学院的悖论分为固有悖论公益性与商业性，以及建构悖论探索战略和利用战略。通过纵向研究可以看出，组织对两种悖论的响应和管理不是一蹴而就的，而是在固有悖论和建构悖论的不断协调中，寻找不同环境中适合自己组织的战略。

（2）战略变化中的“潜过程”（潜伏、激发和固化）围绕战略主线交替更迭，贯穿组织战略演化的全过程（对应第五章研究内容）。当“潜过程”的力量和幅度较大，推动了战略主线的偏移，则会发生不连续的战略变化；当“潜过程”的力量和幅度较小，仅是部分行为的调整，则会发生连续的战略变化。两种战略变化在战略场域承载的悖论交互中不断循环，贯穿组织战略变化的过程。本书以东汽的六个关键事件为研究对象，发现和归纳组织开发潜在能量和资源的潜过程，包含潜伏、激发和固化三个阶段。通过这个过程，组织过去战略中存在的潜伏危机和潜在力量在激发阶段被激活，并在探索和利用的组织活动中逐步固化形成新的战略。接着，本书以长虹的不连续战略变化为研究对象，归纳组织认知与行动的阶段特征是协同演化（潜伏）、震荡探索（激发）和核心聚焦（固化）。与前面东汽的关键事件的潜过程作对比，可以发现无论是连续的还是不连续的战略变化，都经历同样的三个过程，只是在认知与行动的活跃程度上存在差异。

（3）承载悖论冲突的“战略场域”不仅作为战略变化的前因驱动变化发生，而且在变化过程中以持续的驱动机制和聚焦机制调节组织战略

（对应第六章研究内容）。在力场分析的文献中，有学者将组织战略变化的环境解构为压力和阻力。经过本书的研究发现，压力和阻力不仅作为动力促使组织战略发生变化，还在战略变化的过程中发生作用。压力是驱动机制的源头，促使企业的战略开始发生变化。阻力是聚焦机制的源头，通过组织行动后的反馈使企业战略逐步聚焦。本书从两个角度揭示战略场域的作用过程：第一，本书通过对东汽带来连续战略变化和不连续战略变化的关键事件过程进行对比，发现战略场域在战略变化过程中，同时存在驱动机制和聚焦机制。驱动机制促使组织战略发生变化，进而影响组织认知和行动交互的活跃，聚焦机制通过对组织行动的反馈，促使战略目标不断聚焦，认知和行动逐渐形成组织特有的规律。第二，本书在战略场域中加入悖论的冲突和响应，以新华学院为研究对象打开战略变化过程中战略场域和悖论内核的协调机制。在此过程中，将战略变化作为输出的结果，可以看出战略场域与组织悖论冲突在交互的过程中互相推动对方的变化。

7.2　理论启示

本书对组织在战略发展的过程中，“战略场域”承载的战略变化过程进行了探索，基于悖论视角对组织内部冲突的辨析，贯通了纵向组织战略变化中连续与不连续战略变化的过程。本书对战略变化理论、悖论理论、场域理论做出了贡献。

7.2.1　战略变化理论

本书促进了对混合冲突型组织战略变化过程的理解，主要体现在四个方面：一是将悖论理论引入对战略变化过程的研究；二是拓展了战略变化环境的研究；三是推进了战略变化中组织认知和组织行动之间关系的研究；四是促进了对持续变化视角的战略变化过程的理解。

（1）本书通过悖论的视角将战略变化的动力内核进行归纳，为战略变化的过程带来新的解释。第一，本书不再从单纯的一种冲突视角看战略的行动，如诱导战略与自主战略的冲突与交互[271]，而是对战略变化中的多种悖论交互作过程分析，如公益性和商业性的悖论、探索与利用的悖论、诱导战略与自主战略的悖论。通过对多种悖论冲突作用过程的分析和对比，揭示了冲突对战略变化的推动过程。第二，基于悖论文献对冲突的分类[16]，本书将战略变化中的悖论分为固有悖论和建构悖论两种，探究了二者的交互和协调对战略变化的影响。

（2）本书不再将环境看作战略变化的输入和前因，而是将环境加入战略变化过程中分析“场域”的作用。在战略变化的过程模型发展过程中，环境通常被看作战略变化的前因[6]。但是，这种界定方式弱化了环境在战略变化过程中的作用。学者们意识到这个情况，开始关注战略变化所处的环境[11,51]。本书将场域理论引入战略变化的过程研究中，发现场域影响战略变化的驱动和聚焦机制推动战略变化的过程，促进了战略变化研究中对环境的探索。

（3）本书对战略变化过程中组织认知与组织行动之间关系的研究具有一定启示。在战略变化过程中，包括组织认知调整和组织行动实施两种动态要素[95,326]，组织认知和组织行动如何共同影响组织战略，引起了越来越多的学者重视[108,181,182]。如 Burgelman 等在对战略变化过程进行的研究更关注内部不同管理层级之间的演化过程[18,208]，组织自身认知与行动之间的关系和交互过程相对被忽略。然而，实践证明行动与认知的交互过程不仅影响战略变化的程度，同时也影响周围的环境[45]。本书以关键事件过程中认知和行动的变化分析战略变化，揭示了战略变化的“潜过程”，并以逐层编码的方式对潜过程中认知与行动的特征进行归纳，补充了现有研究的不足。

（4）本书促进了对持续变化视角的战略变化的理解。第一，组织的战略有内容和过程的双重含义[327]，现有研究将组织看作连续变化的统一体[73]，却又将战略看作相对稳定的存在[328]。本书融合了两种观点，认为战略变化是持续存在于组织中的过程，也是组织适应环境的产物，为持续变化视角下战略变化过程的打开提供了借鉴。第二，组织习惯于在遇到环境变化时对行动进行微调，所以从单环学习到双环学习的跨越是困难的[45]。本书通过分析不连续战略变化的突破过程，为组织克服路径依赖、实现战略转型提供了一种新的解释方式。第三，本书不同于过去的研究将企业拆分为各种层级[18]进行分析，也不会只关注企业变化过程[329,330]忽视对组织认知层面变化的考查，本书在保持组织整体性和活性的前提下，对其战略变化过程中的认知和行动同时进行了挖掘和分析。第四，现有关于战略变化过程的研究大多集中在某一个事件的变化过程，需要更多地探索多个事件的纵向过程[9]。本书采取纵向过程研究的方法，将组织发展过程中一系列的战略变化过程作串联，探索多次战略变化之间内在的联系，对多个事件的战略变化过程研究作了补充。

7.2.2 悖论理论

本书丰富了悖论理论在组织层面的研究，主要体现在四个方面：一是探索了多重悖论冲突之间的协调关系；二是揭示了悖论活跃的转移过程；三是丰富了聚焦过程的悖论研究；四是细化了悖论双元行为与组织和战略发展的因果逻辑关系。

（1）本书丰富了悖论理论在组织层面的研究。本书中关于悖论的定义符合 Smith 和 Lewis[16] 的研究，他们认为，冲突的持续性是组织悖论动态平衡模型的一个关键特征。对于具有混合冲突的组织，管理矛盾的冲突关系对其发展至关重要。学者[16,34]认为，悖论的冲突可以通过拥抱、分离、融合等方式来控制。为了帮助组织同时应对多重悖论冲突，本书探索并归纳了建构悖论与固有悖论的协同过程，认为单一悖论冲突的平衡不足以促进组织可持续发展，建构悖论与固有悖论形成良性循环是组织可持续发展的必要条件。

（2）悖论作为一种元视角[17,331]，已经广泛地应用于组织的发展过程研究[59,332,333]，但是悖论两极的确定以及互动机制仍需进一步探索。本书表明，多重悖论和战略场域的交互促进了组织的活跃性从一极向另一极的转移（如从公益性向商业性转移），探索和推进了悖论活跃的转移过程。

（3）本书回应了学者们[36,334]关于聚焦过程悖论研究的呼吁。通过引入场域理论，本书对组织在不同阶段的力场[28]进行纵向过程分析。结果发现，战略场域与多种悖论之间的相互作用不断地激发组织战略发生变化，在“场域影响组织”和“组织影响场域”的迭代过程中，组织在持续发展中逐步接近独立。

（4）本书对悖论双元行为与组织和战略发展的因果逻辑关系进行细化。现有的文献指出，环境变化或者组织内在活性会影响组织对冲突的识别，进而影响组织的持续发展[15,16,330,331]，其中组织探索和利用的悖论双元平衡可以促进组织的可持续发展得到很多研究的认可[288]。本书经过研究发现，组织双元行为的活跃不足以带来战略阶段的变化，只有组织认知与行动同时活跃才能带来战略阶段的跨越。另外，Feldman[274]的研究表明，惯例是创新的来源，本书对其理论进行了推进，研究发现惯例不仅是创新的源泉，还能使组织更好地应对不确定性。关键事件激发的过程中，组织应对行动的基础多来源于前期积累的不被注意的成果和惯例，减少不确定性事件带来的冲击和损失。

7.2.3 场域理论

本书探索了场域理论在战略变化领域中的应用，尝试构建了“战略场域”的概念，丰富了场域理论的应用，具体主要体现在三个方面：一是构建了“战略场域”的概念；二是推进了场域变化的动力探索；三是拓展了场域理论在战略变化领域的应用。

（1）本书在场域理论基础上，构建了“战略场域”的概念，推动了战略变化领域理论的发展。本书总结了各种理论中对场域理论的应用，包括拓扑学中的力场[52,53]、社会学中的场域[22]、制度理论中的场域[25,237]、知识传递中的场[54]。不同理论对场域定义不同，但一致认为，场域是某种交互过程的承载。但是，在战略变化的研究领域却通常用宏观的环境或情境表示战略发生过程的承载，缺乏一个特别为制定和实施战略而构建的“战略场域”。因此，本书在总结“场”的相关理论后，基于 Nonaka 和

Lewin 对场域的界定，将战略场域界定为一个承载战略变化活跃交互，通过驱动机制和聚焦机制推动战略变化的情境，为场域理论的在战略变化领域的推广做出了贡献。

（2）本书丰富了对场域变化动力的探索。第一，场域内每一个位置都会影响组织主观体验到的动机，这些动机告诉组织“应该做什么[20]”，但是较少有研究关注动机驱动场域变化的过程[335]。Miles[52]还指出现有研究缺乏对场域内部动力机制的探索。本书引入悖论理论为解释场域变化的动机提供了更多可能性。场域中的组织不再只是受位置影响的向量[20]，而是通过悖论角色的交互作用产生能量的核心。场域的动荡只有在组织内部活跃的前提下，才能更大程度地影响组织战略变化的程度。第二，场域是“相互依存的共存事实的整体”[29]，并且在不断的变化当中。这与组织变化领域的研究当中，“组织的变化是一种常态”的前提假设是一致的[73]。但是研究者却普遍将 Lewin 的组织三阶段变化模型，归类到“组织的稳定是一种常态”的前提假设中去[170]。本书将两种思路整合，认为组织处于不断变化的过程中；同时，组织及其所处的情境也在不断地变化中，以此为前提探索了两种变化之间的关系。第三，场域理论中对组织如何受到场域的影响一直受到学者的关注。具体如下：学者们一方面探索了组织如何在场域下实现变化[30]；另一方面通过较为抽象的制度场描述组织行动的发生情境[336]，但是这种力要如何描述和测度是个较难攻克的问题。本书尝试弱化力的具体要素，用组织认知的环境及其变化诠释场域，推进了场域理论在战略变化相关研究领域中的应用。

（3）本书从交互的角度研究战略变化，拓展了场域理论在战略领域的应用。第一，以 Lewin 为代表的场域理论研究在组织层面的应用，止步于组织的力场分析[19,28,30,254]，缺乏在组织和战略层面的相关研究[19]。本书将单一战略场域作为研究单位，通过归纳战略场域在不同阶段的特点对场域的变化过程进行了探索，从另一个角度回应了场域中的组织位置的界定，对场域理论的推进作了尝试。第二，现在关于组织与环境的交互的文献通常关注组织行动和环境变化之间的关系[337]，没办法解释意料外结果出现的原因和过程[101]。本书将场域中组织的认知作为“桥梁”，以潜过程连接了组织行动和环境，为意料外的战略变化结果提供了认知层面的解释。第三，Lewin 将组织看作固定不变的实体，在其理论中将组织变革的过程解释为解冻、变革、再冻结的过程[229]。本书打破了这种思维方式，以交互的角度看待组织所处的场域，将组织看作复杂可变的动态系统，为组织的研究注入了动态、变化的新鲜血液。

7.3 管理启示

本书对混合冲突性组织的战略变化管理实践具有以下启示。

(1) 管理者需要考虑多重悖论冲突的存在以及悖论活跃性的调整。第一，通过本书的研究发现，如何协调多种悖论是战略变化是否能快速实现的核心。当一个组织在意识到组织中存在的悖论，并且通过调整、响应悖论的冲突（如固有悖论）仍然不能解决问题时，管理者需要考虑悖论是否只是某一个层面（如建构层面）的悖论，忽视了另一种悖论的存在。只有两个悖论系统同时协调，才能使组织更好的随着环境变化调整战略。第二，如果组织的一个角色（如商人角色）不能促进组织的变革，管理者需要更多地关注另一个可能的角色（如公益角色）的资源、能力和行动。这些现有的资源和能力是产生活力的基础。研究发现，具有悖论角色的组织，悖论两极中某一端行动的活跃可以推动战略变化的进程。但是，当某一种行动不能继续推动组织发展，不能促使组织实现战略变化，管理者就应该通过其他的行为模式寻找出路。如案例中新华学院通过公益性活动的活跃可以推动战略变化，后期需要更多地关注商业性活动弥补营利的不足。因此，当组织需要实现更大程度的战略变化，而现有的行动不能起到作用时，管理者可以通过重新检查他们的组织找到能够刺激其内部活动的新角色。

(2) 本书通过研究组织实施战略变化的过程，揭示了管理者认知对战略场域的重要作用。本书中的战略场域是以管理者制定组织战略时认知到的环境要素，以及组织行动可以影响到的范围界定的；同时，为了更准确地分析战略场域的要素，本书还将场域对组织的作用分为了压力和阻力两种。因此，在实践过程中，管理者可以通过分析战略场域的变化来判断组织的活动及其对现有战略的影响。如他们可以通过比较组织在不同时期的压力和阻力的变化来影响战略的变化。当管理者发现组织的战略场域发生变化时，需要通过激活和调动冲突和悖论的交互来适应变化。另外，管理者需要合理利用组织所在场域的驱动力和聚焦作用的过程，来产生和实现组织战略变化。

（3）管理者可以通过调整组织认知或者行动变化的频率，控制战略变化的程度。当组织发展势头良好，不需要改变战略时，管理者可以通过调整行动更快地适应环境的变化。当组织发展与环境不匹配或者组织的发展进入瓶颈期时，组织需要较大程度的战略变化出现。管理者可以在调整组织的价值观、氛围、认知等的同时，不断调整行动（调整探索或利用的行动数量和比例）以实现战略变化。

（4）在战略规划方面也对管理者有一定的启示。第一，在战略规划实施以后要经常回顾总结经验，因为每次的经验都有可能为突发的冲突带来解决的灵感，或者排除不可行的方案以减少时间的浪费。第二，提高组织领导层的素质。一个对市场有敏锐洞察力、对目标有持久的耐心、对风险有承受力的领导，会让组织更容易发现冲突，并通过“潜过程”促进不连续战略变化的出现。第三，经常对组织的环境进行分析和评估，可以将更多影响组织发展的不确定因素，以及可能带来潜在力量的能力和过程识别出来，以降低企业面对突发情况带来的风险。

7.4 研究不足与未来研究方向

尽管本书围绕研究主题战略变化的过程进行了深入的讨论，但是仍然存在一些局限和不足。

第一，本书针对研究问题采用了定制的研究方法[257]，但是在结果的普适性上仍然存在局限性。本书研究对象限定于典型的混合冲突型组织，结论普适性会受到一定的影响。未来的研究可扩大研究范围，进一步验证本书的基本结论。在本书中对混合冲突的界定是有多重显著的冲突同时存在于组织运营过程中，选取的四个案例性质分别为国有企业和独立学院，未来的研究将选取不同行业的民营企业对研究结果进行验证。

第二，本书构建了战略变化的过程模型，描述了组织冲突和战略场域对战略变化过程的影响，对战略变化的前因和过程从新的角度进行了诠释。另外，本书还对战略变化会产生非线性结果的原因进行了探索。但是，本书对总结出的多重要素（混合悖论冲突和场域）如何共同影响战略变化的过程没有进行进一步的检验。因此，在未来对悖论视角下，战略变化过程的研究需要探索带来意料外战略变化结果的原因是怎样组合的，为进一步拓宽战略变化的理论打下基础。

第三，本书围绕核心问题构建了混合冲突型组织的战略变化过程模型，在问题特殊性的基础上选择了归纳导向的逻辑进行研究设计，未来需要通过假设检验逻辑的研究（如实证研究）进一步对得出的过程进行检验，归纳影响战略变化程度的要素，挖掘战略变化过程中新战略和潜在能力激发的规律。

第四，本书构建了“战略场域”的概念，通过压力和阻力解构了战略场域的要素，但是没有进一步挖掘要素之间的关系。未来研究可以将战略场域的要素进行分类归纳（如可控和不可控），探索不同种类要素对战略变化过程的影响，以及要素在战略变化过程中的变化规律，为战略变化的情境研究提供新的思路和解释。

附录

研究成果

(一) 已取得的科研成果

[1] 李蓉, 杜义飞, 霍龙, 潘琼. 双元角色下组织独立能力构建过程研究——以中山大学新华学院为例[J]. 管理评论, 2018, 30 (10): 279 - 294.

[2] 李蓉, 杜义飞. 打开企业战略规划变化的"潜过程"——基于认知视角的案例研究[J]. 技术经济, 2018, 37 (3): 61 - 72.

[3] Rong Li, Yi - Fei Du, Hong - Juan Tang, Francis Boadu, Min Xue. MNEs' Subsidiary HRM Practices and Firm Innovative Performance: A Tacit Knowledge Approach [J]. Sustainability, 2019, 11 (3): 1 - 18.

[4] 杜义飞, 潘琼, 王建刚, 李蓉. 事件路径分析方法: 基于悖论与存在主义视角[J]. 电子科技大学学报 (社科版), 2017, 19 (2): 18 - 23.

[5] Rong Li, Yi - Fei Du. Study on the Process of Strategic Evolution Based on the Perspective of Paradox: A Longitudinal Case Study of Pangang, 1965 - 2016 [C]. Proceedings of 2017 International Conference on Strategic Management, 303 - 310.

[6] 李蓉, 杜义飞. 企业战略规划转向"潜过程"的打开: 基于双环学习的案例研究 [C]. 中国本土管理研究论坛, 武汉, 武汉大学经济与管理学院, 2017.

[7] Rong Li, Yi - Fei Du. Paradox movement in the evolution of corporate strategy: case study based on the interaction between state and process [C]. International Association for Chinese Management Research Workshop, Wuhan, 2017.

[8] 李蓉, 杜义飞, 唐洪娟, 陈方春. 组织场承载的战略转型过程: 基于长虹集团的案例研究[J]. 技术经济, 2019, 38 (6), 19 - 28.

[9] 李蓉, 杜义飞, 潘琼. "战略场域" 承载的组织认知、行动与战略变化——基于东方汽轮机的案例研究[J]. 管理案例研究与评论, 2019, 12 (6): 620 - 637.

［10］潘琼，杜义飞，李蓉，薛敏．影响企业家的“企业家精神”：从能力到能量的跃迁［J］. 珞珈管理评论，2019（4）：1－17.

（二）主持和参与的科研项目

［1］国家自然科学基金面上项目（71272131）：“双向依赖”下后发企业创新行为倾向、困境与吸收能力研究（参与）．

［2］国家自然科学基金面上项目（71672021）：“后跳板”情境下后发企业跨国扩张的行为与路径研究：双元视角与嵌入逻辑（参与）．

［3］中央高校人文社会科学重点团队建设项目（ZYGZ2015SKT01）：互联网背景下后发企业的吸收能力过程与跨国扩张路径研究（参与）．

［4］四川省科技厅软科学项目（2016ZR0014）：四川省科技型中小企业制度创业与绩效研究及政策建议（参与）．

［5］山西省物流系统绿色水平评价体系研究（20123084），山西省研究生优秀创新项目（主持）．

［6］山西省传统工艺产业数字化转型研究（2020W014），山西省高等学校哲学社会科学研究项目（主持）．

［7］汇峰网业经济发展第十四个五年规划纲要（01150220040019），横向项目（主持）．

［8］互联网技术与教学过程深度融合的研究与实践，山西大学 2020 年度本科教学改革创新项目（主持）．

参考文献

[1] R. Wiedner, M. Barrett, E. Oborn. The emergence of change in unexpected places: resourcing across organizational practices in strategic change [J]. Academy of Management Journal, 2017, 60 (3): 823 -854.

[2] A. Panayiotou, L. L. Putnam, G. Kassinis. Generating tensions: A multi-level, process analysis of organizational change [J]. Strategic Organization, 2019, 17 (1): 8 -37.

[3] W. K. Smith, M. L. Besharov. Bowing before dual gods: how structured flexibility sustains organizational hybridity [J]. Administrative Science Quarterly, 2019, 64 (1): 1 -44.

[4] 李蓉，杜义飞．打开企业战略规划变化的“潜过程”——基于认知视角的案例研究[J].技术经济，2018，37 (3)：61 -72.

[5] H. Mintzberg. Patterns in strategy formation [J]. Management Science, 1978, 24 (9): 934 -948.

[6] N. Rajagopalan, G. M. Spreitzer. Toward a theory of strategic change: a multi - lens perspective and integrative framework [J]. Academy of Management Review, 1996, 22 (1): 48 -79.

[7] H. Bohman, M. J. Lindfors. Management for change: on strategic change during recession [J]. Journal of Business Research, 1998, 41 (1): 57 -70.

[8] A. Ginsberg. Measuring and modelling changes in strategy: theoretical foundations and empirical directions [J]. Strategic Management Journal, 1988, 9 (6): 559 -575.

[9] J. Müller, S. Kunisch. Central perspectives and debates in strategic change research [J]. International Journal of Management Reviews, 2018, 20

(2): 457 - 482.

[10] 蓝海林. 中国企业战略行为的解释: 一个整合情境——企业特征的概念框架[J]. 管理学报, 2014, 11 (5): 653 - 658.

[11] 苏敬勤, 刘畅. 中国情境架构及作用机理——基于中国企业战略变革案例的质化研究[J]. 管理评论, 2015, 27 (10): 218 - 229.

[12] 苏敬勤, 贾依帛. 我国工商管理案例研究现状、应用前景及情境化深度[J]. 管理学报, 2018, 15 (6): 791 - 802.

[13] R. E. Quinn, K. S. Cameron. Organizational paradox and transformation [M]. USA: Ballinger Publishing Co/Harper & Row Publishers, 1988.

[14] T. J. Hargrave, A. H. Van de Ven. Integrating dialectical and paradox perspectives on managing contradictions in organizations [J]. Organization Studies, 2017, 38 (3 - 4): 319 - 339.

[15] M. W. Lewis. Exploring paradox: toward a more comprehensive guide [J]. Academy of Management Review, 2000, 25 (4): 760 - 776.

[16] W. K. Smith, M. W. Lewis. Toward a theory of paradox: a dynamic equilibrium model of organizing [J]. Academy of Management Review, 2011, 36 (2): 381 - 403.

[17] G. T. Fairhurst, W. K. Smith, S. G. Banghart, et al. Diverging and converging: integrative insights on a paradox meta - perspective [J]. Academy of Management Annals, 2016, 10 (1): 173 - 182.

[18] J. Balogun, J. M. Bartunek, B. Do. Senior managers' sensemaking and responses to strategic change [J]. Organization Science, 2015, 26 (4): 960 - 979.

[19] B. Burnes, B. Cooke. Kurt Lewin's field theory: a review and re - evaluation [J]. International Journal of Management Reviews, 2013, 15 (4): 408 - 425.

[20] J. Martin. What is field theory? [J]. American Journal of Sociology, 2003, 109 (1): 1 - 49.

[21] K. Lewin. Field theory and experiment in social psychology: concepts and methods [J]. American Journal of Sociology, 1939, 44 (6): 868 - 896.

[22] P. Bourdieu. Social space and symbolic power [J]. Sociological Theory, 1989, 7 (1): 14 -25.

[23] K. Mannheim. Man and society in an age of reconstruction: studies in modern social structure [M]. London: Routledge & Kegen Paul, 1940.

[24] C. H. Cooley. The institutional character of pecuniary valuation [J]. American Journal of Sociology, 1913, 18 (4): 543 -555.

[25] P. J. Dimaggio, W. W. Powell. The Iron cage revisited: institutional isomorphism and collective rationality in organizational fields [J]. American Sociological Review, 1983, 48 (2): 147 -160.

[26] I. Nonaka. A dynamic theory of organizational knowledge creation [J]. Organization Science, 1994, 5 (1): 14 -37.

[27] I. Nonaka, K. Umemoto, H. Takeuchi. A theory of organizational knowledge creation [J]. Organization Science, 2014, 5 (1): 14 -37.

[28] A. X. Kruglanski, J. J. Bélanger, X. Chen, et al. The energetics of motivated cognition: a force - field analysis [J]. Psychological Review, 2012, 119 (1): 1 -20.

[29] K. Lewin. Action research and minority problems [J]. Journal of Social Issues, 1946, 2 (4): 34 -46.

[30] B. Burnes. Understanding resistance to change - building on COCH and French [J]. Journal of Change Management, 2015, 15 (2): 92 -116.

[31] C. Sundaramurthy, M. Lewis. Control and collaboration: paradoxes of governance [J]. Academy of Management Review, 2003, 28 (3): 397 -415.

[32] W. K. Smith, M. L. Tushman. Managing strategic contradictions: a top management model for managing innovation streams [J]. Organization Science, 2005, 16 (5): 522 -536.

[33] P. S. Adler, B. Goldoftas, D. I. Levine. Flexibility versus efficiency? a case study of model changeovers in the toyota production system [J]. Organization Science, 1999, 10 (1): 43 -68.

[34] J. D. Margolis, J. P. Walsh. Misery loves companies: rethinking social initiatives by business [J]. Administrative Science Quarterly, 2003, 48 (2):

268 – 305.

[35] K. K. Smith, D. N. Berg. Paradoxes of group life: understanding conflict, paralysis, and movement in group dynamics [M]. London: Jossey – Bass, 1987.

[36] L. L. Putnam, G. T. Fairhurst, S. Banghart. Contradictions, dialectics, and paradoxes in organizations: a constitutive approach [J]. Academy of Management Annals, 2016, 10 (1): 165 – 171.

[37] W. Ocasio. Towards an attention – based view of the firm [J]. Strategic Management Journal, 1997, 18 (S1): 187 – 206.

[38] B. K. Weick. The social psychology of organizing [M]. New York: McGraw – Hill Inc., 1969.

[39] J. P. Walsh. Managerial and organizational cognition: notes from a trip down memory lane [J]. Organization Science, 1995, 6 (3): 280 – 321.

[40] M. Douglas. How institutions think [M]. New York: Syracuse University Press, 1986.

[41] E. H. Schein. Organizational culture and leadership: a dynamic view [J]. Procedia – Social and Behavioral Sciences, 1991, 31 (1): 856 – 860.

[42] S. Albert, D. A. Whetten. Organizational identity [J]. Administration & Society, 1985, 42 (20): 166 – 190.

[43] T. Lant, Z. Shapira. Managerial reasoning about aspirations and expectations [J]. Journal of Economic Behavior & Organization, 2008, 66 (1): 60 – 73.

[44] 张爱卿. 组织行为学 [M]. 北京: 机械工业出版社, 2013.

[45] C. Argyris. Single – loop and double – loop models in research on decision making [J]. Administrative Science Quarterly, 1976, 21 (3): 363 – 375.

[46] C. Argyris. Organizational learning and management information systems [J]. Accounting Organizations & Society, 1982, 2 (2): 113 – 123.

[47] 张涛, 于志凌. 企业持续改进的组织行动模型实证研究[J]. 南开管理评论, 2008, 11 (6): 94 – 102.

[48] 刘鑫, 薛有志. 基于新任 CEO 视角下的战略变革动因研究[J]. 管理学报, 2013, 10 (12): 1747 – 1759.

[49] D. Miller. Strategy making and structure: analysis and implications for performance [J]. Academy of Management Journal, 1987, 30 (1): 7 - 32.

[50] B. De Wit, R. Meyer. Strategy synthesis: resolving strategy paradoxes to create competitive advantage [M]. USA: Cengage Learning EMEA, 2010.

[51] 苏敬勤，高昕．情境视角下“中国式创新”的进路研究[J].管理学报，2019，16 (1)：9 - 16.

[52] J. A. Miles. Management and organization theory [M]. New York: John Wiley & Sons, Inc., 2012.

[53] K. Lewin. Field theory in social science [M]. New York: Dorwin Caetwrite. Harper & Brothers, 1951.

[54] I. Nonaka, N. Konno. The concept of "ba": building a foundation for knowledge creation [J]. California Management Review, 1998, 40 (3): 40 - 54.

[55] 陈晓萍，徐淑英，樊景立．组织与管理研究的实证方法 [M]. 北京：北京大学出版社，2008.

[56] 瞿海源，毕恒达，刘长萱．社会及行为科学研究法（二）：质性研究法 [M]. 北京：社会科学文献出版社，2013.

[57] G. J. Stocking. The ethnographer's magic: Fieldwork in British anthropology from Tylor to Malinowski [M]. Madison, Wisconsin: The University of Wisconsin Press, 1983: 77 - 120.

[58] S. Kvale. Interviews: an introduction to qualitative research interviewing [M]. Thound Oaks, CA: SAGE, 1996.

[59] 杜义飞，潘琼，王建刚，等．事件路径分析方法：基于悖论与存在主义视角[J].电子科技大学学报（社会科学版），2017，19 (2)：18 - 23.

[60] S. H. Harrison, E. D. Rouse. Let's dance! elastic coordination in creative group work: a qualitative study of modern dancers [J]. Academy of Management Journal, 2014, 57 (5): 1256 - 1283.

[61] A. Langley, C. Smallman, H. Tsoukas, et al. Process studies of change in organization and management: unveiling temporality, activity, and flow [J]. Academy of Management Journal, 2013, 56 (1): 1 - 13.

[62] L. B. Mohr. Explaining organizational behavior [M]. SAN Francisco:

Jossey - Bass, 1982.

[63] A. Langley. Strategies for theorizing from process data [J]. Academy of Management Review, 1999, 24 (4): 691 -710.

[64] A. H. Van de ven, G. P. Huber. Longitudinal field research methods for studying processes of organizational change [J]. Organization Science, 1990, 1 (3): 213 -219.

[65] A. D. Chandler. Strategy and structure: chapters in the history of American industrial enterprises, 14 [M]. Cambridge. Hlass: MIT Press, 1962.

[66] H. I. Ansoff. Strategic management [M]. London: Basingstoke, 1979.

[67] M. L. Tushman, E. Romanelli. Organizational evolution: a metamorphosis model of convergence and reorientation [J]. Research in Organizational Behavior, 1985, 7 (1): 171 -222.

[68] A. Ginsberg, A. Buchholtz. Converting to for - profit status: corporate responsiveness to radical change [J]. Academy of Management Journal, 1990, 33 (3): 445 -477.

[69] A. H. Van de Ven, M. S. Poole. Explaining development and change in organizations [J]. Academy of Management Review, 1995, 20 (3): 510 -540.

[70] 刘海潮，李垣. 动态环境下战略管理研究的新趋势[J]. 科学学研究，2004，22 (1): 64 -69.

[71] N. Siggelkow. Evolution toward fit [J]. Administrative Science Quarterly, 2002, 47 (1): 125 -159.

[72] N. Siggelkow. Change in the presence of fit: the rise, the fall, and the renaissance of Liz claiborne [J]. Academy of Management Journal, 2001, 44 (4): 838 -857.

[73] K. E. Weick, R. E. Quinn. Organizational change and development [J]. Annual Review of Psychology, 1999, 50 (1): 361 -386.

[74] D. A. Nadler, M. L. Tushman. Organizational frame bending: principles for managing reorientation [J]. Academy of Management Executive, 1989, 3 (3): 194 -204.

[75] H. Mintzberg, F. Westley. Cycles of organizational change [J]. Strategic

Management Journal, 2010, 13 (S2): 39 -59.

[76] D. Schendel, C. W. Hofer. Strategy formulation: analytical concepts [M]. St Paul: West Publ., 1978.

[77] 刘益，李垣，汪应洛．柔性战略的理论、分析方法及其应用[M]. 北京：中国人民大学出版社，2005.

[78] H. Mintzberg. The strategy concept I: five PS for strategy [J]. California Management Review, 1987, 30 (1): 11 -24.

[79] C. C. Snow, D. C. Hambrick. Measuring organizational strategies: some theoretical and methodological problems [J]. Academy of Management Review, 1980, 5 (4): 527 -538.

[80] 孙爱英，刘海潮，李垣．战略变化理论阐释评述[J]. 科研管理，2004, 25 (6): 133 -140.

[81] S. W. Floyd, P. J. Lane. Strategizing throughout the organization: managing role conflict in strategic renewal [J]. Academy of Management Review, 2000, 25 (1): 154 -177.

[82] D. Albert, M. Kreutzer, C. Lechner. Resolving the paradox of interdependency and strategic renewal in activity systems [J]. Academy of Management Review, 2015, 40 (2): 210 -234.

[83] R. Agarwal, C. E. Helfat. Strategic renewal of organizations [J]. Organization Science, 2009, 20 (2): 281 -293.

[84] G. Hamel. Strategy as revolution [J]. Harvard Business Review, 1996, 74 (4): 69 -82.

[85] P. Loewe, P. Williamson, R. C. Wood. Five styles of strategy innovation and how to use them [J]. European Management Journal, 2001, 19 (2): 115 - 125.

[86] S. R. Barley, G. Kunda. Design and devotion: surges of rational and normative ideologies of control in managerial discourse [J]. Administrative Science Quarterly, 1992, 37 (3): 363 -399.

[87] M. M. Crossan, I. Berdrow. Organizational learning and strategic renewal [J]. Strategic Management Journal, 2010, 24 (11): 1087 -1105.

[88] 王益民．基于多维视角的组织战略变革理论透视与整合[J]. 现代管理科学，2008 (9)：58 -59.

[89] J. Webb，P. Dawson. Measure for measure：strategic change in an electronic instruments corporation [J]. Journal of Management Studies，1991，28 (2)：191 -192.

[90] G. Johnson. Strategic change and the management process [M]. New York：Basil Blackwell，1987.

[91] B. Gray，S. S. Ariss. Politics and strategic change across organizational life cycles [J]. Academy of Management Review，1985，10 (4)：707 -723.

[92] W. Boeker. Strategic change：the effects of founding and history [J]. Academy of Management Journal，1989，32 (3)：489 -515.

[93] J. Goodstein，K. Gautam，W. Boeker. The effects of board size and diversity on strategic change [J]. Strategic Management Journal，1994，15 (3)：241 -250.

[94] L. E. Greiner，A. Bhambri. New CEO intervention and dynamics of deliberate strategic change [J]. Strategic Management Journal，1989，10 (S1)：67 -86.

[95] 薛有志，周杰，初旭．企业战略转型的概念框架：内涵、路径与模式[J]. 经济管理，2012，34 (7)：39 -48.

[96] 欧阳桃花，曾德麟，崔争艳，等．基于能力重塑的互联网企业战略转型研究：百度案例[J]. 管理学报，2016，13 (12)：1745 -1755.

[97] D. G. Harrington. Embracing and exploiting industry turbulence：the strategic transformation of Aer lingus [J]. European Management Journal，2005，23 (4)：450 -457.

[98] R. Yokota，H. Mitsuhashi. Attributive change in top management teams as a driver of strategic change [J]. Asia Pacific Journal of Management，2008，25 (2)：297 -315.

[99] H. I. Ansoff. Corporate strategy：an analytic approach to business policy for growth and expansion [M]. New York：Penguin Books，1965.

[100] T. K. Lant，S. J. Mezias. An organizational learning model of conver-

gence and reorientation [J]. Organization Science, 1992, 3 (1): 47 -71.

[101] R. B. Mackay, R. Chia. Choice, chance, and unintended consequences in strategic change: a process understanding of the rise and fall of northco - automotive [J]. Academy of Management Journal, 2013, 56 (1): 208 -230.

[102] 曾宪聚，吴建祖．组织环境、管理者认知和战略决策[J]．管理学家：学术版，2009 (2): 73 -75.

[103] R. A. Burgelman. Hp's process of corporate becoming - why strategic leadership matters [R], 2016, Stanford University Graduate School of Business Research Paper No. 16 - 11.

[104] 赵剑波．组织认知对免疫行为和组织健康的影响机制——对A企业的案例研究[J]．经济管理，2013 (12): 54 -64.

[105] 许涛，荣玫．组织认知研究述评及未来研究方向[J]．发展研究，2008 (8): 106 -109.

[106] H. P. Sims, D. A. Gioia. The thinking organization [M]. London: Jossy - Bass Publishers, 1986.

[107] K. E. Weick. Sensemaking in organizations [M]. Thousand Oaks: SAGE Publications, 1995.

[108] M. Christianson. Sensemaking in organizations: taking stock and moving forward [J]. Academy of Management Annals, 2014, 8 (1): 57 -125.

[109] G. Islam. Extending organizational cognition: a conceptual exploration of mental extension in organizations [J]. Human Relations, 2016, 68 (3): 463 - 487.

[110] R. Cropanzano. Writing nonempirical articles for journal of management: general thoughts and suggestions [J]. Journal of Management, 2009, 35 (6): 1304 - 1311.

[111] O. Jones, C. Gatrell. Editorial: the future of writing and reviewing for IJMR [J]. International Journal of Management Reviews, 2014, 16 (3): 249 -264.

[112] J. Short. The art of writing a review article [J]. Journal of Management, 2009, 35 (6): 1312 -1317.

[113] M. T. Hannan, J. Freeman. The population ecology of organizations [J]. American Journal of Sociology, 1977, 82 (5): 929 -964.

[114] R. Greenwood, C. R. Hinings. Understanding strategic change: the contribution of archetypes [J]. Academy of Management Journal, 1993, 36 (5): 1052 -1081.

[115] O. Furrer, H. Thomas, A. Goussevskaia. The structure and evolution of the strategic management field: A content analysis of 26 years of strategic management research [J]. International Journal of Management Reviews, 2008, 10 (1): 1 -23.

[116] 陈传明，刘海建．企业战略变革的理论与研究方法述评[J]. 经济管理·新管理，2005 (14): 58 -64.

[117] 潘安成．企业战略变革动因理论的述评与展望[J]. 预测，2009, 28 (1): 1 -8.

[118] 刘明明，肖洪钧，蒋兵．企业战略变革理论研究述评：内涵、动因和测量方法[J]. 科技管理研究，2011, 31 (8): 195 -198.

[119] D. Kelly, T. L. Amburgey. Organizational inertia and momentum: a dynamic model of strategic change [J]. Academy of Management Journal, 1991, 34 (3): 591 -612.

[120] E. Romanelli, M. L. Tushman. Organizational transformation as punctuated equilibrium: an empirical test [J]. Academy of Management Journal, 1994, 37 (5): 1141 -1166.

[121] T. L. Amburgey, T. Dacin. As the left foot follows the right? the dynamics of strategic and structural change [J]. Academy of Management Journal, 1994, 37 (6): 1427 -1452.

[122] P. S. Barr. Adapting to unfamiliar environmental events: a look at the evolution of interpretation and its role in strategic change [J]. Organization Science, 1998, 9 (6): 644 -669.

[123] D. D. Bergh. Product - market uncertainty, portfolio restructuring, and performance: an information - processing and resource - based view [J]. Journal of Management, 1998, 24 (2): 135 -155.

[124] R. E. Hoskisson, A. C. Jr, L. Tihanyi, et al. Asset restructuring and business group affiliation in French civil law countries [J]. Strategic Management Journal, 2004, 25 (6): 525 -539.

[125] V. Gaba, J. Joseph. Corporate structure and performance feedback: aspirations and adaptation in M - form firms [J]. Organization Science, 2013, 24 (4): 1102 -1119.

[126] D. D. Bergh, R. A. Johnson, R. L. Dewitt. Restructuring through spin - off or sell - off: transforming information asymmetries into financial gain [J]. Strategic Management Journal, 2008, 29 (2): 133 -148.

[127] D. D. Bergh, N. K. Lim. Learning how to restructure: absorptive capacity and improvisational views of restructuring actions and performance [J]. Strategic Management Journal, 2008, 29 (6): 593 -616.

[128] G. D. Bruton, J. K. Keels, E. L. Scifres. Corporate restructuring and performance: an agency perspective on the complete buyout cycle [J]. Journal of Business Research, 2002, 55 (9): 709 -724.

[129] M. Nakauchi, M. F. Wiersema. Executive succession and strategic change in Japan [J]. Strategic Management Journal, 2015, 36 (2): 298 -306.

[130] P. Herrmann, S. Nadkarni. Managing strategic change: The duality of CEO personality [J]. Strategic Management Journal, 2014, 35 (9): 1318 -1342.

[131] T. S. Cho, D. C. Hambrick. Attention as the mediator between top management team characteristics and strategic change: the case of airline deregulation [J]. Organization Science, 2006, 17 (4): 453 -469.

[132] S. S. Gordon, W. S. Jr, R. Sweo, et al. Convergence versus strategic reorientation: the antecedents of Fast - paced organizational change [J]. Journal of Management, 2000, 26 (5): 911 -945.

[133] C. J. Fombrun, A. Ginsberg. Shifting gears: enabling change in corporate aggressiveness [J]. Strategic Management Journal, 1990, 11 (4): 297 -308.

[134] K. T. Haynes, A. Hillman. The effect of board capital and CEO power

on strategic change [J]. Strategic Management Journal, 2010, 31 (11): 1145 - 1163.

[135] T. Sakano, A. Y. Lewin. Impact of CEO succession in Japanese companies: a coevolutionary perspective [J]. Organization Science, 1999, 10 (5): 654 - 671.

[136] A. Ginsberg, E. Abrahamson. Champions of change and strategic shifts: the role of internal and external change advocates [J]. Journal of Management Studies, 1991, 28 (2): 173 - 190.

[137] D. A. Gioia, J. B. Thomas. Identity, image, and issue interpretation: sensemaking during strategic change in academia [J]. Administrative Science Quarterly, 1996, 41 (3): 370 - 403.

[138] J. Balogun, G. Johnson. Organizational restructuring and middle manager sensemaking [J]. Academy of Management Journal, 2004, 47 (4): 523 - 549.

[139] J. Balogun, G. Johnson. From intended strategies to unintended outcomes: The impact of change recipient sensemaking [J]. Academy of Management Annual Meeting Proceedings, 2005, 26 (11): 1376 - 1382.

[140] S. Sonenshein, U. Dholakia. Explaining employee engagement with strategic change implementation: a meaning - making approach [J]. Organization Science, 2012, 23 (1): 1 - 23.

[141] S. Sonenshein. We're changing—or are we? untangling the role of progressive, regressive, and stability narratives during strategic change implementation [J]. Academy of Management Journal, 2010, 53 (3): 477 - 512.

[142] R. Nag, K. G. Corley, D. A. Gioia. The intersection of organizational identity, knowledge, and practice: attempting strategic change via knowledge grafting [J]. Academy of Management Journal, 2007, 50 (4): 821 - 847.

[143] D. A. Gioia, J. B. Thomas, S. M. Clark, et al. Symbolism and strategic change in academia: the dynamics of sensemaking and influence [J]. Organization Science, 1994, 5 (3): 363 - 383.

[144] T. P. Murtha, S. A. Lenway, R. P. Bagozzi. Global mind - sets and

cognitive shift in a complex multinational corporation [J]. Strategic Management Journal, 1998, 19 (2): 97 - 114.

[145] A. M. Pettigrew. Context and action in the transformation of the firm [J]. Journal of Management Studies, 1987, 24 (6): 649 - 670.

[146] T. B. Lawrence, N. Malhotra, T. Morris. Episodic and systemic power in the transformation of professional service firms [J]. Journal of Management Studies, 2012, 49 (1): 102 - 143.

[147] J. Child, C. Smith. The context and process of organizational transformation - cadbury limited in its sector [J]. Journal of Management Studies, 1987, 24 (6): 565 - 593.

[148] K. J. Jansen. From persistence to pursuit: a longitudinal examination of momentum during the early stages of strategic change [J]. Organization Science, 2004, 15 (3): 276 - 294.

[149] H. A. Haveman. Between a rock and a hard place: organizational change and performance under conditions of fundamental environmental transformation [J]. Administrative Science Quarterly, 1992, 37 (1): 48 - 75.

[150] R. Durand, H. Rao, P. Monin. Code and conduct in French cuisine: impact of code changes on external evaluations [J]. Strategic Management Journal, 2007, 28 (5): 455 - 472.

[151] J. M. Bartunek, F. J. Franzak. The effects of organizational restructuring on frames of reference and cooperation [J]. Journal of Management, 1988, 14 (4): 579 - 592.

[152] M. F. Wiersema, K. A. Bantel. Top management team turnover as an adaptation mechanism: the role of the environment [J]. Strategic Management Journal, 1993, 14 (7): 485 - 504.

[153] D. E. Hatfield, J. P. Liebeskind, T. C. Opler. The effects of corporate restructuring on aggregate industry specialization [J]. Strategic Management Journal, 1996, 17 (1): 55 - 72.

[154] C. C. Markides. Consequences of corporate refocusing: Ex ante evidence [J]. Academy of Management Journal, 1992, 35 (2): 398 - 412.

[155] C. C. Markides. Diversification, restructuring and economic performance [J]. Strategic Management Journal, 1995, 16 (2): 101 -118.

[156] Y. Zhang, N. Rajagopalan. Once an outsider, always an outsider? CEO origin, strategic change, and firm performance [J]. Strategic Management Journal, 2010, 31 (3): 334 -346.

[157] J. D. Teplensky, J. R. Kimberly, A. L. Hillman, et al. Scope, timing and strategic adjustment in emerging markets: manufacturer strategies and the case of MRI [J]. Strategic Management Journal, 1993, 14 (7): 505 -527.

[158] B. R. Golden, E. J. Zajac. When will boards influence strategy? inclination X power = strategic change [J]. Strategic Management Journal, 2001, 22 (12): 1087 -1111.

[159] D. D. Dawley, J. J. Hoffman, B. T. Lamont. Choice situation, refocusing, and post - bankruptcy performance [J]. Journal of Management, 2002, 28 (5): 695 -717.

[160] M. V. Makhija. The value of restructuring in emerging economies: the case of the czech republic [J]. Strategic Management Journal, 2004, 25 (3): 243 -267.

[161] K. E. Meyer, E. Lieb - dóczy. Post - acquisition restructuring as evolutionary process [J]. Journal of Management Studies, 2003, 40 (2): 459 -482.

[162] H. A. Ndofor, J. Vanevenhoven, V. B. Iii. Software firm turnarounds in the 1990s: An analysis of reversing decline in a growing, dynamic industry [J]. Strategic Management Journal, 2013, 34 (9): 1123 -1133.

[163] T. L. Amburgey, D. Kelly, W. P. Barnett. Resetting the clock: the dynamics of organizational change and failure [J]. Administrative Science Quarterly, 1993, 38 (1): 51 -73.

[164] J. L. Denis, A. Langley, L. Cazale. Leadership and strategic change under ambiguity [J]. Academy of Management Annual Meeting Proceedings, 1996, 17 (4): 673 -699.

[165] P. Klarner, S. Raisch. Move to the beat - rhythms of change and firm performance [J]. Academy of Management Journal, 2013, 56 (1): 160 -184.

[166] D. Miller, P. Friesen. Archetypes of organizational transition [J]. Administrative Science Quarterly, 1980, 25 (2): 268 -299.

[167] D. Miller, P. H. Friesen. Momentum and revolution in organizational adaptation [J]. Academy of Management Journal, 1980, 23 (4): 591 -614.

[168] B. Dyck. Understanding configuration and transformation through a multiple rationalities approach [J]. Journal of Management Studies, 1997, 34 (5): 793 -823.

[169] S. J. Chang. An evolutionary perspective on diversification and corporate restructuring: entry, exit, and economic performance during 1981 -89 [J]. Strategic Management Journal, 1996, 17 (8): 587 -611.

[170] R. J. Marshak. Lewin meets confucius: a review of the OD model of change [J]. Journal of Applied Behavioral Science, 1993, 29 (4): 393 -415.

[171] H. Tsoukas, R. Chia. On organizational becoming: rethinking organizational change [J]. Organization Science, 2002, 13 (5): 567 -582.

[172] M. E. Porter. Competitive strategy: techniques for analyzing industries and competitors [J]. Social Science Electronic Publishing, 1980 (2): 86 -87.

[173] R. A. Burgelman. Strategy as vector and the inertia of coevolutionary lock - in [J]. Administrative Science Quarterly, 2002, 47 (2): 325 -357.

[174] R. Meyer. Strategy process, content, context an international perspective [M]. USA: Cengage Learning, 1998.

[175] C. K. Prahalad, Y. L. Doz. A process model of strategic redirection in large complex firms: the case of multinational corporations [M]. USA: Simon and Schuster, 1987.

[176] G. Johnson, K. Scholes. 公司战略教程 [M]. 北京: 华夏出版社, 1998.

[177] K. Kuwada. Strategic learning: the continuous side of discontinuous strategic change [J]. Organization Science, 1998, 9 (6): 719 -736.

[178] A. Ginsberg, J. H. Grant. Research on strategic change: theoretical and methodological issues [C] //Academy of Management proceedings. Briarcliff Manor, NY 10510: Acad, 1985: 11 -15.

[179] H. Mintzberg. The strategy concept ii: another look at why organizations need strategies [J]. California Management Review, 1987, 30 (1): 25 - 32.

[180] R. Sanchez. Strategic flexibility in product competition [J]. Strategic Management Journal, 2010, 16 (S1): 139 - 159.

[181] F. Nobre, A. Tobias, D. Walker. Organizational cognition: review, conceptualization and strategic context [J]. Production, 2016, 26 (4): 742 - 756.

[182] T. Barnett, M. J. Bowes, J. White, et al. Long - term thinking in organizations [J]. Vision, 2017, 21 (2): 109 - 128.

[183] 王建刚. 后发企业吸收能力"由外至内"逻辑建构研究 [D]. 成都: 电子科技大学, 2017.

[184] P. R. Lawrence, J. W. Lorsch. Differenciation and integration in complex organizations [J]. Administrative Science Quarterly, 1967, 12 (1): 1 - 47.

[185] J. Schad, M. W. Lewis, S. Raisch, et al. Paradox research in management science: looking back to move forward [J]. Academy of Management Annals, 2016, 10 (1): 5 - 64.

[186] J. V. da Cunha, S. R. Clegg, M. P. e Cunha. Management, paradox, and permanent dialectics [J]. Advances in Organization Studies, 2002, 9 (1): 11 - 40.

[187] K. L. Ashcraft, T. R. Kuhn, F. Cooren. Constitutional amendments: "materializing" organizational communication [J]. Academy of Management Annals, 2009, 3 (1): 1 - 64.

[188] M. Maclean, C. Harvey, S. Clegg. Conceptualizing historical organization studies [J]. Academy of Management Review, 2016, 41 (4): 609 - 632.

[189] K. K. Smith, D. N. Berg. Paradoxes of group life: understanding conflict, paralysis, and movement in group dynamics [J]. Nippon Hoshasen Gijutsu Gakkai Zasshi, 1987, 62 (6): 764 - 770.

[190] M. S. Poole, A. H. Van de Ven. Using paradox to build management and organization theories [J]. Academy of Management Review, 1989, 14 (4): 562 - 578.

[191] L. L. Putnam. Contradictions and paradoxes in organizations [M]. Norwood, NJ: Ablex, 1986.

[192] A. El - sawad, J. Arnold, L. Cohen. 'Doublethink': the prevalence and function of contradiction in accounts of organizational Life [J]. Human Relations, 2004, 57 (9): 1179 - 1203.

[193] J. D. Ford, R. W. Backoff. Organizational change in and out of dualities and paradox [M]. USA: Ballinger Publishing Co/Harper & Row Publishers, 1988.

[194] L. S. Lüscher, M. W. Lewis. Organizational change and managerial sensemaking: working through paradox [J]. Academy of Management Journal, 2008, 51 (2): 221 - 240.

[195] Q. N. Huy. Emotional balancing of organizational continuity and radical change: the contribution of middle managers [J]. Administrative Science Quarterly, 2002, 47 (1): 31 - 69.

[196] B. E. Ashforth, K. M. Rogers, M. G. Pratt, et al. Ambivalence in organizations: a multilevel approach [J]. Organization Science, 2014, 25 (5): 1453 - 1478.

[197] W. K. Smith, M. L. Tushman. Managing strategic contradictions: a top management model for managing innovation streams [J]. Organization Science, 2005, 16 (5): 522 - 536.

[198] R. Vince, M. Broussine. Paradox, defense and attachment: Accessing and working with emotions and relations underlying organizational change [J]. Organization Studies, 1996, 17 (1): 1 - 21.

[199] W. K. Smith, M. L. Besharov, A. K. Wessels, et al. A paradoxical leadership model for social entrepreneurs: Challenges, leadership skills, and pedagogical tools for managing social and commercial demands [J]. Academy of Management Learning & Education, 2012, 11 (3): 463 - 478.

[200] D. Lavie, U. Stettner, M. L. Tushman. Exploration and exploitation within and across organizations [J]. The Academy of Management Annals, 2010, 4 (1): 109 - 155.

[201] A. Schmitt, S. Raisch. Corporate turnarounds: The duality of retrench-

ment and recovery [J]. Journal of Management Studies, 2013, 50 (7): 1216 - 1244.

[202] C. Andriopoulos, M. W. Lewis. Exploitation - exploration tensions and organizational ambidexterity: managing paradoxes of innovation [J]. Organization Science, 2009, 20 (4): 696 - 717.

[203] W. K. Smith. Dynamic decision making: a model of Senior leaders managing strategic paradoxes [J]. Academy of Management Journal, 2014, 57 (6): 1592 - 1623.

[204] J. G. March. Exploration and exploitation in organizational learning [J]. Organization Science, 1991, 2 (1): 71 - 87.

[205] S. Bertels, T. B. Lawrence. Organizational responses to institutional complexity stemming from emerging logics: The role of individuals [J]. Strategic Organization, 2016, 14 (4): 336 - 372.

[206] M. Smets, P. Jarzabkowski, G. Burke, et al. Reinsurance trading in lloyd's of London - balancing conflicting demands and responsibilities [J]. Academy of Management Journal, 2015, 58 (3): 932 - 970.

[207] C. G. Gilbert. Unbundling the structure of inertia: resource versus routine rigidity [J]. Academy of Management Journal, 2005, 48 (5): 741 - 763.

[208] R. A. Burgelman, A. S. Grove. Let chaos reign, then rein in chaos - repeatedly: managing strategic dynamics for corporate longevity [J]. Strategic Management Journal, 2007, 28 (10): 965 - 979.

[209] N. Beech, R. Macintosh, D. Maclean, et al. Paradox as invitation to act in problematic change situations [J]. Human Relations, 2004, 57 (10): 1313 - 1332.

[210] J. K. Murnighan, D. E. Conlon. The dynamics of intense work groups: a study of British string quartets [J]. Administrative Science Quarterly, 1991, 36 (2): 165 - 186.

[211] M. Tushman, W. K. Smith, R. C. Wood, et al. Organizational designs and innovation streams. Industrial and corporate change [J]. Industrial and Corporate Change, 2010, 19 (5): 1331 - 1366.

[212] A. G. Scherer, G. Palazzo, D. Seidl. Managing legitimacy in complex and heterogeneous environments: sustainable development in a globalized world [J]. Journal of Management Studies, 2013, 50 (2): 259 - 284.

[213] W. K. Smith, A. Binns, M. L. Tushman. Complex business models: Managing strategic paradoxes simultaneously [J]. Long Range Planning, 2010, 43 (2 - 3): 448 - 461.

[214] J. Wareham, P. B. Fox, G. L. Cano. Technology ecosystem governance [J]. Organization Science, 2014, 25 (4): 1195 - 1215.

[215] J. Jay. Navigating paradox as a mechanism of change and innovation in hybrid organizations [J]. Academy of Management Journal, 2013, 56 (1): 137 - 159.

[216] S. Raisch, J. Birkinshaw. Organizational ambidexterity: antecedents, outcomes, and moderators [J]. Journal of Management, 2008, 34 (34): 375 - 409.

[217] T. K. Das, B. S. Teng. Instabilities of strategic alliances: An internal tensions perspective [J]. Organization Science, 2000, 11 (1): 77 - 101.

[218] J. Child. Organization structure and strategies of control: a replication of the Aston study [J]. Administrative Science Quarterly, 1972, 17 (2): 163 - 177.

[219] R. E. Miles, C. C. Snow, A. D. Meyer, et al. Organizational strategy, structure, and process [J]. Academy of Management Review, 1978, 3 (3): 546 - 562.

[220] R. M. Cyert, J. G. March. A behavioral theory of the firm [J]. Englewood Cliffs, NJ, 1963, 4 (2): 169 - 187.

[221] D. C. Hambrick, P. A. Mason. Upper echelons: the organization as a reflection of its top managers [J]. Social Science Electronic Publishing, 1984, 9 (2): 193 - 206.

[222] H. A. Haveman. Between a rock and a hard place: organizational change and performance under conditions of fundamental environmental transformation [J]. Administrative Science Quarterly, 1992, 37 (1): 48 - 75.

[223] E. J. Zajac, M. S. Kraatz. A diametric forces model of strategic change: assessing the antecedents and Consequences of restructuring in the higher education industry [J]. Strategic Management Journal, 1993, 14 (S1): 83 - 102.

[224] M. D. Richards, K. R. Graham. Relative performance deterioration, management and strategic change in Rail - based holding companies [C] //Academy of Management Proceedings. Briarcliff Manor, NY 10510: Academy of Management, 1979: 108 - 112.

[225] D. C. Hambrick, S. M. Schecter. Turnaround strategies for mature industrial - product business units [J]. Academy of Management Journal, 1983, 26 (2): 231 - 248.

[226] M. E. Cunha, L. L. Putnam. Paradox theory and the paradox of success [J]. Strategic Organization, 2017, 17 (1): 95 - 106.

[227] H. E. Aldrich, J. Pfeffer. Environments of organizations [J]. Annual Review of Sociology, 1976, 2 (1): 79 - 105.

[228] K. Back. Insider trading in continuous time [J]. Review of Financial Studies, 1992, 5 (3): 387 - 409.

[229] B. Burnes. Kurt Lewin and the planned approach to change: a re - appraisal [J]. Journal of Management Studies, 2004, 41 (6): 977 - 1002.

[230] D. A. Riordan, M. P. Riordan. Field theory: an alternative to systems theories in understanding the small family business [J]. Journal of Small Business Management, 1993, 31 (2): 167 - 173.

[231] D. A. Houston, D. R. Roskos - Ewoldsen. Cancellation and focus model of choice and preferences for political candidates [J]. Basic & Applied Social Psychology, 1998, 20 (4): 305 - 312.

[232] H. A. Haveman, M. V. Russo, A. D. Meyer. Organizational environments in flux: the impact of regulatory punctuations on organizational domains, CEO succession, and performance [J]. Organization Science, 2001, 12 (3): 253 - 273.

[233] A. D. Meyer, V. Gaba, K. A. Colwell. Organizing far from equilibrium: nonlinear change in organizational fields [J]. Organization Science, 2005, 16

(5): 456 -473.

[234] R. W. Scott, M. Ruef, P. J. Mendel, et al. Horizontal, vertical, and virtual integration of healthcare organizations [M]. Chicago: University of Chicago Press, 2000.

[235] M. Sauder. Interlopers and field change: the entry of u. s. news into the field of legal education [J]. Administrative Science Quarterly, 2008, 53 (2): 209 -234.

[236] T. Reay, C. R. Hinings. The recomposition of an organizational field: health care in Alberta [J]. Organization Studies, 2005, 26 (3): 351 -384.

[237] W. R. Scott. Conceptualizing organizational fields: Linking organizations and societal systems [J]. Systemrationalitat Und Partialinteresse, 1994, 1 (1): 203 -221.

[238] P. Tracey, E. Dalpiaz, N. Phillips. Fish out of water: translation, legitimation, and new venture creation [J]. Academy of Management Journal, 2018, 61 (5): 1 -76.

[239] E. Ferlie, T. Crilly, A. Jashapara, et al. Knowledge mobilization in healthcare organizations: a view from the resource - based view of the firm [J]. International Journal of Health Policy & Management, 2015, 4 (3): 127 -130.

[240] S. Alguezaui, R. Filieri. A knowledge - based view of the extending enterprise for enhancing a collaborative innovation advantage [J]. International Journal of Agile Systems and Management, 2014, 7 (2): 116 -131.

[241] M. Polanyi. The logic of tacit inference [J]. Philosophy, 1966, 41 (155): 1 -18.

[242] J. Garrick, A. Chan. Knowledge management and professional experience: the uneasy dynamics between tacit knowledge and performativity in organizations [J]. Journal of Knowledge Management, 2017, 21 (2): 872 -884.

[243] S. Maravilhas, J. Martins. Strategic knowledge management a digital environment: Tacit and explicit knowledge in Fab Labs [J]. Journal of Business Research, 2019, 94 (1): 353 -359.

[244] H. E. Aldrich. Organization and environments [M]. Nj: Prentice

Hall: Englewood Cliffs, 1979.

[245] M. T. Hannan, J. Freeman. Structural inertia and organizational change [J]. American Sociological Review, 1984, 49 (2): 149 - 164.

[246] M. Granovetter. Economic action and social structure: the problem of embeddedness [J]. Social Science Electronic Publishing, 1985, 91 (3): 481 - 510.

[247] J. W. Meyer, B. Rowan. Institutionalized organizations: formal structure as myth and ceremony [J]. American Journal of Sociology, 1977, 83 (2): 340 - 363.

[248] W. G. Astley, H. D. Ven. Central perspectives and debates in organization theory [J]. Administrative Science Quarterly, 1983, 28 (2): 245 - 273.

[249] L. G. Hrebiniak, W. F. Joyce. Organizational adaptation: strategic choice and environmental determinism [J]. Administrative Science Quarterly, 1985, 30 (3): 336 - 349.

[250] 徐飞. 企业战略管理 [M]. 北京: 北京大学出版社, 2014.

[251] N. Fligstein, D. Mcadam. A theory of fields [M]. New York: Oxford University Press, 2012.

[252] N. Fligstein, D. Mcadam. Toward a general theory of strategic action fields [J]. Sociological Theory, 2011, 29 (1): 1 - 26.

[253] J. R. Riordan. The cystic fibrosis transmembrane conductance regulator [J]. Annual Review of Physiology, 1993, 55 (6): 609 - 630.

[254] B. Shimoni. What is Resistance to change? a habitus - oriented approach [J]. Academy of Management Executive, 2017, 31 (4): 257 - 270.

[255] J. L. Denis, L. Lamothe, A. Langley. The dynamics of collective leadership and strategic change in pluralistic organizations [J]. Academy of Management Journal, 2001, 44 (4): 809 - 837.

[256] K. M. Eisenhardt. Building theories from case study research [J]. Academy of Management Review, 1989, 14 (4): 532 - 550.

[257] R. K. Yin. Case study research: design and methods [M]. 4th ed. London, UK: SAGE Publications, 2002.

[258] K. M. Eisenhardt, M. E. Graebner. Theory building from cases: opportunities and challenges [J]. Academy of Management Journal, 2007, 50 (1): 25 - 32.

[259] R. K. Yin. Application of case study research [M]. 2nd ed. London: SAGE Publications, Inc., 2003.

[260] R. K. Yin, D. Davis. Adding new dimensions to case study evaluations: the case of evaluating comprehensive reforms [J]. New Directions for Evaluation, 2007 (113): 75 - 93.

[261] M. Q. Patton. How to use qualitative methods in evaluation [M]. Newbury Park: CA SAGE Publications, 1987.

[262] 长虹简介. [2019 - 3 - 25]. http://group.changhong.com/gyzh_260/zhgk/.

[263] 攀钢集团有限公司. [2019 - 3 - 25]. http://www.pzhsteel.com.cn/AboutCompany/.

[264] 东方汽轮机有限公司. [2019 - 3 - 25]. http://www.dfstw.com/Company.aspx? articleid = 258.

[265] 学校简介—中山大学新华学院——中国需要清华，中国也需要新华. [2019 - 3 - 25]. http://www.xhsysu.edu.cn/web/xxgk/xuexiaojianjie/.

[266] A. L. Strauss, M. C. Juliet. Basics of qualitative research [M]. 2nd ed. Thousand Oaks: Ca: SAGE, 1998.

[267] K. Krippendorff. Content analysis: an introduction to its methodology [M]. 2nd ed. Thousand Oaks, California: SAGE Publications, Inc., 2004.

[268] G. Gavetti, D. A. Levinthal, J. W. Rivkin. Strategy making in novel and complex worlds: the power of analogy [J]. Strategic Management Journal, 2005, 26 (8): 691 - 712.

[269] E. Osono, N. Shimizu, H. Takeuchi. Extreme Toyota: radical contradictions that drive success at the world's best manufacturer [M]. New York: John Wiley & Sons, 2008.

[270] H. Mintzberg, M. F. Shakun. Strategy formulation - introduction to a grouping on strategy formulation [J]. Management Science, 1978, 24 (9): 920.

[271] R. A. Burgelman. Intraorganizational ecology of strategy making and organizational adaptation: theory and field research [J]. Organization Science, 1991, 2 (3): 239 - 262.

[272] F. P. Morgeson, T. R. Mitchell, D. Liu. Event system theory: an event - oriented approach to the organizational sciences [J]. Academy of Management Review, 2015, 40 (4): 515 - 537.

[273] R. A. Burgelman. Built to become - HP's history of Becoming—1939 - 2015: an integral process overview [R], 2015.

[274] M. S. Feldman. Organizational routines as a source of continuous change [J]. Organization Science, 2000, 11 (6): 611 - 629.

[275] R. Agarwal, R. Echambadi, A. M. Franco, et al. Knowledge transfer through inheritance: spin - out generation, development, and survival [J]. Academy of Management Journal, 2004, 47 (4): 501 - 522.

[276] A. K. Chatterji. Spawned with a silver spoon? entrepreneurial performance and innovation in the medical device industry [J]. Strategic Management Journal, 2009, 30 (2): 185 - 206.

[277] 杜义飞. 衍生企业组织演化: 驱动与约束的权衡——来自企业纵向事件抽取与趋势分析[J]. 南开管理评论, 2011, 14 (4): 42 - 49.

[278] 杜义飞, 庞先英. 衍生企业技术与市场能力发展路径研究——基于东汽树脂的纵向案例[J]. 电子科技大学学报 (社会科学版), 2014, 16 (6): 46 - 51.

[279] A. C. Pache, F. Santos. Inside the hybrid organization: selective coupling as a response to competing institutional logics [J]. Academy of Management Journal, 2013, 56 (4): 972 - 1001.

[280] 潘懋元, 吴玫. 独立学院的兴起及前景探析[J]. 中国高等教育, 2004 (Z2): 30 - 31.

[281] 潘泽谷. 对民办高等学校独立学院公益性与营利性的考量[J]. 社会科学战线, 2010 (4): 274 - 275.

[282] 陈琦, 冯玉强, 刘鲁宁. 二元性视角下战略柔性促进企业战略变革的过程研究[J]. 管理评论, 2018, 30 (9): 275 - 291.

[283] M. Rogan, M. L. Mors. A network perspective on individual – level ambidexterity in organizations [J]. Organization Science, 2014, 25 (6): 1860 – 1877.

[284] 潘海远. 民办独立学院公益性维护策略研究 [D]. 浙江金华: 浙江师范大学, 2009.

[285] 王胜, 杨国勇. 基于营利性视角的高校独立学院财务体制构筑 [J]. 嘉兴学院学报, 2011, 23 (1): 91 – 94.

[286] Q. Cao, E. Gedajlovic, H. Zhang. Unpacking organizational ambidexterity: dimensions, contingencies, and synergistic effects [J]. Organization Science, 2009, 20 (4): 781 – 796.

[287] A. M. Huberman, M. B. Miles. Qualitative data analysis: an expanded sourcebook [C] // Sourcebook, Sage Publications Inc., Thousand Oaks, 1994: 105 – 138.

[288] S. Virta, N. Malmelin. Ambidextrous tensions: dynamics of creative work in the media innovation process [J]. The Journal of Media Innovations, 2017, 4 (1): 44 – 59.

[289] 王锦, 喻鹏, 周南, 等. 独立学院有机化学课堂教学改革的探讨 [J]. 化工时刊, 2016, 30 (1): 41 – 43.

[290] 杨德广. 独立学院的发展模式及未来走向[J]. 教育发展研究, 2010 (15): 103 – 107.

[291] D. Schoeneborn, C. Vasquez, J. Cornelissen. Imagining organization through metaphor and metonymy: unpacking the process – entity paradox [J]. Human Relations, 2016, 69 (4): 915 – 944.

[292] 周长辉. 中国企业战略变革过程研究: 五矿经验及一般启示[J]. 管理世界, 2005 (12): 123 – 136.

[293] C. Wolf, S. W. Floyd. Strategic planning research: toward a theory – driven agenda [J]. Journal of Management, 2017, 43 (6): 1754 – 1788.

[294] H. Mintzberg. The structuring of organizations [M]. United Kingdom: Macmillan Education UK, 1989.

[295] 韵江. 战略过程的研究进路与论争: 一个回溯与检视[J]. 管理世

界，2011（11）：142－163.

［296］R. A. Kenneth. The concept of corporate strategy ［M］. Homewood, Illinois：Doe Hones－Irwin, 1971.

［297］J. P. Walsh. Managerial and organizational cognition：notes from a trip down memory lane［J］. Organization Science, 1995, 6（3）：280－321.

［298］A. Howard. The thinking organization［J］. Journal of Management Development, 2012, 31（6）：620－632.

［299］时勘，侯彤妹．关键事件访谈的方法［J］. 管理评论，2002（3）：52－55.

［300］邓少军，赵付春．产业关键事件的群体认知演化特征研究［J］. 情报杂志，2015（9）：139－144.

［301］S. B. Bacharach, P. Bamberger, W. J. Sonnenstuhl. The organizational transformation process：the micropolitics of dissonance reduction and the alignment of logics of action ［J］. Administrative Science Quarterly, 1996, 41（3）：477－506.

［302］D. A. Plowman, L. T. Baker, T. E. Beck, et al. Radical change accidentally：the emergence and amplification of small change［J］. Academy of Management Journal, 2007, 50（3）：515－543.

［303］S. Raisch, J. Birkinshaw, G. Probst, et al. Organizational ambidexterity：balancing exploitation and exploration for sustained performance［J］. Organization Science, 2009, 20（4）：685－695.

［304］C. O. Iii, M. L. Tushman. Organizational ambidexterity in action：how managers explore and exploit［J］. California Management Review, 2011, 53（4）：5－22.

［305］N. Khatri, H. A. Ng. The role of intuition in strategic decision making［J］. Journal of American Academy of Business, 2000, 53（1）：57－86.

［306］A. H. Van de Ven. Suggestions for studying strategy process：A research note［J］. Strategic Management Journal, 1992, 13（S1）：169－188.

［307］许毅刚，杜义飞，曾勇，等．构建企业的边界：权力与能力的过程观——嘉华公司案例研究［J］. 管理案例研究与评论，2013, 6（2）：

69 - 81.

[308] 毛基业，陈诚．案例研究的理论构建：艾森哈特的新洞见——第十届“中国企业管理案例与质性研究论坛（2016）”会议综述[J]．管理世界，2017（2）：135 - 141.

[309] 李蓉，杜义飞，霍龙，等．双元角色下组织独立能力构建过程研究——以中山大学新华学院为例[J]．管理评论，2018，30（10）：279 - 294.

[310] K. M. Eisenhardt. Better stories and better constructs：the case for rigor and comparative logic [J]. Academy of Management Review，1991，16（3）：620 - 627.

[311] E. Dalpiaz，V. Rindova，D. Ravasi. Combining logics to transform organizational agency [J]. Administrative Science Quarterly，2016，61（3）：347 - 392.

[312] H. Hu，T. Huang. Strategic transformation & evolutionary models in business growth：analysis of Ruiyuan [J]. Science & Technology Progress & Policy，2016，33（18）：100 - 106.

[313] T. F. Bresnahan，M. Trajtenberg. General purpose technologies：‘engines of growth’? [J]. Journal of Econometrics，1995，65（1）：83 - 108.

[314] J. R. Meindl. Reviewed work：the thinking organization：dynamics of organizational social cognition by Henry P. Sims，Jr.，Dennis A. Gioia，and Associates [J]. Academy of Management Review，1987，12（3）：565 - 567.

[315] W. Mcdougall. The group mind：a sketch of the principles of collective psychology，with some attempt to apply them to the interpretation of National Life and character [M]. New York：Cambridge University Press，1920.

[316] 李明．世界著名心理学家．勒温 [M]．北京：北京师范大学出版社，2013.

[317] S. Kaplan. Research in cognition and strategy：reflections on two decades of progress and a look to the future [J]. Journal of Management Studies，2011，48（3）：665 - 695.

[318] F. W. Scharpf. A game - theoretical interpretation of inflation and unemployment in Western Europe [J]. Journal of Public Policy，1987，7（3）：

227 -258.

[319] W. P. Walter, R. W. Douglas, W. K. Kenneth, et al. Network dynamics and field evolution: the growth of interorganizational collaboration in the life sciences [J]. American Journal of Sociology, 2005, 110 (4): 1132 -1205.

[320] J. A. Hannigan. Environmental sociology: a social constructionist perspective [J]. Sociological Inquiry, 1997, 48 (4): 709 -711.

[321] T. Laamanen, J. Wallin. Cognitive dynamics of capability development paths [J]. Journal of Management Studies, 2009, 46 (6): 950 -981.

[322] J. S. Child. Strategic choice in the analysis of action, structure, organizations and environment [J]. Organization Studies, 1997, 18 (1): 43 -76.

[323] J. O. Huff, A. S. Huff, H. Thomas. Strategic renewal and the interaction of cumulative stress and inertia [J]. Strategic Management Journal, 1992, 13 (S1): 55 -75.

[324] C. E. Helfat, S. Finkelstein, W. Mitchell, et al. Dynamic capabilities: understanding strategic change in organizations [M]. Oxford: John Wiley & Sons, 2009.

[325] L. L. Eberhardt, J. M. Thomas. Designing environmental field studies [J]. Ecological Monographs, 1991, 61 (1): 53 -73.

[326] M. Hensmans, G. Johnson, G. Yip. Strategic transformation [M]. USA: Palgrave Macmillan, 2012.

[327] Anne, S. Huff, Rhonda, 等. 战略过程研究回顾[J]. 管理世界, 2011 (12): 148 -159.

[328] P. V. Neerijnen, M. P. Tempelaar, V. D. Vrande. Embracing paradox: paradoxical cognition as mediating factor between reflexivity and ambidexterity [J]. Academy of Management Annual Meeting Proceedings, 2016 (1): 138 -150.

[329] M. N. Dudin, E. Frolova. The balanced scorecard as a basis for strategic company management in the context of the world economy transformation [J]. Asian Social Science, 2014, 11 (3): 282 -288.

[330] R. T. Jing, A. H. Van de Ven. A Yin - Yang model of organizational change: the case of Chengdu bus group [J]. Management & Organization Review,

2014, 10 (1): 29 - 54.

[331] M. W. Lewis, W. K. Smith. Paradox as a metatheoretical perspective: sharpening the focus and widening the scope [J]. Journal of Applied Behavioral Science, 2014, 50 (2): 127 - 149.

[332] A. E. Ingram, M. W. Lewis, S. Barton, et al. Paradoxes and innovation in family firms: the role of paradoxical thinking [J]. Entrepreneurship Theory & Practice, 2015, 40 (1): 161 - 176.

[333] 王建刚，杜义飞．资源双依赖下后发企业“由外至内”逻辑的研究[J]．管理学报，2016，13 (11): 1624 - 1634.

[334] Y. Engeström, A. Sannino. Discursive manifestations of contradictions in organizational change efforts: A methodological framework [J]. Journal of Organizational Change Management, 2011, 24 (3): 368 - 387.

[335] H. Venkataraman, P. Vermeulen, A. Raaijmakers, et al. Market meets community: institutional logics as strategic resources for development work [J]. Organization Studies. 2016, 37 (5), 709 - 733.

[336] N. Phillips, T. B. Lawrence, C. Hardy. Inter - organizational collaboration and the dynamics of institutional fields [J]. Journal of Management Studies, 2010, 37 (1): 1 - 38.

[337] D. A. Levinthal. Organizational adaptation and environmental selection - interrelated processes of change [J]. Organization Science, 1991, 2 (1): 140 - 145.